DER KINDER BROCKHAUS

Ritter

und das Leben im Mittelalter

DER KINDER BROCKHAUS

Ritter

und das Leben im Mittelalter

Mit Texten von Mira Hofmann

Illustrationen von Peter Klaucke,
Udo Kruse-Schulz und Marion Wieczorek

FAB
F. A. BROCKHAUS
Mannheim · Leipzig

Bibliografische Information der Deutschen Nationalbibliothek
Die Deutsche Nationalbibliothek verzeichnet diese Publikation in der Deutschen Nationalbibliografie; detaillierte bibliografische Daten sind im Internet über http://dnb.ddb.de abrufbar.

 C B A

Redaktionelle Leitung Andrea Essers
Redaktion Annett Stütze
Fachlektorat Dr. Frank Berger
Text Mira Hofmann

Herstellerische Leitung Claudia Rönsch
Layout Sigrid Hecker
Illustration Peter Klaucke, Udo Kruse-Schulz, Marion Wieczorek
Umschlaggestaltung Hans Helfersdorfer, Heidelberg
Satz und Herstellung Sigrid Hecker, Mannheim
Druck und Bindung Offizin Andersen Nexö Leipzig GmbH

Printed in Germany
ISBN 978-3-7653-3271-5

Umschlagabbildungen Bibliographisches Institut & F. A. Brockhaus AG, Mannheim: Bauernhaus – akg-images, Berlin: Insignien – picture-alliance/akg-images, Frankfurt am Main: Krone, wissenschaftliche Instrumente – picture-alliance/Bildagentur Huber, Frankfurt am Main: Adlige, Burgturm, Carcassonne, Flötenspieler, Gewürze, Ritter mit Fahne – picture-alliance/dpa, Frankfurt am Main: Buch, Buchdruck, Feuerschlucker, Kettenhemd, mittelalterliches Fest, Priester, Ritterturnier – picture-alliance/HB-Verlag, Frankfurt am Main: Erntedankfest, Marktfrau, Scaligerburg – picture-alliance/kpa photo archive, Frankfurt am Main: Filmszene, Kampfszene, Kreuzritter, Prinz Eisenherz, Ritterrüstung, Schuh, Steinkreuz – picture-alliance/scanpix, Frankfurt am Main: Mönche

Warum gibt es heute keine Ritter mehr? Gegen wen kämpften die Kreuzritter? Wie schwer war eine Ritterrüstung, welche Spiele kannten die Kinder im Mittelalter und was lernte man in einer Klosterschule? In diesem Lexikon werden rund 400 Begriffe rund ums Mittelalter vorgestellt und erklärt – von der Ausbildung der Ritter bis zu den Zeremonien am Königshof.

Du kannst das Buch dabei auf verschiedene Weise nutzen: Entweder du suchst Informationen zu einem ganz bestimmten Begriff, den du mit Namen kennst; dann schlägst du ihn hinten im Stichwortverzeichnis nach. Dort sind alle Stichwörter und Begriffe, die in diesem Lexikon vorgestellt oder erwähnt werden, mit Seitenzahlen aufgelistet.

1 Alle wichtigen Begriffe und Ereignisse des Mittelalters haben in diesem Lexikon einen eigenen Artikel. Wo der Artikel anfängt, erkennst du an dem großen blauen **Stichwort**.

2 Zu jedem Stichwort gibt es ein oder zwei **Fotos**, damit du dir ein besseres Bild vom vorgestellten Begriff machen kannst. Manchmal siehst du Fotos von mittelalterlichen Bauwerken, Gegenständen oder nachgestellten Ereignissen, manchmal sind es überlieferte mittelalterliche Zeichnungen.

3 Vertiefende oder zusätzliche Informationen zu dem Stichwort erhältst du in den **Boxentexten**. Es gibt die sogenannten »Wusstest du schon?«-Boxen, die die Stichwortartikel inhaltlich weiterführen oder ergänzen. Viele von ihnen sind außerdem mit einem weiteren Foto zum Thema ausgestattet. In den »Rate mal!«-Boxen kannst du dein Wissen spielerisch prüfen. Um die richtige Antwort zu erfahren, musst du das Buch auf den Kopf stellen. Spannende Redewendungen, die aus dem Mittelalter stammen, werden in den »Woher kommt's?«-Boxen vorgestellt. Und Geschichten von großen Persönlichkeiten oder Legenden kannst du in den »Es war einmal ...«-Boxen nachlesen.

Das Leben in der Stadt

1 Stadtgründungen

Von der Siedlung zur mächtigen Stadt. Eine Stadtgründung war ein feierlicher Akt: Ein adliger Herrscher, der ▸Stadtherr, stellte eine Urkunde aus und verlieh einem ▸Dorf das ▸Stadtrecht. Dabei verkündete er allen Bewohnern, dass sich die Siedlung ab sofort »Stadt« nennen dürfe.

Die meisten ▸Städte entstanden aus Dörfern. Das wichtigste Element, damit aus einer kleineren Siedlung eine Stadt werden konnte, war ein regelmäßiger ▸Markt. Wenn es genug Arbeit gab und das Dorf verkehrsgünstig lag, z. B. an einer Straße oder einem Fluss, zogen weitere ▸Bauern, ▸Handwerker und ▸Kaufleute in den Ort, sodass das Dorf wuchs. Im Frühmittelalter waren es hauptsächlich Könige, die große Dörfer zu Städten ernannten. Später übergaben die Könige das Recht zur Stadtgründung auch an ▸Bischöfe und ▸Fürsten. Diese hatten als Stadtherren eigentlich die Aufgabe, für Frieden zu sorgen und die ▸Stadtbewohner zu schützen.

Viele Herrscher nutzten aber ihre Macht aus, um von den städtischen ▸Bürgern hohe Steuern und von den Händlern Zölle und Gebühren für Straßen und Brücken zu kassieren. Mit dem Geld stärkten die Stadtherren ihre Stellung gegenüber anderen ▸Adligen. Die meisten Städte wurden vom 11. bis 14. Jh. gegründet, darunter z. B. Lübeck, Freiburg oder München. Im Spätmittelalter gab es etwa 4000 Städte in Deutschland.

Mit Sack und Pack zogen die Siedler in eine neu **gegründete Stadt**. Zumeist lockte sie ein Stadtherr zu neuen Siedlungsplätzen, indem er geringe Steuern und bessere Arbeit versprach.

2

SCHON GEWUSST?

Wo entstanden Städte?

Wo sich wichtige Straßen kreuzten, trafen sich Händler und tauschten Waren und Informationen aus. Mit der Zeit entwickelte sich ein Markt und oft wuchs daraus eine Stadt, z. B. Würzburg.

3 Die römischen Städte wie z. B. Trier, hatten eine große ▸Stadtmauer und zahlreiche Steingebäude. Diese nutzte man im Mittelalter als Steinbrüche, um neue Städte zu bauen.

An der Nord- und Ostsee entstanden in geschützten Buchten Hafensiedlungen, die Seehandel betrieben. Aus manchen wurden mächtige Städte, z. B. Wismar oder Rostock.

Städte entstanden auch dort, wo die Bewohner in Kriegszeiten Schutz bei einem Herrscher fanden: am Fuße einer ▸Burg, in der Nähe eines ▸Klosters oder einer Königspfalz, z. B. Erfurt.

Flüsse konnte man nur über Brücken oder Furten, an denen das Wasser sehr flach war, überqueren. An diesen Furten entstanden Siedlungen und später Städte, z. B. Frankfurt oder Schweinfurt.

172

Vielleicht hast du dich auch schon immer gefragt, wie der Alltag auf einer Ritterburg aussah. Das kannst du im Kapitel »Das Leben auf der Ritterburg« nachlesen. Möchtest du wissen, wie lange ein Kreuzzug dauerte? Darüber gibt dir das Kapitel »Auf Kreuzzug Richtung Orient« Auskunft. Die Inhaltsübersicht auf Seite 5 zeigt dir, wo die einzelnen Kapitel beginnen. Du kannst dich auch über das große Panoramabild, das jedem Kapitel vorangestellt ist, »einlesen«. Diese Bildtafel zeigt auf einen Blick viele Stichwörter eines Kapitels. Wenn dich eine Darstellung in dem Bild besonders interessiert, du aber den Namen nicht kennst, dann hilft dir die Bildlegende auf der linken Seite des Bildes. Unter dem entsprechenden Stichwort erfährst du viel Wissenswertes zum gesuchten Thema.

Das Leben in der Stadt

Stadthäuser

Schäbige Hütten und prächtige Häuser. Große Kaufmannshäuser, Einfamilienhäuser, Mietshäuser und baufällige Schuppen – all das gab es im Mittelalter auch 4 on. Im Frühmittelalter wohnten die n ▸Stadtbewohner in einfachen Hütte oder Holzhäusern mit einem oder zwei Räumen, winzigen Fensteröffnungen und einem offenen Kamin als Heizung. Als ab dem 12. Jh. allmählich immer mehr Menschen in die Städte zogen, wurde der Platz enger und die Gassen schmaler. Daher baute man mehrstöckige Wohnhäuser, die nach oben hin breiter wurden, sodass sich Nachbarhäuser an den Dächern fast berührten. Wegen der drohenden Feuergefahr wurden immer mehr Bürgerhäuser aus Stein gebaut. Und je mehr Geld jemand zur Verfügung hatte, desto prachtvoller baute er auch: Reiche ▸Kaufleute wohnten in großen Stadthäusern aus Stein oder Fachwerk, das aus Holzbalken und Lehmmauern bestand. Sie hatten eine eigene Wasserversorgung im Haus, während die ärmeren Leute ihr Wasser an öffentlichen Brunnen holen mussten.

Große Fenster an **Stadthäusern** waren neben dem kunstvollen und üppig verzierten Fachwerk ein Zeichen für Reichtum.

Die **Häuser** der Handwerker waren Wohnung, Werkstatt, Laden und Vorratslager in einem. Im Erdgeschoss verarbeitet der Gerber Tierhäute zu Leder und verkauft seine Produkte.

173

4 Innerhalb des Artikels gibt es farbige Pfeile: die **Verweispfeile**. Sie zeigen dir an, dass es zu dem nachfolgend genannten Begriff einen eigenen Artikel gibt. Auf welcher Seite du diesen Artikel findest, kannst du hinten im Stichwortverzeichnis unter dem jeweiligen Begriff nachschlagen.

Zu manchen Themen oder Stichwörtern gibt es besonders viel zu sagen, deshalb werden sie auf **Sonderseiten** erklärt. Diese erkennst du daran, dass sie gelb unterlegt sind.

Da man am besten versteht, wie Ritter lebten oder wie die Burgen aussahen, wenn man ein Thema im Zusammenhang betrachtet, folgt das Lexikon einem besonderen Ordnungsprinzip: Die Begriffe sind nicht streng alphabetisch sortiert, sondern nach Kapiteln aufgeteilt. Jedes der 11 Kapitel ist einem wichtigen Bereich rund ums Mittelalter gewidmet, von den wichtigsten Kaisern und Königen bis zu den Reisen, dem Handel und den Entdeckungen am Ende des Mittelalters. So stehen die Raubritter nicht neben den Bauern, sondern zwischen den Kriegern und den Rittertugenden – alles Begriffe, die sich rund um »Das Leben der Ritter« drehen.
Jedes Kapitel beginnt mit einem großen Panoramabild, auf dem du viele interessante Details entdecken kannst.

1 Ein farbiger Balken oben und unten auf der Seite kennzeichnet jedes Kapitel.

2 Die ganzseitigen illustrierten Panoramabilder führen dich in das jeweilige Thema ein. Auf ihnen findest du die meisten Begriffe wieder, die in dem Kapitel erklärt werden.

3 In der linken Spalte, der Bildlegende, sind alle Begriffe, die du auf dem Panoramabild siehst, namentlich aufgeführt. Alle Begriffe, die auf den nachfolgenden Seiten als Stichwörter erklärt werden, aber im Panoramabild nicht zu sehen sind, haben keine Nummer.

Das Leben am Hof

1 Adel
2 Dame und Hofherr
3 Diener
4 Familie
5 Feste am Hof
6 Festmahl
7 Grundherrschaft
8 Hof
Höfische Bildung
9 Höfische Kultur
10 Jagd
11 Kleidung und Mode am Hof
Minne und höfische Liebe
Pfalz
Schmuck
12 Spiele am Hof
13 Untertanen
Vasall
Zeremonien

32

Es verschafft dir einen schnellen Überblick. Ihm folgt ein einleitender Text, der die wichtigsten Informationen zu dem jeweiligen Thema zusammenfasst. Und wenn du die Artikel eines Kapitels von Anfang bis Ende durchliest, wirst du verstehen, wie dicht die einzelnen Aspekte rund ums Mittelalter miteinander verknüpft sind. So kannst du beispielsweise im Kapitel »Das Leben am Hof« alles rund um den Fürsten- oder Königshof nachlesen: Von den wichtigsten Zeremonien über die Jagd bis hin zu den prachtvollen Festen mit den üppigen Festmahlen findest du hier alle wissenswerten Informationen über das Leben am mittelalterlichen Hof. Und viele weitere verblüffende Zusatzinformationen oder beeindruckende Details zum Thema kannst du in den gelben Sonderkästen nachlesen.

4 Alle wichtigen Darstellungen im Panoramabild haben eine Nummer. Wenn du etwas nicht kennst, findest du in der Spalte links vom Bild eine Wörterliste, die sogenannte Bildlegende. Hier stehen die Begriffe in alphabetischer Reihenfolge und nach Nummern geordnet.

Kaiser, Könige, lange Kriege

1
2
3
4
5
6

Das Mittelalter dauerte etwa 1000 Jahre. In dieser Zeitspanne, die zwischen Altertum und Neuzeit lag und ungefähr von 500 bis 1500 dauerte, passierte sehr viel: Reiche entstanden, wurden erobert und zerfielen wieder; Kaiser und Könige wurden gekrönt, herrschten über große Länder und lagen oft im Streit mit Fürsten, Päpsten und anderen Mächtigen.
Im Frühmittelalter, also etwa von 500 bis 1000, lebten die meisten Menschen als Bauern.
Es war eine unruhige Zeit mit vielen Kriegen und Raubzügen.
Das Hochmittelalter, etwa von 1000 bis 1250, war die Zeit der Blüte, in der sich Reiche festigten, Städte gegründet wurden und die Adligen große Macht erhielten.
Das Spätmittelalter, das von etwa 1250 bis 1500 dauerte, war eine Zeit der Krisen und des Aufbruchs. Am Ende gelangen Wissenschaftlern zukunftsweisende Entdeckungen.

Barbarossa, Friedrich I., und die Staufer

Der Kaiser mit den roten Haaren. Friedrich (* 1122, † 1190), Sohn eines ▸Herzogs aus der Adelsfamilie der Staufer, wurde 1152 zum ▸König der Deutschen gewählt. Bereits drei Jahre später krönte ihn der ▸Papst zum Kaiser. Wegen seiner roten Haare wurde Friedrich »Rotbart«, auf Italienisch »Barbarossa«, genannt. Er galt als besonders ritterlicher Herrscher, der stets die ▸Rittertugenden wie ▸Treue, Mut und Ehre verteidigte.

Kaiser Barbarossa war gleichzeitig König von Deutschland, Burgund, einem Gebiet in Frankreich, und Italien. Dieses Reich wird in Urkunden aus der Zeit Friedrich Barbarossas »Heiliges Reich« genannt (▸Reiche in Europa). Um seine Herrschaft in Frankreich zu festigen, heiratete Friedrich Beatrix, die Erbin der Grafschaft von Burgund. In Italien musste er sich dagegen wiederholt mit militärischer Gewalt gegen untreue Städte durchsetzen. So eroberte und zerstörte er 1162 Mailand. Dabei raubte er auch zahlreiche ▸Kirchenschätze, u. a. die ▸Reliquien der Heiligen Drei Könige, die seither im Kölner Dom aufbewahrt werden und zahlreiche ▸Pilger anziehen.

Zu seinen Aufgaben als Kaiser gehörte auch die Verteidigung des christlichen Glaubens. Daher brach Friedrich 1189 zum dritten ▸Kreuzzug in den ▸Orient auf. Noch bevor er Jerusalem erreichte, ertrank er jedoch 1190 im Fluss Saleph in der heutigen Türkei. Nach dem Tod des Kaisers löste sich der Kreuzzug auf.

Die Staufer waren die Nachfolger der ▸Herrscherdynastie der ▸Salier, als diese ausstarben. Ihren Namen übernahmen sie von ihrer ▸Burg, der Burg Stauf auf dem Hohenstaufen in Baden-Württemberg. Von 1125 bis 1254 wurden die Staufer zu deutschen Königen gewählt und meistens auch zu Kaisern gekrönt. Der letzte König aus der Familie der Staufer war Konrad IV., der Sohn von Kaiser ▸Friedrich II. ■

Ganz aus vergoldeter Bronze ist diese Nachbildung des Kopfes von **Kaiser Barbarossa**. Ursprünglich enthielt der Sockel noch eine Reliquie, nämlich die Haare des heiligen Johannes.

Am Fuß des Kyffhäuserdenkmals zeigt ein steinernes Abbild **Barbarossa mit langem Bart**. Mit dem Schwert in der Hand wartet der Kaiser schlafend auf seine Auferstehung.

ES WAR EINMAL …

Der schlafende Kaiser

Kaiser Friedrich I. galt als guter und gerechter Herrscher. Das Volk liebte ihn und trauerte sehr bei seinem Tod. Schon im Spätmittelalter entstand die Sage, nach der Barbarossa in einer Höhle in einem Berg in Thüringen, dem sogenannten Kyffhäuser, schlafen soll. Der Legende nach werde er eines Tages wieder aufwachen und das Land von seinen Feinden befreien. Besucher der »Barbarossahöhle« berichteten, dass sie den Kaiser schlafend auf einer Bank sitzend gesehen hätten. Der kaiserliche Bart sei mit den Jahrhunderten so lang geworden, dass er schon durch die steinerne Tischplatte gewachsen sei.

Das Kyffhäuserdenkmal (siehe Bild), das Ende des 19. Jhs. errichtet wurde, zeigt nicht nur Kaiser Barbarossa, sondern auch ein Reiterstandbild von Wilhelm I., der 1871 deutscher Kaiser wurde.

Chlodwig I. und die Merowinger

Der erste christliche Großkönig. In der Spätantike lebten in der alten römischen Provinz Gallien, also etwa dem heutigen Frankreich, verschiedene Volksgruppen, z. B. die Franken und Burgunder. Sie wurden von adligen Familien mit einem König an der Spitze regiert. Chlodwigs Vater Childerich I. aus der Familie der Merowinger war der König eines fränkischen Stammes. Er herrschte im 5. Jh. in Tournai im heutigen Belgien. Sein Sohn Chlodwig I. (* um 466, † 511) bekämpfte die anderen Könige mit List und Gewalt und eroberte deren Gebiete. Nach dem Sieg über seine größten Feinde, die Alamannen und die Westgoten, gründete Chlodwig das ▸Fränkische Reich, dessen erster König er war. Im 6. Jh. umfasste es den größten Teil Frankreichs und reichte bis an den Rhein.

Zu dieser Zeit hatten sich noch nicht alle Stämme der Germanen zum Christentum bekehrt. Chlodwig ließ sich um 498 taufen, nachdem er vor einer Schlacht Jesus um Hilfe gebeten und dann gesiegt hatte. Nach seiner Taufe unterstützten ihn viele ▸Geistliche, indem sie z. B. die ▸Untertanen aufforderten, dem christlichen Herrscher zu gehorchen.

Nach seinem Tod erbten die vier Söhne Chlodwigs die Königswürde. Wie damals üblich, teilten sie das Reich unter sich auf. Durch die Teilung wurde die Macht der Merowinger jedoch geschwächt, und andere Adelsfamilien erhielten mehr Einfluss. 751 wurde der letzte Merowinger-König, Childerich III., abgesetzt, und die ▸Karolinger folgten als Herrscherfamilie. ■

König **Chlodwig** heiratete etwa 492 Chlothilde, eine burgundische Prinzessin. So schloss der fränkische Chlodwig Freundschaft mit den Burgundern.

Der Bischof aus Reims **taufte Chlodwig** an Weihnachten, wahrscheinlich im Jahr 498. Der König musste dazu in ein Fass steigen und wurde mit Wasser begossen.

WOHER KOMMT'S?

Was bedeutet Vandalismus?

Bevor Chlodwig I. das Fränkische Reich schuf, zogen verschiedene germanische Volksgruppen durch das Land. Sie waren auf der Suche nach Nahrung, Werkzeug und Gold und plünderten die wenigen Siedlungen, die es zu jener Zeit gab. Einer dieser Stämme waren die Vandalen. Sie kamen von der Oder im Osten, überquerten den Rhein und wanderten weiter bis nach Spanien und Nordafrika. Im Jahr 455 überfielen die Vandalen das reiche Rom und raubten, mordeten und wüteten 14 Tage lang in der Stadt. Auf diese Plünderung geht der Begriff »Vandalismus« zurück, der blinde Zerstörungswut meint.

Fränkisches Reich

Groß und mächtig. Im Frühmittelalter war das Fränkische Reich das wichtigste und mächtigste ▶Reich im westlichen Europa. Die ▶Könige kamen aus den ▶Herrscherdynastien der ▶Merowinger und der ▶Karolinger.

König ▶Chlodwig I. begründete das Fränkische Reich im 5. Jh. Als König der Franken, einer Volksgruppe, die ungefähr in den Gebieten des heutigen Belgiens und der Niederlande lebte, einte er Nordfrankreich und Belgien unter seiner Herrschaft. Kaiser ▶Karl der Große vergrößerte das Fränkische Reich im 8. Jh. durch weitere Eroberungen und Friedensbündnisse. Es umfasste schließlich ganz Frankreich, Deutschland und Nord- und Mittelitalien bis Rom.

Sowohl unter den Merowingern als auch unter den Karolingern wurde das Reich jedoch wiederholt unter den Söhnen der Könige aufgeteilt, die die Königswürde für ihr Gebiet zu gleichen Teilen erbten. Die letzte Aufteilung, mit der das Fränkische Reich endete, wurde 843 vorgenommen. Der »Vertrag von Verdun« regelte das Erbe unter den Enkeln von Kaiser Karl dem Großen: Lothar erhielt das Mittelreich, etwa das spätere Lothringen und Italien; Ludwig bekam das Ostfrankenreich, das spätere Frankreich, und Karl das Westfrankenreich, das im 13. Jh. zum »Heiligen Römischen Reich« und später zu Deutschland wurde.

Chlodwig I. und Karl der Große bemühten sich sehr um die politische Einheit des Reiches, sie hatten jedoch wenig Umgang mit der einfachen Bevölkerung. Die meisten Menschen lebten als ▶Bauern in ▶Dörfern, denn ▶Städte gab es im frühmittelalterlichen Fränkischen Reich kaum. Die Bewohner des Fränkischen Reiches fühlten sich nicht als Nation und sprachen nicht einmal dieselbe Sprache. Wichtig für sie waren ihre Familie und ihr Landesherr. Die Politik des Königs oder Kaisers interessierte sie kaum. ■

WOHER KOMMT'S?

Frank und frei

Die Franken galten als Eroberer und fühlten sich als freie Herren. Bis heute hört man noch manchmal die Redewendung: »Du kannst frank und frei deine Meinung sagen.« Frank und frei hat dann die Bedeutung von »offen und ehrlich«. Auch der deutsche Vorname Frank heißt »frei« und weist auf die Zeit des Frühmittelalters, als die Franken noch stolze und freie ▶Krieger waren.

Karl der Große war seit 800 Kaiser des Fränkischen Reiches. Es wurde durch ihn zur Großmacht in Europa.

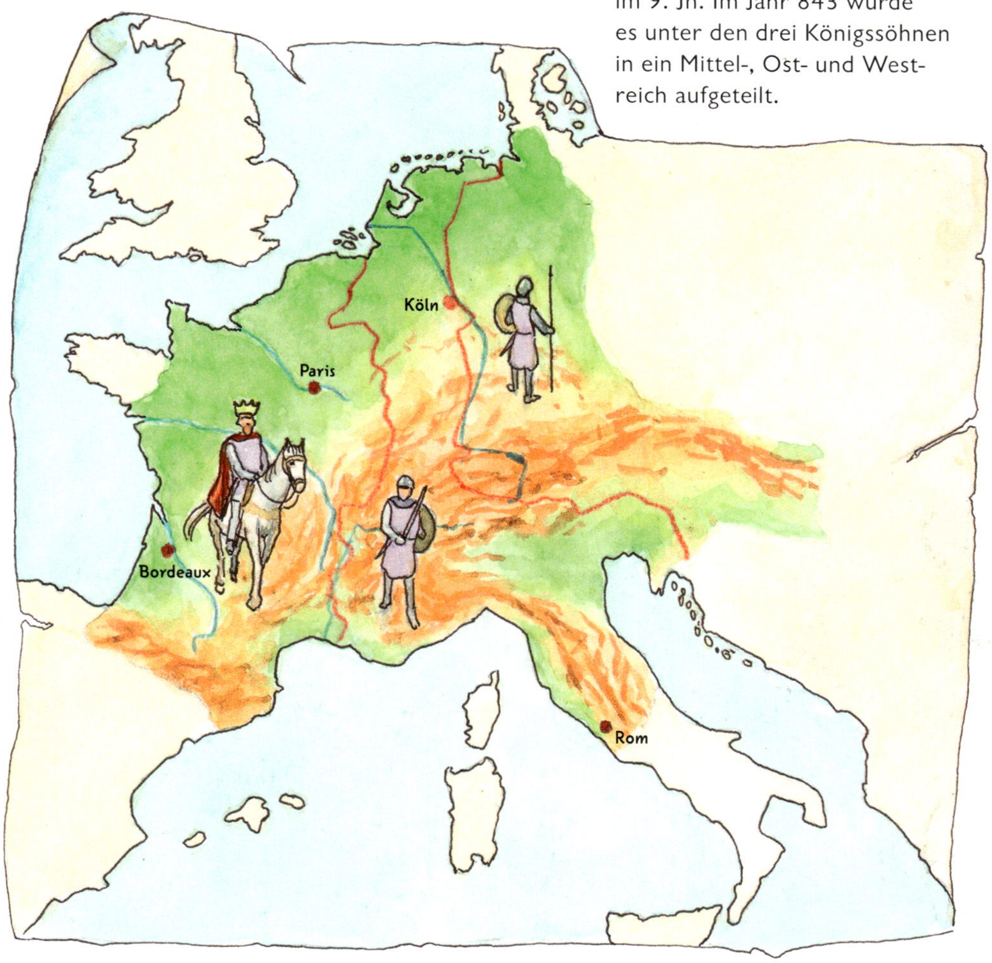

Seine größte Ausdehnung erreichte das **Fränkische Reich** im 9. Jh. Im Jahr 843 wurde es unter den drei Königssöhnen in ein Mittel-, Ost- und Westreich aufgeteilt.

Friedrich II.

Kluger König und mutiger Kreuzritter. Friedrich II. (* 1194, † 1250) war zwar König und Kaiser des Deutschen Reiches, er verbrachte dort aber nur wenig Zeit, da er sich selbst kaum als Deutscher fühlte. Er wuchs in Sizilien auf und herrschte zunächst nur dort und in Süditalien. Bevor er zum Kaiser gekrönt werden konnte, musste er erst einen Rivalen aus dem Weg räumen, denn Otto IV. hatte vom ▶Papst die Kaiserwürde erhalten. Es gelang Friedrich aber, die ▶Fürsten zu überzeugen, ihn zum römisch-deutschen König zu wählen. Damit hatte er Anspruch auf die Kaiserkrone. Um diese vom Papst zu erhalten, versprach er, sich auf einen ▶Kreuzzug zu begeben, um Jerusalem zu befreien und gegen die ▶Ungläubigen zu kämpfen. Der Papst konnte jemandem, der seine Aufgabe als Verteidiger des Christentums so ernst nahm, die Kaiserkrone nicht verweigern. Friedrich wurde deshalb 1220 in Rom zum Kaiser gekrönt.

Kaiser Friedrich II. hielt sein Kreuzzugs-Versprechen. Es gelang ihm als einzigem westlichen Herrscher, Jerusalem von den Muslimen friedlich zu gewinnen. Dies schaffte er u.a. durch Verhandlungen mit den arabischen Herrschern. Als er Isabella von Brienne heiratete, die Erbin des Königreiches Jerusalem, nahm er den Titel »König von Jerusalem« an.

Friedrich II. war der Enkel von Kaiser ▶Friedrich Barbarossa und der letzte Kaiser der staufischen ▶Herrscherdynastie. Er war so gebildet, dass das Volk ihn als jemanden bewunderte, der die Welt in Staunen versetzte. Er konnte lesen und schreiben, sprach mehrere Sprachen und lud bedeutende ▶Gelehrte an seinen ▶Hof.

In seiner Heimat Apulien in Südostitalien ließ sich Friedrich ein stattliches Jagdschloss bauen, das **Castel del Monte**.

SCHON GEWUSST?

Wie viele Könige gab es?

Nicht immer konnten sich die Fürsten auf einen ▶König einigen. Manchmal wählten sie »Gegenkönige«, die sich dann um die Herrschaft stritten. So musste sich Friedrich II. erst gegen Otto IV. und später gegen andere Gegenkönige durchsetzen.
In der Zeit von 1254 bis 1273 wurden vier Könige gewählt, doch keiner konnte sich behaupten. Diese Epoche wird daher Interregnum oder Zwischenherrschaft genannt.

Kaiser Friedrich II. nutzte das Wissen von abendländischen und morgenländischen Gelehrten, um sich weiterzubilden. Von den Arabern lernte er z. B. sein größtes Hobby, die Falkenjagd.

Fürsten

Stellvertreter des Königs. Jeder ▶König ernannte Stellvertreter, die ihm halfen, das Land zu regieren. Diese Fürsten waren hohe ▶Geistliche, wie z. B. ▶Bischöfe, oder weltliche Adlige. Etwa 120 Fürsten gab es im 13. Jh. im Gebiet des heutigen Deutschlands. Sie herrschten über ihr Fürstentum, ein kleineres Gebiet innerhalb des Reiches, das sie als Lehen vom König bekamen. Um dieses Lehen, ein Stück Land mit den darauf lebenden ▶Untertanen, zu erhalten, schworen die Fürsten ihrem König ▶Treue. Außerdem unterstützten sie ihn mit Rat und Hilfe und schickten ihm z. B. im Kriegsfall bewaffnete ▶Ritter.

Den Fürsten genügte es aber nicht, dem König nur zu dienen. Sie forderten auch ein Mitspracherecht bei politischen Entscheidungen. Der König versuchte zunächst, die Macht der Fürsten durch den verstärkten Einsatz von ▶Ministerialen, das waren königliche Beamte, einzugrenzen. Da er aber auch auf die Hilfe der Fürsten angewiesen war, musste er ihnen mehr Einfluss gewähren und z. B. bei den ▶Reichstagen ihre Zustimmung für neue Gesetze einholen. Seit dem 11. Jh. bestimmten die wichtigsten Fürsten sogar, wer neuer König werden sollte: Etwa vierzig Fürsten, ▶Herzöge und Bischöfe wählten den König. Um 1230 wurde die Zahl jener Fürsten, die den König wählen durften und dabei ein Amt ausübten, auf sieben begrenzt. Diese nannte man Kurfürsten. Kaiser ▶Karl IV. bestätigte ein Jahrhundert später in einer Urkunde, der »Goldenen Bulle«, den Kreis der Kurfürsten schriftlich. ■

SCHON GEWUSST?

Die große Freiheitsurkunde

1215 unterzeichnete König Johann von England nicht ganz freiwillig eine Urkunde. Die englischen Fürsten, die Barone, zwangen den König, ihnen mehr Rechte einzuräumen und u. a. die Höhe der Steuern vorab festzulegen. Diese Urkunde, die »Magna Charta« oder »die große Freiheitsurkunde«, legte verbindliche Regeln für Herrscher und Fürsten fest. Zum ersten Mal in der Geschichte wurden damit Gesetze beschlossen, an die sich auch der König halten musste.

ES WAR EINMAL …

Ein Vampir namens Graf Dracula

Der rumänische Adlige Vlad Ţepeş (siehe Bild), auch Dracula genannt, herrschte im 15. Jh. in seiner Grafschaft Transsilvanien mit harter Hand. Seine Feinde ließ der Graf grausam hinrichten. Selbst nach seinem Tod war der blutrünstige Graf noch gefürchtet. Zusammen mit rumänischen Legenden entwickelte sich aus seiner Figur die Sagengestalt des Grafen Dracula: Als Vampir soll der Verstorbene nachts seinem Grab entsteigen, um Lebenden das Blut auszusaugen. Berühmt wurde dieser Vampir vor allem durch Filme und Romane, insbesondere jenen von Bram Stoker von 1898.

Auf Versammlungen ließen sich die Könige, hier König Sigismund, von **Fürsten** und Geistlichen beraten.

Heinrich IV. und die Salier

Kniefall vor dem Papst. Bereits mit drei Jahren wurde Heinrich (* 1050, † 1106) auf Wunsch seines Vaters, Kaiser Heinrich III., 1054 zum ▶ König gewählt und gekrönt. Als der Vater nur drei Jahre später starb, übernahm die Mutter, Agnes, die Herrschaft im Namen ihres Sohnes. Um die Kaiserin zu entmachten, entführten einige hohe ▶ Geistliche und ▶ Fürsten den jungen König: Sie luden ihn zu einer Bootsbesichtigung auf dem Rhein ein. Als das Boot plötzlich ablegte, sprang Heinrich über Bord und wäre fast ertrunken. Er wurde zwar gerettet und zum Schiff zurückgebracht, doch war er nun in der Hand der Fürsten und Geistlichen. Erst als Erwachsenem gelang es Heinrich, die Macht im Heiligen Römischen Reich selbst zu übernehmen.

Doch die Konflikte mit den Adligen und der Kirche spitzten sich weiter zu. Im ▶ Investiturstreit setzte Heinrich Papst Gregor VII. ab. Daraufhin belegte der ▶ Papst den König mit dem Kirchenbann: Heinrich wurde aus der kirchlichen ▶ Gemeinde ausgeschlossen, und seine ▶ Untertanen wurden vom Treueid entbunden. Fürsten und ▶ Bischöfe forderten sogar die Absetzung des Königs. Um seine Macht wiederzuerlangen, sah Heinrich keinen anderen Ausweg, als den Papst reumütig um Verzeihung zu bitten. Mit seinem berühmten Gang nach Canossa 1077 erwirkte er die Auflösung des Kirchenbannes. 1084 wurde Heinrich in Rom zum Kaiser gekrönt.

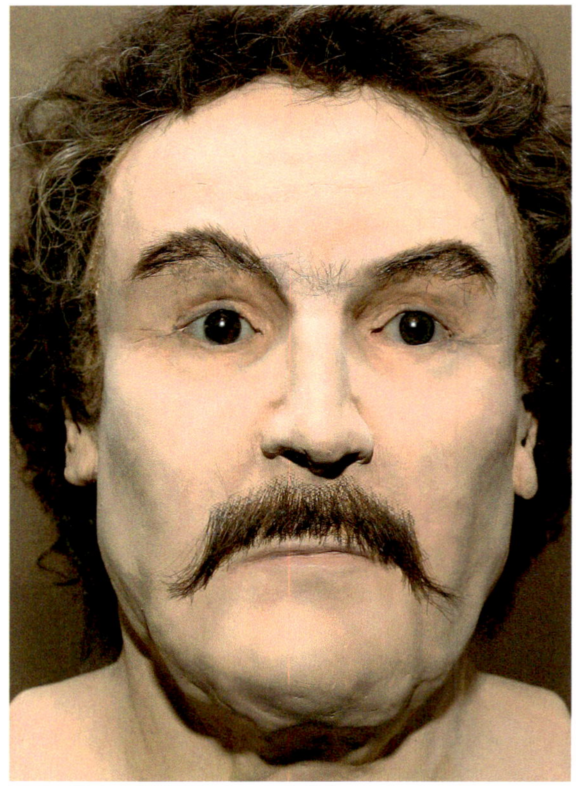

Forscher rekonstruierten das Gesicht **Kaiser Heinrichs IV.** anhand seines Schädels. Dieser liegt, wie alle Reste der salischen Kaiser, im Dom zu Speyer.

Doch bis zu seinem Tod musste er sich wiederholt gegen Gegenkönige und sogar seinen eigenen Sohn zur Wehr setzen.

Heinrich gehörte zur Familie der Salier. Im 10. Jh. dienten sie noch als ▶ Herzöge den ▶ Ottonen. Als diese ausstarben, traten die Salier 1024 ihre Nachfolge an und regierten bis 1125. Die ▶ Herrscherdynastie erlosch mit dem kinderlosen Heinrich V. ■

ES WAR EINMAL ...

Ein untreuer Untertan: Rudolf von Schwaben

Einer der Gegenkönige, gegen den sich Heinrich IV. zur Wehr setzen musste, war Herzog Rudolf von Schwaben. Obwohl Heinrich und Rudolf verschwägert waren, schlug sich der Herzog auf die Seite der abtrünnigen Geistlichen und Fürsten. 1077 wurde Rudolf von ihnen zum König gewählt. Daraufhin nahm Heinrich ihm sein Herzogtum Schwaben weg und übertrug es den ▶ Staufern. Zwar konnte Rudolf eine entscheidende Schlacht für sich gewinnen, doch wurde ihm im Kampf die rechte Hand abgeschlagen – genau die Hand, mit der er einst Heinrich die ▶ Treue geschworen hatte. Seine Gegner sahen darin ein göttliches Zeichen: Da Rudolf seinen Schwur gebrochen hatte, wurde er bestraft. Tatsächlich starb Rudolf an den Folgen seiner schweren Verletzung 1080. Die mumifizierte Hand Rudolfs blieb jedoch bis heute erhalten (siehe Bild).

Herrscherdynastien

Mächtige Adelsfamilien. Die königliche Macht wurde innerhalb der Dynastie, also der herrschenden Adelsfamilie, weitergegeben. Im Frühmittelalter erbte in der Regel der älteste Sohn die Königsherrschaft vom Vater. Im Hochmittelalter brauchte man die Unterstützung der ▶ Fürsten, um ▶ König zu werden. Sie wählten den Herrscher aus einer kleinen Gruppe der führenden Adelsgeschlechter. Wer König oder sogar Kaiser werden wollte, musste aus einer reichen und mächtigen Familie stammen oder in solch eine Familie einheiraten. Erst wenn eine Dynastie keine Kinder mehr bekam und somit ausstarb, konnte eine andere adlige Familie die Fürsten auf ihre Seite ziehen und so viel Macht erringen, dass ihr Vertreter zum König gewählt wurde.

Im Frühmittelalter waren die Merowinger die mächtigste Herrscherfamilie im späteren Deutschland. Ihnen folgten im 8. Jh. die Karolinger. Mit Kaiser ▶ Otto I. ging die Macht im 10. Jh. auf die Ottonen über. Es folgten im 11. Jh. die Salier und im 12. Jh. die Staufer. Im späten 13. Jh. stritten sich verschiedene Herrscherdynastien um die Macht. Eine Zeit lang konnte man sich auf keinen König einigen. Diese »Zwischenherrschaft« dauerte von 1254 bis 1273 und wird Interregnum genannt. Dann kamen die Habsburger an die Macht, anschließend die Wittelsbacher. Durch geschickte Ehepolitik sicherten sich schließlich die Luxemburger die Herrschaft bis ins 15. Jh. Ihnen folgten wiederum die Habsburger, zu denen z. B. ▶ Maximilian I. gehörte. ■

Um die Macht ihrer **Herrscherdynastien** zu vergrößern, heirateten die Adligen meist nicht aus Liebe, sondern aus politischen und finanziellen Gründen. So wurden Ländereien zusammengelegt und durch die enge Verbindung zwischen den Familien Frieden gestiftet.

SCHON GEWUSST?

Gibt es heute noch Könige oder Herrscherdynastien?

Heute gibt es in Deutschland keinen König mehr. Das Volk regiert. Aber in einigen europäischen Ländern stehen noch Könige und Königinnen an der Staatsspitze. Zu diesen Monarchien gehören: Belgien, Dänemark, Niederlande, Norwegen, Schweden, Spanien und Großbritannien, wo Königin Elizabeth II. regiert (siehe Bild). Die europäischen Herrscher haben jedoch heute weit weniger Macht als im Mittelalter. Gesetze und Entscheidungen werden vom Parlament, also der Volksvertretung, beschlossen. Daher heißt diese Form der Königsherrschaft »parlamentarische Monarchie«. Auch in Deutschland leben noch Adlige, von denen einige sogar Nachkommen der Herrscherdynastien des Mittelalters sind, z. B. Franz Prinz von Bayern, ein Wittelsbacher. Europäische Prinzen, Fürsten und Herzöge herrschen heute nicht mehr über Untertanen, auch leben die wenigsten am ▶ Hof. Sie sind Staatsbürger und ergreifen oft ganz normale Berufe. Ausnahmen bilden das Großherzogtum Luxemburg sowie die Fürstentümer Liechtenstein und Monaco, wo sie Staatsoberhaupt sind.

Der englische König Richard II. tafelt mit seinen **Herzögen**. Diese hatten traditionell die Aufgabe, den König bei Tisch zu bedienen.

Herzöge

Die vor dem Heer ziehen. Wie die ▶Fürsten wurden auch die Herzöge vom König zu Helfern und Stellvertretern ernannt und eingesetzt. Die Herzöge waren Heerführer, die dem König im Kriegsfall mit ▶Kriegern zu Hilfe kamen. Im Frühmittelalter waren die Herzöge die höchsten Adligen und standen in der Hierarchie direkt unter dem König. Zur Zeit ▶Ottos I. im 10. Jh. gab es fünf Herzogtümer: Sachsen, Franken, Bayern, Schwaben und Lothringen. Später teilte der König einige Herzogtümer und vergab sie an seine Verwandten und an besonders treue Fürsten, um sie an sich zu binden und zu belohnen. Im 16. Jh. gab es etwa zwanzig Herzogtümer.

Im Hochmittelalter kam es manchmal zu Konflikten zwischen den Herzögen und dem König. Einige Herzöge bauten ihre Macht in ihrem Herrschaftsgebiet aus, regierten dort völlig selbstständig und leisteten den Befehlen des Königs Widerstand. Herzog Heinrich der Löwe z. B. verweigerte ▶Kaiser Barbarossa militärische Hilfe und missachtete kaiserliche Gerichtsurteile. Zur Strafe entzog ihm Barbarossa 1180 seinen ▶Landbesitz und die Herzogtümer Bayern und Sachsen. In Frankreich war der Herzog von Burgund sogar zeitweise mächtiger als der König. ■

Zu besonderen Anlässen trugen die Herzöge einen **Herzogshut** aus roter Seide und Hermelinpelz.

Hundertjähriger Krieg

Engländer gegen Franzosen. Der Hundertjährige Krieg dauerte insgesamt 116 Jahre, von 1337 bis 1453. Der englische König Edward III. hatte von seiner Frau Besitztümer in Frankreich geerbt und war über mehrere Ecken mit den französischen ▶Herrscherdynastien verwandt. Als König Karl IV. von Frankreich starb, wollte sich Edward zum neuen König krönen lassen. Er marschierte mit vielen ▶Kriegern in Frankreich ein, doch die Franzosen wehrten sich.

Die englischen ▶Ritter kämpften mit einer neue Waffe: dem Langbogen. Dieser hatte eine größere Reichweite als die Lanzen der französischen Krieger. Zunächst siegten die englischen Ritter gegen das französische Heer. Dann wieder mehrten sich die Siege der Franzosen. Lange Zeit gab es keinen dauerhaften Frieden. Wiederholt vereinbarten adlige Heerführer Waffenstillstände und unterzeichneten Verträge, doch der Streit flammte stets aufs Neue wieder auf.

Besonders die Bevölkerung litt unter den ständigen Kämpfen. ▶Städte wurden belagert und Felder verwüstet. Die Bewohner mussten Steuern und Abgaben leisten, mit denen die Soldaten für ihren Waffendienst bezahlt wurden. Denn Krieg wurde inzwischen nicht mehr nur mit ▶Rittern geführt, die für ihren Herrn aus ▶Treue ins Feld zogen, sondern vor allem mit Söldnern, die für Geld kämpften.

Am Ende des Hundertjährigen Krieges musste sich England geschlagen geben und 1453 seinen gesamten Landbesitz auf französischem Gebiet abgeben. ■

Während des **Hundertjährigen Krieges** besaß der englische König Heinrich VI. noch zahlreiche Ländereien in Frankreich. 1453 musste er alle Gebiete abgeben.

Im Hundertjährigen Krieg kämpften **französische und englische Krieger** gegeneinander.

ES WAR EINMAL …

Das tapfere Mädchen Jeanne d'Arc

Als die Engländer Orleans belagerten und kurz davor waren, die Herrschaft über Frankreich zu erlangen, kam eine unerwartete Rettung: Das 18-jährige Bauernmädchen Jeanne d'Arc (siehe Bild) glaubte, von Gott den Auftrag erhalten zu haben, die Feinde zu vertreiben. In Männerkleidung und bewaffnet führte sie die französischen Truppen an und befreite Orleans. Jeanne selbst wurde von den Engländern gefangen genommen und 1431 als ▶Ketzerin zum Tod verurteilt. In Frankreich wird sie bis heute als Heldin verehrt.

Kaiser und Könige

Die höchsten weltlichen Herrscher. Die vornehmsten adligen Familien wählten aus ihren Reihen den König. Bei seiner ▶Krönung gelobten sie ihm ▶Treue und Unterstützung im Kriegsfall. Der König versprach dafür Frieden und Schutz.

Die frühmittelalterlichen Könige sicherten ihre Macht noch durch militärische Gewalt, so wie ▶Chlodwig I.: Er besiegte alle seine Gegner in der Schlacht, bis Frieden im ▶Fränkischen Reich herrschte. Seine Macht vererbte er an seine Söhne. Etwa seit dem 9. Jh. brauchten die Könige jedoch vermehrt die Zustimmung der ▶Fürsten, um ihre Befehle durchzusetzen. Aus der Mitsprache der Fürsten entwickelte sich die Königswahl: Die Kandidaten entstammten immer noch den vornehmsten Familien, oft war sogar der Vater König (▶Herrscherdynastien), aber letztendlich entschieden die Fürsten, wer König wurde. Nicht selten wurden die Fürsten jedoch mit Bestechungsgeldern, Zwang oder Versprechen in ihrer Wahl beeinflusst.

So könnte **Kaiser Otto I.** gekleidet gewesen sein: Der Reiter trägt einen Seidenmantel und die Kaiserkrone.

In mehreren ▶Reichen in Europa gab es Könige. Die wichtigsten waren die englischen, französichen und deutschen Könige, wobei

SCHON GEWUSST?

Mächtige Kaiserinnen

Zwar werden in den Geschichtsbüchern meist nur Männer erwähnt, die ▶Kriege führten und Völker beherrschten. Doch gab es einige mächtige Frauen, die großen Einfluss hatten, wie z. B. Theophanu (siehe Bild), die im 10. Jh. Otto II. heiratete und zur Kaiserin gekrönt wurde. Sie war hochgebildet und half ihrem Mann bei der Regierungsarbeit.

Alle Untertanen, vor allem die Fürsten und Adligen, mussten dem neuen **König** Treue schwören. Dazu knieten sie vor dem Herrscher nieder.

die deutschen Könige eine Sonderstellung innehatten: Denn nur sie wurden von den Fürsten aus dem Kreis der wichtigsten Adelsfamilien gewählt. In England und Frankreich dagegen regelte eine »dynastische Erbfolge« die Weitergabe der Macht: Der erstgeborene Sohn des Königs wurde automatisch nächster König. Für die deutschen Könige gab es noch eine Besonderheit: Sie allein konnten Kaiser werden. Das bedeutete nicht unbedingt mehr Macht oder mehr Reichtum, auch die Aufgaben blieben zum großen Teil die gleichen. Aber ein Kaiser besaß mehr Würde und Hoheit als ein König.

Es gab im mittelalterlichen Europa zwei Kaiserreiche: Das Heilige Römische Reich, über das der römisch-deutsche Kaiser herrschte, und das ▸Byzantinische Reich.

Wenn ein deutscher König Kaiser werden wollte, brauchte er die Unterstützung des ▸Papstes, denn nur er konnte die Kaiserwürde verleihen und den Kaiser in Rom krönen. Gemeinsam regierten sie dann über Europa, der Papst als höchster geistlicher Herrscher, der Kaiser als höchster weltlicher Herrscher. Der erste Kaiser des Mittelalters war ▸Karl der Große, der 800 in Rom gekrönt wurde. Etwa 1000 Jahre später, im Jahr 1806, legte Franz II. als letzter römisch-deutscher Kaiser die Krone nieder.

Der deutsche König, der oft auch römischer Kaiser war, war der reichste Mann im Land. Er hatte den meisten ▸Landbesitz, nahm ▸Steuern ein, erhob Zölle und verteilte Strafgelder. Seine Hauptaufgaben waren der Schutz der Kirche und seiner ▸Untertanen sowie das Erlassen von Gesetzen und Urteilssprüchen. Diese wurden bei einem Streit direkt vom Herrscher verkündet und dann aufgeschrieben. Dafür reiste der König oder Kaiser ständig im Land umher. Eine Hauptstadt gab es nicht, sondern der König wohnte an verschiedenen Höfen (▸Pfalz). ■

SCHON GEWUSST?

Die Kaiser im mittelalterlichen Europa

Karl I., der Große (Karolinger)
König der Franken seit 768,
Kaiser seit 800

Otto I., der Große (Ottone)
König seit 936, Kaiser seit 962

Otto II. (Ottone)
König seit 961, Kaiser seit 967

Otto III. (Ottone)
König seit 983, Kaiser seit 996

Heinrich II. (Ottone)
König seit 1002, Kaiser seit 1014

Konrad II. (Salier)
König seit 1024, Kaiser seit 1027

Heinrich III. (Salier)
König seit 1039, Kaiser seit 1046

Heinrich IV. (Salier)
König seit 1056, Kaiser seit 1084

Heinrich V. (Salier)
König seit 1106, Kaiser seit 1111

Lothar III. (Supplinburger)
König seit 1125, Kaiser seit 1133

Friedrich I. Barbarossa (Staufer)
König seit 1152, Kaiser seit 1155

Heinrich VI. (Staufer)
König seit 1190, Kaiser seit 1191

Otto IV. (Welfe)
König seit 1198, Kaiser seit 1209

Friedrich II. (Staufer)
König seit 1212, Kaiser seit 1220

Heinrich VII. (Luxemburger)
König seit 1308, Kaiser seit 1312

Ludwig IV., der Bayer (Wittelsbacher)
König seit 1314, Kaiser seit 1328

Karl IV. (Luxemburger)
König seit 1346, Kaiser seit 1355

Sigismund I. (Luxemburger)
König seit 1410, Kaiser seit 1433

Friedrich III. (Habsburger)
König seit 1440, Kaiser seit 1452

Maximilian I. (Habsburger)
König seit 1486, Kaiser seit 1508

Der Kaiser sitzt auf seinem Thron und zeigt die **Zeichen seiner Macht**: Kaisermantel, Krone, Zepter und Reichsapfel.

Karl der Große und die Karolinger

Der erste Kaiser des Mittelalters. Karl (* 747, † 814), aus dem Hause der Karolinger, herrschte als König seit 768 zunächst gemeinsam mit seinem Bruder Karlmann über das ▶Fränkische Reich. Als Karlmann starb, regierte Karl allein. 774 wurde er außerdem König der Langobarden, einer Volksgruppe in Norditalien, die er besiegt hatte. Mit weiteren Eroberungen und Friedensbündnissen vergrößerte er das Fränkische Reich und seine Macht. Die unchristlichen Völker, die er seiner Herrschaft unterwarf, z. B. die Sachsen, mussten sich taufen lassen. So verbreitete Karl das Christentum.

Sein riesiges Reich schützte er durch die Einrichtung von Grenzgebieten, den sogenannten Marken. Ihm treu ergebene Adlige ernannte er zu Markgrafen, die die Sicherheit der Grenzen gewährleisten sollten.

Als Papst Leo III. 799 von römischen Gegnern verfolgt und überfallen wurde, suchte er Schutz bei Karl. Der König nahm den ▶Papst bei sich auf und begleitete ihn nach Rom. Dort griff er hart gegen die Aufständischen durch und sorgte für die Sicherheit des Papstes. Damit präsentierte sich Karl als Beschützer der Kirche und der Christenheit. Da er zudem Herrscher über mehrere Völker und Länder war, verlieh ihm der Papst bei der Weihnachtsmesse im Jahr 800 die Kaiserkrone (▶Krönung). Seit über 300 Jahren hatte es keinen Kaiser mehr in Westeuropa gegeben. Nur noch im ▶Byzantinischen Reich im Osten herrschte ebenfalls ein mächtiger Kaiser.

Schon vor Karl dem Großen hatte die Familie der Karolinger großen politischen Einfluss und stellte seit 751 auch die Könige. Die drei Enkel von Karl teilten das riesige Fränkische Reich unter sich auf. Die Herrschaft der Karolinger endete im 10. Jh. ■

Im 12. Jh. wurde **Kaiser Karl der Große** heiliggesprochen. Sein Standbild schmückt das Kloster Müstair in der Schweiz, das im 8. Jh. gegründet wurde.

SCHON GEWUSST?

Letzte Ruhestätte eines großen Kaisers

Kaiser Karl der Große war viel unterwegs. Besonders gern hielt er sich jedoch in Aachen auf. Dort ließ er eine Kapelle bauen, die heute eines der besterhaltenen Baudenkmäler der Karolingerzeit ist. Als der Kaiser 814 starb, wurde er in dieser Kirche bestattet, und hier stand auch sein Thron (siehe Bild). Seine Überreste bewahrt man als ▶Reliquien auf. Im Aachener Dom wurden von 936 bis 1531 fast alle deutschen Könige gekrönt.

Karl IV.

Ein gebildeter Herrscher. Aufgrund seiner Friedenspolitik und seiner kulturellen Interessen wird Karl IV. manchmal als »größter Herrscher des deutschen Spätmittelalters« bezeichnet. Der in Prag geborene Karl (* 1316, † 1378) aus der Familie der Luxemburger erhielt seine umfassende Erziehung und Ausbildung in Paris am französischen Königshof. Dort lernte er neben Deutsch und Französisch auch Italienisch, Latein und Tschechisch. Als gebildeter und intelligenter Herrscher baute er seine Macht mehr durch freundschaftliche Beziehungen als durch kriegerische Maßnahmen aus.

1346 wurde Karl mit Zustimmung des Papstes zum ▶König ernannt. Drei Jahre später wählten ihn auch die Fürsten, und damit wurde er offiziell als König des Heiligen Römischen Reiches bestätigt. Die Königswahl und seine Friedenspolitik kosteten Karl viel Geld. Er erkaufte sich die Unterstützung der Adligen und schloss Frieden mit den verfeindeten ▶Herrscherdynastien der Habsburger und Wittelsbacher. Seine Residenz Prag ließ er zur »Goldenen Stadt« ausbauen. Hier gründete er 1347 auch die erste ▶Universität im Heiligen Römischen Reich.

1355 wurde Karl in Rom zum Kaiser gekrönt. Doch auch als mächtigster Herrscher wollte er sein Reich nicht wie viele seiner Vorgänger durch Eroberungen vergrößern, sondern für Frieden sorgen. Immer mehr musste er dabei Rücksicht auf die Interessen anderer nehmen: In der Urkunde »Goldene Bulle« sicherte Karl z. B. den Fürsten etliche Rechte zu. ■

Am Dom in Prag ist unter 21 steinernen Porträts der kaiserlichen Familie auch die Statue von **Karl IV.** mit seinem kaiserlichen Wappen.

SCHON GEWUSST?

Wer wählte den König?

1356 unterzeichnete Karl IV. eine Urkunde und versah sie mit seinem goldenen Siegel. Siegel bezeichnete man zu jener Zeit als »Bulle«. Später wurde die ganze Urkunde nach diesem Siegel »Goldene Bulle« genannt. In diesem Schriftstück werden die sieben Kurfürsten genannt, die das Recht hatten, den ▶König zu wählen: die Erzbischöfe von Mainz, Köln und Trier, der böhmische König, der Pfalzgraf bei Rhein, der Herzog der Sachsen und der Markgraf zu Brandenburg. Als Ort der Königswahl wurde die Stadt Frankfurt festgelegt.
Zwar durften die Kurfürsten schon vorher den König wählen, aber in der Goldenen Bulle wurde ihr Recht zum ersten Mal schriftlich festgehalten.

Südwestlich von Prag liegt die **Burg Karlstein**. Karl ließ sie 1348 bauen, um einen sicheren Aufbewahrungsort für die heiligen Schätze des Reiches zu haben.

In Erinnerung an eine mittelalterliche **Stadtbelagerung** stellen 200 Kämpfer in historischen Kostümen und mit Lanzen bewaffnet eine Schlacht nach.

Kriege

Kampf um Vorrechte und Gebiete. Im Mittelalter wurde fast ständig Krieg geführt (▶Kampf- und Feiertage). Einige Kriege waren nach wenigen Tagen entschieden, andere dauerten über hundert Jahre (▶Hundertjähriger Krieg).

Im Frühmittelalter wurden Kriege zumeist geführt, um die Gebiete anderer Völker zu erobern und zu plündern. Viele erwachsene männliche ▶Untertanen mussten an diesen Kriegen teilnehmen. Im Hochmittelalter kämpften vor allem die ▶Ritter. Sie zogen für ihre Herren in Schlachten gegen andere adlige Ritter (▶Fehde). Dabei ging es meist um persönliche Rache, Landgewinn oder um die Demonstration von Macht.

Adlige Kämpfer trugen Kriege manchmal in Zweikämpfen, ähnlich wie bei ▶Turnieren aus. Krieger zu Fuß schlugen sich dagegen in wilden Schlachten. Im Spätmittelalter änderte sich die Kriegsführung: Herrscher führten große Heere mit bezahlten Soldaten an, die in geordneten Reihen angriffen, so etwa beim Hundertjährigen Krieg. Seit der Einführung von ▶Feuerwaffen im 15. Jh. konnten die feindlichen Kämpfer aus der Ferne angegriffen und viele von ihnen gleichzeitig getötet werden. ■

SCHON GEWUSST?

Welche waren die wichtigsten Kriege im mittelalterlichen Europa?

500 Sieg ▶Chlodwigs über die Alamannen.

7. bis 9. Jh. ▶Arabersturm: muslimische Araber eroberten Teile Europas.

732 Karl Martell besiegte die Araber, die das ▶Fränkische Reich bedrohten.

793 Beginn der Wikingerüberfälle.

1066 Normannenherzog Wilhelm eroberte England.

Seit 1031 Reconquista in Spanien. Rückeroberung der arabisch besetzten Gebiete.

1040 Verkündigung des Gottesfriedens: Schutz für Bauern, Frauen, Geistliche. Waffenruhe von Donnerstag bis Sonntag.

1075 Sachsenkrieg: Heinrich IV. besiegte aufständische sächsische Fürsten und Bürger.

1096–1099 Erster ▶Kreuzzug.

1099 ▶Kreuzritter eroberten Jerusalem.

1147–1149 Zweiter Kreuzzug.

1189–1192 Dritter Kreuzzug.

1202–1204 Vierter Kreuzzug.

1228–1229 Fünfter Kreuzzug.

1248–1254 Sechster Kreuzzug.

1270 Siebter Kreuzzug.

1339–1453 ▶Hundertjähriger Krieg zwischen England und Frankreich.

1453 Eroberung Konstantinopels durch die Osmanen; Ende des ▶Byzantinischen Reiches.

1492 Eroberung der Stadt Granada und Ende der arabischen Herrschaft in Spanien.

Die Entscheidung für einen Krieg trafen die Herrscher. Die **Bevölkerung** litt unter den Kämpfen, denn dabei wurden die Ernte und die Häuser zerstört.

RATE MAL!

Wie heißt die Krone des Papstes?

1. Tiara.
2. Tanga.
3. Taralalla.

Antwort 1: Auch der Papst wurde gewählt und gekrönt. Bei der Krönung setzten ihm die Kardinäle, die höchsten Geistlichen, die Tiara auf, eine Krone mit drei goldenen Reifen. Der Papst trug die Tiara nicht im Gottesdienst, sondern nur bei feierlichen Prozessionen, wenn er als geistlicher Herrscher auftrat.

Krönung

Ernennung zum König. Nachdem ein ▶König von den ▶Fürsten gewählt worden war, verlieh ihm ein besonders hoher Bischof, ein sogenannter Erzbischof, in einer ▶Zeremonie die königliche Macht. Bei einem ▶Gottesdienst, der meist im Aachener Dom stattfand, träufelte der Erzbischof dem neuen König heiliges Öl auf Kopf und Brust und sprach ▶Gebete. Anschließend überreichte er ihm Reichsapfel, Zepter und Schwert und setzte ihm die Krone auf. Dann führten die wichtigsten ▶Adligen den Herrscher zum Thron und leisteten den Treueid. Der König wiederum versprach, alle ▶Untertanen zu schützen. Die Salbung mit dem heiligen Öl, der Gottesdienst und die Krönung durch einen ▶Geistlichen sollten zeigen, dass der König sein Amt von Gott erhalten hatte. Kaiser wurden vom ▶Papst im Petersdom in Rom gekrönt. ■

Die **Reichskrone** der römisch-deutschen Könige und Kaiser wurde bereits im 10. Jh. getragen (Bild links). **Reichsapfel und Schwert** symbolisieren die Macht des Königs (Bild rechts).

Machtsymbole/Reichsinsignien

Zeichen der Herrschaft. Als Symbol der Königsmacht erhielt der Herrscher bei der ▶Krönung die Reichsinsignien. Dazu zählten die Krone, der Reichsapfel, das ist eine Weltkugel mit Kreuz, sowie das Schwert und das Zepter, ein Herrschaftsstab. Auch besonders edle Gewänder, die nur der ▶König tragen durfte, waren Symbole seiner Macht. Dazu gehörten ein Mantel aus roter Seide mit Perlenstickerei und Goldverzierung, Handschuhe und königliche Strümpfe.

Wenn Könige auf Reisen gingen, nahmen sie ihre Insignien mit. Bei Gefahr oder ▶Krieg brachten sie diese in einer ▶Pfalz oder ▶Burg in Sicherheit. ■

Karl der Große kniete nieder, als ihm im Jahr 800 der Papst in Rom die Kaiserkrone aufsetzt. Hohe Adlige beobachteten die **Krönung**.

Maximilian I. und die Habsburger

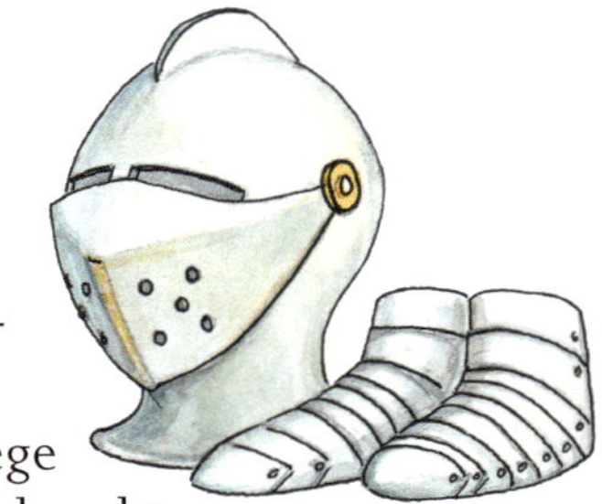

Der letzte Ritter. Maximilians Vater, Kaiser Friedrich III. aus dem Hause der Habsburger, verhandelte lange mit den Kurfürsten, bis diese seinen Sohn Maximilian I. (* 1459, † 1519) 1486 zum ▶König wählten. Er wurde wie ein ▶Ritter erzogen, liebte das Kämpfen und die ▶höfische Kultur, nahm gern an ▶Turnieren teil und gab viel Geld für Kleider und ▶Feste aus. Als König sicherte er seine Herrschaft durch Heirat, ▶Kriege und Freundschaftsbündnisse.

Maximilian bezahlte ▶Bauern und ▶Bürger für ihren Kriegsdienst und stattete sie mit langen Lanzen und ▶Feuerwaffen aus. Diese Landsknechte waren die ersten Berufssoldaten. Doch trotz seiner vielen Soldaten verlor er etliche Schlachten, vor allem gegen die Schweiz, die sich vom Heiligen Römischen Reich Deutscher Nation abspaltete.

Die ständigen Kriege und Maximilians Prunksucht kosteten viel Geld. Der verschwenderische König verschuldete sich hoch und versuchte, einen Teil der Kosten aus Steuereinnahmen zu decken. Auf dem ▶Reichstag zu Worms 1495 stimmten die ▶Fürsten der gewünschten Steuer zu, forderten aber Frieden im Reich sowie ein Gericht, das unabhängig vom König Recht sprechen konnte. So wurde der »Ewige Landfrieden« verkündet, der ▶Fehden verbot. Streitigkeiten mussten Adlige künftig vor Gericht austragen.

1508 wurde Maximilian Kaiser. Maximilians Vater, Friedrich III., war der erste Kaiser aus der ▶Herrscherdynastie der Habsburger. Sie nannten sich nach ihrem Stammsitz, der Habsburg im Aargau in der Schweiz. Vom 12. bis zum 13. Jh. herrschten die Habsburger dort als Grafen, ▶Herzöge und Könige. Im 14. Jh. verloren sie fast alle ihre Besitztümer in der Schweiz, erlangten die Macht aber wieder und breiteten sich in Österreich aus. Deshalb werden sie seit dem 15. Jh. auch »Haus Österreich« genannt. Seit Friedrich III. behielten die Habsburger die Kaiserwürde fast ununterbrochen bis 1806. ■

Kaiser Maximilian bei seiner Lieblingsbeschäftigung, dem Zweikampf. Siegesgewiss greift er seinen Gegner an.

RATE MAL!

Warum wird Maximilian »der letzte Ritter« genannt?

1. Er tötete in Turnieren alle anderen Ritter.
2. Er war beim Wettlauf der Ritter immer der Letzte.
3. Er regierte, als die Zeit der Ritter zu Ende ging.

Antwort 3: Im 15. Jh. regierten Herrscher eher vom Konferenztisch aus als vom Schlachtfeld. Maximilian war eine Ausnahme. Er wollte wie ein Ritter leben und kämpfen. So trat er nicht nur häufig in seiner ▶Rüstung auf, sondern dichtete auch Liebeslieder und Heldengedichte (▶Minne) und ging gern auf die ▶Jagd. Er soll sogar der beste Turnierkämpfer seiner Zeit gewesen sein. Deshalb wird er oft der »letzte Ritter« genannt.

Otto I. und die Ottonen

Die Ehe zwischen **Otto I. und Editha** wurde von den Eltern beschlossen. Editha war mit einem Heiligen verwandt und steigerte so das Ansehen der Ottonen.

Der erste »deutsche« Kaiser. Nach ▶Karl dem Großen war Otto I. (*912, †973) der Erste, der das spätere »Heilige Römische Reich« einte und 962 zu dessen ▶Kaiser gekrönt wurde. Das ▶Reich, über das er herrschte, lag zum großen Teil auf dem Gebiet des späteren Deutschlands. Daher gilt er auch als erster deutscher Kaiser.

Otto wollte seinem Volk Frieden bringen. Das gelang ihm 955 mit einem überragenden Sieg über die Ungarn auf dem Lechfeld bei Augsburg. Wegen seines Triumphes über die ungläubigen Ungarn lud der ▶Papst Otto nach Rom ein und krönte ihn dort zum Kaiser. Die ▶Fürsten, die ▶Geistlichen und das Volk jubelten dem neuen Herrscher zu und versprachen ihm feierlich die ▶Treue.

Kaiser Otto I., der auch »der Große« genannt wird, trat durch seine ▶Krönung in Konkurrenz zum Kaiser des ▶Byzantinischen Reiches. Anstatt diesen zu bekämpfen, verheiratete er seinen Sohn, Otto II., mit der byzantinischen Prinzessin Theophanu. So verschwägerten sich die beiden kaiserlichen Familien.

Kaiser Otto war der Ahnherr der nach ihm benannten Ottonen, einer der großen ▶Herrscherdynastien des mittelalterlichen Europas. Sein Sohn und sein Enkel hießen ebenfalls Otto und wurden zum König und Kaiser gekrönt. Der Vater bereitete die Wahl zum König und die Erhebung zum Kaiser jedes Mal sorgfältig vor. So blieb die Macht bis 1024 in der Familie. Der letzte Ottone war Kaiser Heinrich II., der keine Kinder hatte. Die Nachfolger der Ottonen waren die ▶Salier. ■

SCHON GEWUSST?

Die Macht der Markgrafen

Markgrafen waren vom ▶König eingesetzte Beamte, die mehr Macht als einfache Grafen hatten, aber weniger als ▶Herzöge. Karl der Große richtete im 8. Jh. Markgrafschaften an den neuen Grenzen des ▶Fränkischen Reiches ein. Die Markgrafen hatten die Aufgabe, ihr Gebiet vor den Einfällen der kriegerischen Nachbarn, z. B. der Muslime in Spanien, zu schützen. Die Überfälle von Slawen und Ungarn im 9. Jh. veranlassten Otto I. (siehe Bild), neue Marken vor allem an der Ostgrenze des Heiligen Römischen Reiches einzurichten, so die dänische Mark im Norden, die Marken Meißen und Lausitz im Osten, die Steiermark im Südosten sowie die bayerische Ostmark, aus der das Herzogtum Österreich hervorging. Einige Markgrafen stiegen zu ▶Fürsten auf. Sie herrschten in ihrer Mark weitgehend selbstständig, waren aber vor allem Kriegsherren, die ein großes Heer befehligten. Die Markgrafen erhielten eigene ▶Wappen, die in einem mittelalterlichen Rechtsbuch abgebildet sind.

Die wichtigsten **Reiche in Europa** im Hochmittelalter waren: die Königreiche von Irland (1), Schottland (2), England (3), Dänemark (4), Norwegen (5), Schweden (6), Portugal (7), Kastilien (8), Granada (9) und Frankreich (10), das Heilige Römische Reich (11), die Republik Venedig (12), der Kirchenstaat (13), die Königreiche von Sardinien (14), Sizilien (15), Polen (16) und Ungarn (17), die Besitztümer des Deutschen Ordens (18), die Großfürstentümer Littauen (19) und Moskau (20) sowie das Byzantinische Reich (21).

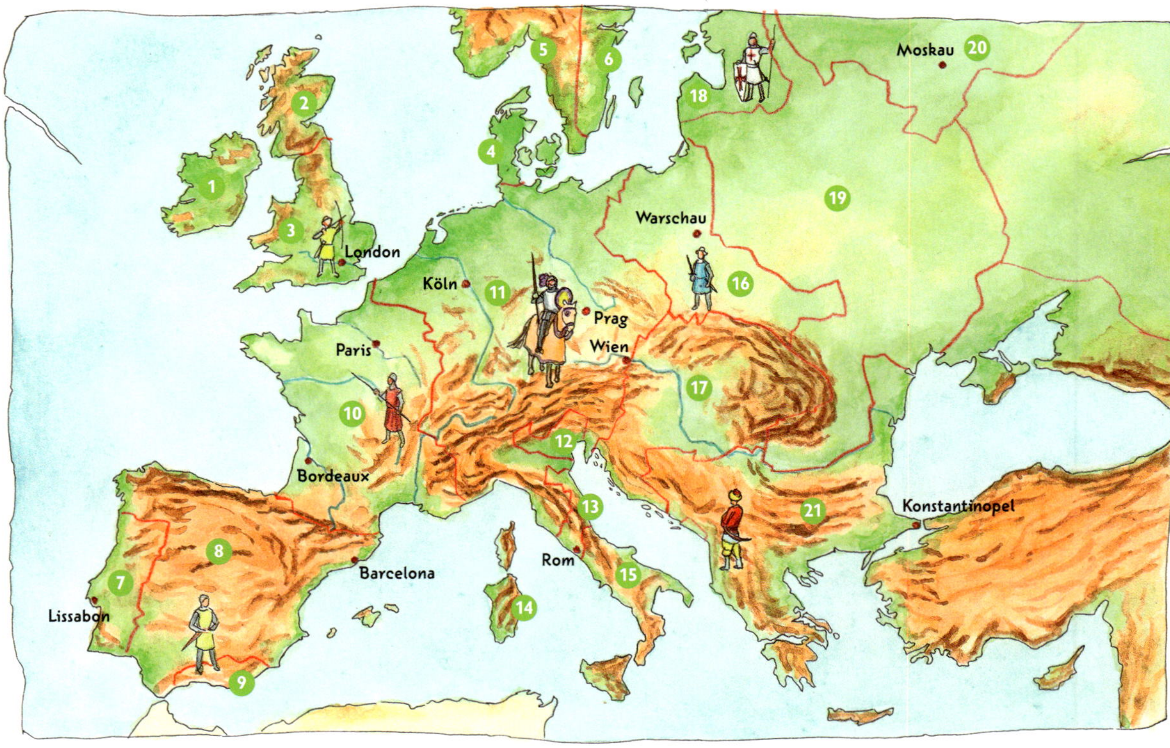

Reiche in Europa

Welche Länder gab es im Mittelalter? Im Frühmittelalter gab es in Europa viele kleine Gebiete, die von einem Adligen oder ▶ König beherrscht wurden. Viele Landschaften waren auch noch gar nicht besiedelt. Erst im ▶ Fränkischen Reich einte König ▶ Chlodwig I. mehrere Gebiete. Im Osten bestand zu jener Zeit bereits das ▶ Byzantinische Reich.

Im 10. Jh. entwickelte sich das Heilige Römische Reich, das neben den Gebieten des alten Fränkischen Reiches u. a. Teile von Italien und Frankreich umfasste. Daneben gab es noch andere Königreiche, wie z. B. Burgund in Frankreich oder Sizilien in Italien. Erst im Spätmittelalter bildeten sich daraus allmählich die Länder in Europa, wie wir sie heute kennen: Deutschland, Frankreich, England, Spanien, Italien und andere. Die Ländergrenzen verschoben sich jedoch immer wieder. ■

Nicht nur die **großen Reiche**, auch die Fürstentümer hatten jeweils eigene Wappen.

SCHON GEWUSST?

Heiliges Römisches Reich Deutscher Nation

Deutschland gab es im Mittelalter noch nicht. Die deutschen ▶ Könige herrschten über ein viel größeres Gebiet in Mitteleuropa und ließen sich in Rom zum Kaiser krönen. Dabei fühlten sie sich so mächtig wie einst die römischen Kaiser in der Antike. Selbstbewusst nannten ▶ Karl der Große und ▶ Otto I. das Reich, über das sie herrschten, »Heiliges Römisches Reich«. Damit wollten sie sich auch vom Kaiser des ▶ Byzantinischen Reiches abgrenzen. Außerdem empfanden sie ihre Kaiserwürde als ein Geschenk Gottes. Und was von Gott kam, galt als heilig. Zuerst tauchte die Bezeichnung »Heiliges Römisches Reich« 1245 in Urkunden auf. Seit dem 15. Jh. wurde es mit dem Zusatz »Deutscher Nation« versehen. Damit grenzten sich die Deutschen, die sich nun einem Volk zugehörig fühlten, von ihren französischen und italienischen Nachbarn ab. Die Grenzen des Reiches verschoben sich wiederholt. Das Heilige Römische Reich Deutscher Nation bestand bis 1806. Später hieß es »Deutsches Reich«, seit 1949 lautet der Name »Bundesrepublik Deutschland«.

Der König lud die wichtigsten Männer des Reiches zum **Reichstag** ein. Dieser fand statt, wenn dringende Angelegenheiten besprochen werden mussten.

Reichstag

Berater des Königs. Der Reichstag war eine Versammlung der wichtigsten ▸Fürsten, Grafen und ▸Ritter. Sie kamen zusammen, um den Herrscher zu beraten. Man einigte sich über die Höhe der ▸Steuern, stimmte über ▸Kriege ab und beschloss neue Gesetze.

Im Spätmittelalter wollten einige Adlige die Macht des Königs einschränken. Sie setzten durch, dass auch er sich an die Entscheidungen des Reichstages halten musste. So gab es seit 1495 das Reichskammergericht, das unabhängig vom König Recht sprach.

WOHER KOMMT'S?

Etwas auf die lange Bank schieben

Die Teilnehmer am Reichstag saßen nicht auf Stühlen, sondern auf langen Bänken. Bei dringenden Angelegenheiten legten sie die mitgebrachten Akten gleich auf den Tisch und diskutierten darüber. Weniger eilige Anträge schoben sie dagegen ans Ende der Sitzbank, um sie später zu bearbeiten. Je mehr unerledigte Akten hinzukamen, desto weiter weg wurden die Unterlagen geschoben. Die Redewendung »etwas auf die lange Bank schieben« bedeutet, dass man eine Entscheidung möglichst lange hinauszögert. Damals wie heute schieben Politiker gern unangenehme Entscheidungen auf die lange Bank.

Ständesystem

Geistliche, Adlige und Bauern. Heute sind alle Menschen vor dem Gesetz gleich. Das war im Mittelalter anders. Jeder gehörte von Geburt an zu einer bestimmten Gruppe, die unterschiedliche Rechte und Pflichten hatte. Diese Gruppen nennt man auch Stände.

Zum zahlenmäßig größten, dem dritten Stand zählten vor allem die ▸Bauern. Sie waren meist unfrei (▸Leibeigene), hatten so gut wie keine Rechte und mussten hart arbeiten. Den zweiten Stand bildeten die Adligen, darunter die ▸Ritter. Sie herrschten in ihren jeweiligen Gebieten, hatten die Waffengewalt und sorgten für die Sicherheit aller. Den ersten und obersten Stand bildeten die ▸Geistlichen. Ihre Hauptaufgaben waren das ▸Gebet und die ▸Nächstenliebe. Im Mittelalter war es kaum möglich, von einem Stand in einen anderen zu wechseln.

Die Spielfiguren zeigen die **drei Stände** des Mittelalters: Geistliche wie der Bischof gehörten zum ersten Stand, Ritter auf Pferden und adlige Herrscher mit Krone zum zweiten Stand. Bauern aus dem dritten Stand werden hier als Spielsteine dargestellt.

Das Leben am Hof

1 Adel
2 Dame und Hofherr
3 Diener
4 Familie
5 Feste am Hof
6 Festmahl
7 Grundherrschaft
8 Hof
Höfische Bildung
9 Höfische Kultur
10 Jagd
11 Kleidung und Mode am Hof
Minne und höfische Liebe
Pfalz
Schmuck
12 Spiele am Hof
13 Untertanen
Vasall
Zeremonien

1
2
4
5
6
8
11

Der Herrschaftssitz der Könige und Kaiser war der Hof. Hier spielte sich das gesellschaftliche Leben ab, wurden wichtige politische Entscheidungen getroffen und rauschende Feste gefeiert. Zugang zum Hof hatte nur ein ausgewählter Kreis der wichtigsten und vornehmsten Adligen.

Während die übrige Bevölkerung häufig Hunger litt und um ihr Überleben kämpfte, wohnten die Adligen in großzügigen Häusern, konnten sich Fleisch und exotische Gewürze leisten und schmückten sich mit kostbarem Schmuck sowie eleganter Kleidung von höchster Qualität.

Das Leben der gebildeten Adligen am Hof war durch gute Manieren und Umgangsformen geprägt. Manche dieser Regeln der »Höflichkeit« streben wir mit einem freundlichen Verhalten heute noch an.

Heute zeigt ein »von« im Namen an, wer adlig ist. Früher erkannte man an der kostbaren Kleidung, dass **Dame und Hofherr** zum Adel gehörten.

Adel

Von hoher Geburt. Alle Herrscher stammten aus adligen Familien (▸Herrscherdynastien). Der Adel hatte mehr Macht, Besitz und Rechte als ▸Bauern und ▸Bürger. Im ▸Ständesystem bildete er die zweite Gruppe nach dem Klerus (▸Geistliche). Namen, ▸Wappen und ▸Landbesitz übernahmen die Adligen von ihren Vorfahren. Oder sie wurden vom ▸König für besondere Verdienste in den Adelsstand erhoben. Sie besetzten dann die wichtigsten Stellen in der Verwaltung, im Kriegswesen und der Kirche.

An der Spitze des Adels stand der König, dann kamen ▸Herzöge, Grafen und andere ▸Fürsten. Die unterste Schicht des Adels bildeten die ▸Ritter.

Dame und Hofherr

Verehrt und gefürchtet. Dame und Hofherr wohnten am ▸Hof und standen diesem vor. Sie gehörten dem ▸Adel an und waren ▸Könige, ▸Fürsten oder Grafen. Auch verfügten sie über eine gewisse ▸Bildung. Sie kümmerten sich um ihre Ländereien, nahmen ▸Steuern und Abgaben ein. Zu besonderen Anlässen luden sie andere Adlige zu ▸Festen am Hof ein. Die Dame beaufsichtigte die ▸Diener und erzog die Kinder. Der Hofherr verhandelte mit seinen ▸Vasallen oder beriet die Fürsten. Die ▸Untertanen hatten Respekt vor ihnen, denn der Hofherr saß über sie zu Gericht und verhängte Strafen. Aufgrund ihrer Bildung und ihres Standes wurden sie von den Untertanen jedoch auch verehrt.

ES WAR EINMAL ...

Der tausendjährige Rosenstock von Hildesheim

Schon im Mittelalter waren duftende Rosen beliebt. Adlige Damen ließen sich die Blumen gern von ihrem Hofherrn schenken. Der älteste Rosenstock der Welt wächst in Hildesheim. Der Sage nach verlor Kaiser Ludwig 815 auf der Jagd eine kostbare ▸Reliquie. Nach langer Suche fand er sie in einem wilden Rosenbusch wieder. Aus Dankbarkeit ließ er an der Fundstelle eine Kapelle bauen, wobei man genau darauf achtete, den Rosenstock nicht zu beschädigen. So wächst er nun schon seit über tausend Jahren am Hildesheimer Dom und blüht jedes Jahr im Sommer aufs Neue. Im Zweiten Weltkrieg wurde die Kirche durch Bomben völlig zerstört, und der Rosenstock verbrannte. Doch schon wenige Wochen später sprossen unter den Trümmern neue Triebe hervor.

Diener

Fleißige Arbeitskräfte am Hof. Um den großen Haushalt einer adligen Familie zu führen, brauchte die ▶Dame viele Mägde und Knechte, die ihr bei der Arbeit halfen. Die Männer übernahmen schwere Arbeiten, hackten Feuerholz, versorgten die Tiere oder misteten die Ställe aus. Die Mädchen halfen im Haushalt, putzten oder wuschen Wäsche.

Die jungen Dienerinnen kamen meist vom Land. Ihre Eltern hatten sie im Alter von ungefähr acht Jahren an den ▶Hof eines Adligen gebracht. Dort konnten sie wohnen, erhielten Kleidung und Essen, aber kaum Lohn. Wenn sich die Herrin gut mit ihrer Dienerin verstand, behandelte sie sie fast wie eine Tochter. Wenn die Magd jedoch in Ungnade fiel, faul war oder stahl, wurde sie geschlagen oder weggejagt. Nach etwa zehn Jahren verließen die Mägde den Hof, um in ihr ▶Dorf zurückzukehren und zu heiraten. Oder sie heirateten einen Knecht aus dem Haushalt. Dann suchte sich die Herrin eine neue Haushaltshilfe.

Das Gesinde, so nannte man die Diener, war nicht nur auf den adligen Höfen tätig, sondern verrichtete auch in städtischen Haushalten viele Arbeiten und übernahm die Kinderbetreuung.

SCHON GEWUSST?

Welchen Namen gab man seinem Kind?

Kindern gab man gern den Namen naher Verwandter. Beliebte Jungennamen waren z. B. Hadubrand oder Rudolf, Mädchennamen Elisabeth oder Mathilde. Familiennamen kamen erst im Spätmittelalter hinzu, um Verwechslungen auszuschließen. Adlige nahmen ihre Burg in den Namen auf, z. B. Graf Günther von Schwarzburg, ▶Bürger häufig die Berufsbezeichnung, z. B. Müller, Weber oder Schneider.

Familie

Alle unter einem Dach. Junge Ehepaare wünschten sich viele Kinder, die ihr Erbe antraten und sie versorgten, wenn sie alt wurden. Der erstgeborene Sohn einer adligen Familie erbte ▶Hof, ▶Land und Besitz von seinem Vater. Die Töchter wurden an ▶Ritter oder ▶Fürsten verheiratet. Jüngere Geschwister gingen ins ▶Kloster oder blieben auf dem elterlichen Hof wohnen. Adlige Familien, die genug zu essen hatten und sich ▶Medizin leisten konnten, bestanden dann aus bis zu 20 Personen. Eine Bauernfamilie dagegen, in der nur wenige Kinder überlebten und die Eltern früh starben, umfasste etwa vier bis fünf Personen. Der Familienvater war das Oberhaupt der Familie. Frau und Kinder schuldeten ihm Gehorsam. Ihm allein gehörte der gesamte Familienbesitz.

Zu einer großen **Adelsfamilie** gehörten nicht nur Eltern, Kinder und Verwandte, sondern auch die Diener. Jeder musste bestimmte Aufgaben im Haushalt erfüllen.

Musikanten, Gaukler oder Feuerspucker unterhielten die Gäste bei **Festen am Hof** (Bild links). Dabei trank man Wein und amüsierte sich (Bild rechts).

Feste am Hof

Unterhaltung für adlige Gäste. ▶Könige, ▶Herzöge, Grafen und andere ▶Fürsten feierten prunkvolle Feste am ▶Hof. Während der ▶Hofherr die Einladungen aussprach und die ▶Dame das Fest organisierte, bereiteten die ▶Diener schon Tage vorher das ▶Festmahl und die Räumlichkeiten vor. War der große Festsaal zu klein, wurden im Hof Zelte aufgebaut, um alle Besucher unterzubringen.

Wenn die Gäste ankamen, stellten sie sich in einer Reihe auf und begrüßten den Gastgeber. Je nach Rangordnung knieten sie vor dem Hofherrn nieder, verbeugten sich, umarmten ihn oder gaben ihm einen Kuss auf die Wange. Dann feierten alle Gäste einen ▶Gottesdienst. Anschließend ging man gemeinsam auf die ▶Jagd oder schaute sich ein ▶Turnier an. Danach wurde das Festmahl in der großen Halle serviert. Solche Feste dauerten oft mehrere Tage und am Ende überreichte man sich gegenseitig Geschenke.

Seit dem 15. Jh. waren Kostümfeste besonders beliebt. Die Adligen ließen sich Verkleidungen schneidern und traten als römische Götter oder fremdländische Krieger auf.

▶Könige und Kaiser gaben besonders glanzvolle Hoffeste mit Tausenden von Gästen, die von unzähligen Dienern versorgt wurden. Das berühmteste Hoffest feierte Kaiser Friedrich I. ▶Barbarossa 1184 in Mainz. ■

WOHER KOMMT'S?

Jemanden zum Narren halten

Wenn man jemanden zum Narren hält, täuscht man ihn. Die Redewendung stammt von den mittelalterlichen Narren, die auf den Hoffesten zur Belustigung der Gäste auftraten. Sie trugen oft eine Maske, eine Narrenkappe mit Schellen und eine Halskrause (siehe Bild) und erlaubten sich so mit den Gästen einen Scherz. Diese fühlten sich von ihnen getäuscht und »zum Narren gehalten«. Dabei durfte der Scherzbold seine Späße jedoch nicht übertreiben. Denn wenn sich ein Fürst oder König beleidigt fühlte, erging es dem Hofnarren schlecht.

Der Landbesitz mancher Adligen umfasste riesige Gebiete. Im Zentrum der **Grundherrschaft** stand oft eine Burg.

Festmahl

Geselliges Abendessen mit vielen Gästen. Zu besonderen Anlässen wie ▶Kirchenfeiertagen oder Familienfesten lud der ▶Hofherr adlige Nachbarn zum Festmahl ein. Dabei lernte er seine ▶Vasallen besser kennen oder konnte seinen Lehnsherrn durch seine Großzügigkeit beeindrucken. Je wohlhabender der Gastgeber war, umso reicher war die Tafel gedeckt: ▶Herzog Karl der Kühne ließ bei einem Festmahl für den Kaiser in Trier 1473 ein Essen mit 33 Gängen servieren. Ein solches Mahl dauerte dann oft mehrere Stunden. Die Adligen wurden von ▶Dienern bewirtet. Der Truchsess kündigte das Festmahl mit einem Trompetenstoß an und bediente den Hofherrn. Der Mundschenk achtete darauf, dass alle Gäste genügend zu trinken hatten. ■

Beim **Festmahl** saß der Hofherr auf einem erhöhten Platz in der Mitte der Tafel. Die wichtigsten Gäste saßen direkt neben ihm.

Grundherrschaft

Herrschaft über Land und Leute. Nur die Adligen (▶Adel) besaßen Grund und Boden und herrschten über ihn und die ▶Untertanen, die dort lebten. Viele Adlige versuchten, ihren ▶Landbesitz zu vergrößern, um so ihre Grundherrschaft auszuweiten. Dies gelang durch ▶Krieg oder ▶Fehden und manchmal auch durch Kauf oder Heirat.

Große Teile ihres Landbesitzes vergaben die Grundherren, also die ▶Könige oder ▶Fürsten, als sogenanntes Lehen an die adligen ▶Vasallen. Lehen heißt auf Lateinisch »feudum«, deshalb wird die mittelalterliche Ordnung auch als Lehnswesen oder Feudalsystem bezeichnet. Im Feudalsystem war die Stellung in der Rangfolge, die jeder Einzelne vom ▶Diener bis zum ▶König einnahm, genau festgelegt (▶Ständesystem).

Die Grundherrschaft übten nur die Adligen auf dem Land aus. In den ▶Städten, die vermehrt seit dem Hochmittelalter entstanden, herrschten andere Machtverhältnisse. ■

WOHER KOMMT'S?

Auf keinen grünen Zweig kommen

Zusammen mit dem Lehen, also einem Stück Land, bekamen Adlige von ihrem Lehnsherrn symbolisch einen grünen Zweig geschenkt. Unfreie Untertanen oder ▶Bauern erhielten keinen Landbesitz. Sie kamen also nie zu einem grünen Zweig. Heute beschreibt die Redewendung »auf keinen grünen Zweig kommen«, dass man weder wirtschaftlichen Erfolg noch Glück im Leben hat.

SCHON GEWUSST?

Die wichtigsten Ämter am Hof

Adlige Beamte halfen dem König bei den Regierungsgeschäften. Die vier wichtigsten Ämter am Hof hatten der Marschall, der Kämmerer, der Mundschenk und der Truchsess inne:
Der Marschall war für die Pferde zuständig und führte die ▶ Ritter im ▶ Krieg an. Der Kämmerer kümmerte sich um den königlichen Haushalt.
Der Mundschenk bewirtete König und Gäste, und der Truchsess führte die Aufsicht über die königliche Tafel. Im ▶ Fränkischen Reich des Frühmittelalters gab es noch den Hausmeier, der das königliche Gefolge und die Adligen anführte. Manche Beamte wurden so mächtig, dass sie den König ersetzten: 751 wurde der Hausmeier Pippin König der Franken (▶ Karolinger).

Zu besonderen Anlässen trugen der **König und sein Hofstaat** besonders feierliche Kleidung, um ihren Reichtum und ihre Macht zu zeigen.

Hof

Der König und sein Gefolge. Der Königshof bildete das Zentrum der Verwaltung des Reiches und der ▶ höfischen Kultur. Hier lebte der König mit seiner ▶ Familie, den ▶ Dienern und den hohen Adligen, die ihn bei der Regierung unterstützten. So gab es am Hof z. B. ein Gericht oder eine Rechenkammer, welche die Finanzen des Königs regelte. Zu besonderen Anlässen und ▶ Festen kamen geistliche und weltliche ▶ Fürsten zu Besuch. Auch ▶ Gelehrte sowie Künstler, Sänger und Musikanten hielten sich gern eine Weile am Hof auf, denn hier fanden sie gebildetes Publikum, das ihre Kunst und ihr Wissen schätzte.

Die Personen, die ständig am Hof weilten, bildeten den Hofstaat. König und Hofstaat blieben erst im Spätmittelalter an einem festen Ort, der sogenannten Residenz, wo sie wohnten und herrschten. Vorher zogen sie von ▶ Pfalz zu Pfalz, um an vielen Stellen im ▶ Reich präsent zu sein und sich den ▶ Untertanen zu zeigen.

Das Leben am Hof war durch eine strenge Rangordnung und feste ▶ Zeremonien geprägt. Es gab genaue Vorschriften, wie sich jeder zu verhalten und zu kleiden hatte. Der Königshof führte den reichsten und vornehmsten Haushalt. Hier trug man die prächtigste ▶ Kleidung und Schmuck sowie die neueste Frisurenmode und stattete die Wohnräume mit wertvoller Kunst aus.

Nicht nur Könige, auch Fürsten lebten an Höfen. Von dort aus verwalteten sie seit dem Spätmittelalter ihren ▶ Landbesitz. ■

Alleine konnte der König sein Reich nicht regieren. Er brauchte am **Hof** viele Helfer: Ritter, Ministerialen, Adlige und Geistliche.

Zur **höfischen Kultur** gehörte auch das Anlegen der Kleidung nach festen Regeln. So durften nur die höchsten Fürsten das königliche Schlafzimmer betreten und dem König beim Ankleiden behilflich sein.

Höfische Bildung

Fremdsprachen und gutes Benehmen. Die meisten Kinder von Adligen gingen nicht zur ▶Schule, sondern wurden zu Hause von ▶Geistlichen unterrichtet. Manche Königssöhne wie der spätere Kaiser ▶Karl IV. wurden auch zur Ausbildung an andere Höfe, etwa nach Paris, geschickt. Dort lernten sie von bedeutenden ▶Gelehrten die wichtigsten Grundlagen, um später kluge und gerechte Herrscher zu werden.

Neben Fremdsprachen wie Latein, Französisch, manchmal auch Italienisch oder Tschechisch gehörten zur höfischen Bildung u. a. Gesellschaftsspiele (▶Spiele am Hof), Musikunterricht, Tanzschritte und gute Manieren. Besonders ▶Damen gegenüber sollten sich die ▶Hofherren höflich verhalten (▶Minne). Sie wurden dazu erzogen, ein tadelloses Verhalten, ähnlich wie die ▶Rittertugenden, zu entwickeln: Ehrgefühl, Mut, Mäßigung und Großzügigkeit galten als kennzeichnende Charaktereigenschaften eines gebildeten Adligen.

Junge Mädchen mussten zudem nicht nur lernen, als spätere Gattin eines Hofherrn den großen Haushalt zu führen, sondern auch bescheiden und zurückhaltend zu sein. ■

Höfische Kultur

Französische Lebensart am Hof. In ganz Europa nahmen sich die adligen ▶Damen und Hofherren die französische Kultur zum Vorbild: Man trug Kleider wie in Frankreich, las und dichtete Liebeslieder und Gedichte, hörte französische Musik und baute Kirchen wie dort. So unterschied sich der Adel von den ▶Untertanen. Zur höfischen Kultur gehörten auch die üppigen Feste (▶Feste am Hof) der Adligen. ■

SCHON GEWUSST?

Konnten alle Menschen schreiben?

Lesen und Schreiben waren keine Fertigkeiten, die unbedingt zur höfischen Kultur gehörten. Die Adligen luden Sänger an den Hof ein, die ihnen Lieder und Geschichten vortrugen oder baten Geistliche, wichtige Briefe zu verfassen. Im Frühmittelalter konnten selbst ▶Könige und Kaiser oft nicht richtig schreiben. Von Kaiser ▶Karl dem Großen weiß man, dass er zwar ein bisschen lesen konnte, sich aber vergeblich bemühte, das Schreiben zu lernen. Ungebildet war er deswegen nicht, denn er traf sich mit bedeutenden Gelehrten seiner Zeit und unterhielt sich mit ihnen über die neuesten wissenschaftlichen Fragen und Entdeckungen.

SCHON GEWUSST?

Die Falkenjagd

Eine besonders schwierige Art zu jagen war die Falkenjagd oder Beize. Es war der Lieblingssport von Kaiser ▶ Friedrich II. Ein junger Falke wurde so trainiert, dass er kleinere Tiere jagte und tötete, sie dann aber nicht fraß, sondern seinem Herrn überließ. Die Zähmung und Dressur der Raubvögel dauerte Jahre. Es gab spezielle Falkentrainer, und ein guter Jagdvogel kostete so viel wie ein ▶ Streitross. Noch heute ist die Beizjagd bei reichen Adligen im ▶ Orient eine beliebte Freizeitbeschäftigung. Und auf europäischen Flughäfen helfen Falken, Vogelschwärme zu vertreiben, die eine Gefahr für den Flugverkehr bedeuten.

Hunde halfen bei der **Jagd**. Sie trieben das Tier bis zur Erschöpfung durch den Wald. Dann konnte es der König leicht erlegen.

Jagd

Lieblingsbeschäftigung der Adligen. Bei der Jagd konnten die Adligen ihr Geschick und ihren Mut unter Beweis stellen. Große Tiere wie Wildschweine, Wölfe oder Bären, die damals noch in den Wäldern lebten, waren sehr gefährlich, und die Jagdgesellschaft musste aufpassen, dass sie nicht selbst gejagt wurde. Um sich zu schützen und die Tiere zu töten, benutzten die Jäger ähnliche ▶ Waffen wie im ▶ Krieg, z. B. Speere, Schwerter und Messer, zusätzlich vor allem seit dem Spätmittelalter auch Pfeil und Bogen und die Armbrust.

Bevor die Jäger die Tiere erlegen konnten, preschten sie zu Pferd in den Wald, um das Wild aufzuscheuchen. Ein Jäger gab mit dem Jagdhorn das Startsignal. Meist führte der ▶ König oder ▶ Fürst die Gruppe an. Und nur ihm war es erlaubt, die gejagten Tiere schließlich zu erlegen.

Die Jagd auf große Tiere wie Rehe, Hirsche, Wildschweine u. a. war den Adligen vorbehalten. Die ▶ Untertanen durften nur Kleinwild wie Hasen oder Enten erlegen und mussten vorher ihren Herrn um Erlaubnis bitten. Denn das Land und damit auch alle Tiere gehörten dem Grundherrn (▶ Grundherrschaft). Auf unerlaubtes Jagen standen hohe Strafen, ebenso wie auf Diebstahl von Holz aus den Wäldern. ■

Bevor ein **Jäger** ein Tier mit einem Schuss töten kann, muss er viel üben und verbraucht viele Pfeile.

Die **Mode am Hof** im 14. und 15. Jh. war sehr vielfältig. Die Damen trugen prachtvolle Gewänder, und auch die Kleidung der Männer war prunkvoll und reich verziert.

Kleidung und Mode am Hof

Mode für die Adligen. Im Laufe des Mittelalters änderte sich die Kleidung am ▸Hof nach der jeweils herrschenden Mode. Während der ganzen Zeit jedoch trugen Männer wie Frauen mehr oder weniger lange Kleider; richtige Hosen gibt es erst seit dem 15. Jh. Vorher banden die Männer ihre Beinlinge, das sind lange Strümpfe, an eine Art Unterhose, die Bruche. Darüber trug man ein Obergewand, und wenn es kalt war, noch einen Umhang oder Mantel.

Im 10. Jh. war das Oberkleid des Mannes nur knielang, später wurde es länger. Die Frauen trugen einfache weite Kleider, die bis zum Knöchel reichten und mit einem Gürtel gebunden wurden. Darunter trugen sie nichts. Seit dem 11. Jh. wurde die Mode figurbetonter und die Kleidungsstücke am Oberkörper enger geschnitten. Im 13. Jh. trugen Edeldamen zu besonderen Anlässen gern lange Schleppen. Auch die Männer zogen zu dieser Zeit bodenlange Gewänder an, wogegen sie im Alltag eher praktische, kürzere Röcke bevorzugten. Damit sie besser reiten konnten, hatten ihre Röcke vorne und hinten einen Schlitz.

In farbenfroher **Kleidung** aus kostbaren Stoffen wie Samt und Seide präsentierten sich die Adligen am Hof ihren Untertanen.

WOHER KOMMT'S?

Auf großem Fuß leben

Auch bei den Schuhen liebten die Adligen ausgefallene Modelle. Im Spätmittelalter trug man enge lederne Schnabelschuhe mit langen Spitzen. Selbst zu Ritterrüstungen gehörten im 14. Jh. Schnabelschuhe aus Eisen. Je länger die Spitzen waren, umso vornehmer war ihr Träger. Wer heute »auf großem Fuß lebt« besitzt zwar keine langen Schnabelschuhe mehr, lebt aber wie die Adligen im Mittelalter im Luxus und gibt gern viel Geld aus.

Im Spätmittelalter wurde die Männermode immer gewagter: Die Kleider wurden kürzer, bis sie nur noch knapp den Po bedeckten und die sportlichen ▶Ritter und ▶Hofherren ihre muskulösen Beine zeigen konnten. Auch die Damen zeigten etwas mehr von ihrem Körper, denn der Ausschnitt rutschte tiefer und offenbarte das Dekolleté.

Während die Adligen ihren ▶Untertanen in Kleiderordnungen verboten, bunte und kostbare Gewänder zu tragen, schmückten sie ihre eigene Garderobe mit bestickten Borten, Pelzen oder ▶Schmuck. Da die Adligen nicht körperlich arbeiten mussten, konnten sie es sich erlauben, unpraktische Kleidung mit modischen Spielereien wie bodenlangen, weiten Trompetenärmeln zu tragen. ■

Ritter, Damen, Fürsten und Untertanen konnte man bei einem Fest schon an ihrer **Kleidung** erkennen.

SCHON GEWUSST?

Welche Kopfbedeckungen trug man im Mittelalter?

Gebende: Im 13./14. Jh. banden sich die Damen zu festlichen Anlässen ein Tuch um die Haare und das Kinn. Den oberen Teil bildete ein Stirnstreifen. Auf das Gebende setzte man einen Kopfreif oder eine Krone.

Kruseler: Im 14./15. Jh. trugen die Adelsfrauen gern den Kruseler, einen Schleier aus dünnem gerüschtem Stoff. Dieser wurde in mehreren Lagen kunstvoll um den Kopf gelegt.

Gugel: Dieser Schulterkragen mit Kapuze und langem Zipfel war die typische Kopfbedeckung für Männer im 14. Jh.

Bundhaube: Im Sommer schützten sich Männer so vor einem Sonnenstich, im Winter hielt sie die Ohren warm. Das leinene Häubchen wurde auch unter anderen Kopfbedeckungen getragen.

Hennin: Dieser Hut aus dem 15. Jh. sah aus wie eine Schultüte mit einem Schleier an der Spitze. Bei Edelfrauen konnte diese Kopfbedeckung bis zu einem Meter hoch sein.

Die adlige Dame in dem blauen Kleid fängt die **Herzen** der Männer scharenweise mit einem Vogelnetz ein. Sie scheint sehr beliebt gewesen zu sein.

Minne und höfische Liebe

Unerfüllte Sehnsucht nach Liebe. Minne bedeutet »Liebe«. In der Regel heiratete man im Mittelalter jedoch nicht aus Liebe, sondern Hochzeiten zwischen Adligen wurden vor allem aus praktischen und finanziellen Gründen schon früh von den Eltern geplant. ▶Ritter, ▶Damen und Hofherren hatten deshalb oftmals romantische Fantasien, die sich in der Minne äußerten. Die sogenannte hohe Minne war keine körperliche Liebe, sondern eine geistige. Man kann sie am besten mit einer tiefen Verehrung oder einer Schwärmerei vergleichen. Der Ritter überreichte seiner Auserwählten Blumen und Geschenke, dichtete Lieder und pries ihre Schönheit. Die Dame schenkte ihrem Verehrer dafür ein holdes Lächeln oder ein farbiges Band, das er stolz an seinem Helm befestigte, wenn er an einem ▶Turnier teilnahm. Weiter als diese gegenseitigen Gunstbezeugungen ging die Liebe normalerweise nicht. Denn die verehrte Frau war in der Regel verheiratet, und wenn der Hofherr seine Ehefrau mit einem anderen im Bett erwischte, durfte er beide töten.

In der höfischen ▶Literatur des 12. und 13. Jhs. wird die hohe Minne als ideale Umgangsform zwischen adligen Männern und

SCHON GEWUSST?

Die Große Heidelberger Liederhandschrift: Der Codex Manesse

Der Codex Manesse ist die größte und schönste der mittelalterlichen Liederhandschriften. In der im 14. Jh. entstandenen ▶Handschrift sind 140 Gedichtsammlungen vereint, die sich alle mit der hohen Minne beschäftigen. Die Gedichte stammen von berühmten Autoren wie Kaiser Heinrich VI., andere von Königen, ▶Herzögen, Grafen oder dem Sänger Walther von der Vogelweide. Daneben finden sich 137 ganzseitige Abbildungen. Sie zeigen die Dichter, meist mit ▶Wappen, in einer Liebesszene. Den Namen »Heidelberger Liederhandschrift« bekam der Codex Manesse, weil er sich in Heidelberg befindet.

Frauen beschrieben. Die Herren konnten sich dabei in der Einhaltung der ▸Rittertugenden schulen. Die Damen dagegen, die im Alltag ihren Ehemännern zu Gehorsam verpflichtet waren und von ihnen nicht immer respektvoll behandelt wurden, erlebten in der Minne romantische Verehrung und Anerkennung. Aus dieser Zeit stammen daher auch die Begriffe Gentleman und Kavalier. Ein englischer »Gentleman« ist heute noch ein wohlerzogener und höflicher Herr ebenso wie der Kavalier, der sich vom französischen Wort »Chevalier« für Ritter ableitet.

Gelegenheit zur höfischen Minne gab es vor allem auf den ▸Burgen und den fürstlichen ▸Höfen. Dort trafen sich die jungen Knappen, Ritter und adligen Reisenden mit den weiblichen Verwandten des Burgherrn sowie jungen Damen, die gerade ihre Ausbildung absolvierten. Doch nur Frauen, die dem mittelalterlichen Schönheitsideal entsprachen, wurden umworben. Sie mussten schlank sein und lange blonde Haare haben, außerdem eine blasse Haut, eine hohe Stirn, eine gerade Nase und rote Lippen.

Neben dieser hohen Minne gab es noch die niedere Minne. Diese war nicht so tugendhaft, sondern diente den körperlichen Freuden von Mann und Frau. Während die hohe Minne also für das Herz war, war die niedere Minne für das Bett. ■

Das **Werben** dieses adligen Herrn hatte Erfolg: Die Dame erfüllte seine Bitte und willigte in die Heirat ein.

ES WAR EINMAL …

Liebe und Leid im Mittelalter

Die Adligen ließen sich gern an langen Abenden von fahrenden Sängern ergreifende Liebesgeschichten vortragen. Wenn das eigene Leben auf der Burg oder dem Hof oft rau und ereignislos war, brachten die Geschichten etwas Romantik und Abenteuer in den tristen Alltag.

Die berühmtesten Liebespaare der mittelalterlichen ▸Literatur waren: Lancelot und Ginevra, Tristan und Isolde sowie Siegfried und Kriemhild. Lancelot war ein Ritter am Hof von König Artus, der im 6. Jh. in England gelebt haben soll und mit Ginevra verheiratet war. Als Lancelot die schöne Königsgattin sah, entbrannte er in tiefer Liebe zu ihr. Er beließ es allerdings nicht bei der hohen Minne, sondern verführte Ginevra. Der eifersüchtige Artus verjagte die beiden von seinem Hof. Auch Tristan und Isolde verband eine leidenschaftliche, aber aussichtslose Liebe: Isolde sollte Tristans Onkel heiraten. Aus Versehen tranken Tristan und Isolde jedoch einen magischen Liebestrank und verliebten sich unsterblich ineinander. Auch nach Isoldes Hochzeit trafen sich die Liebenden immer wieder und stürzten sich dadurch ins Unglück. Am Ende starben beide. Im Nibelungenlied, einem Heldenepos aus dem 13. Jh., werden die Abenteuer zweier Liebespaare beschrieben: Siegfried liebt Kriemhild, die Schwester von König Gunther. Dieser will die starke Brunhild haben, die von Siegfried heimlich für ihn bezwungen wird. Dabei entstehen viele Verwicklungen, Eifersucht, Mord und Rache.

Die Burg von Alzey wurde im 15./16. Jh. als zweite **Residenz der Pfalzgrafen** bei Rhein erweitert und erhielt viele Anbauten, Türme und zusätzliche Räume.

Pfalz

Herberge für den König. Zur Zeit der karolingischen, ottonischen, salischen und staufischen Könige, also vom 8. bis zum 13. Jh., wohnte der ▸König mit seinem Gefolge nicht an einem festen ▸Hof, sondern reiste fast ständig im Reich umher. An verschiedenen Orten ließ er große und prächtige Gebäude, die Pfalzen, bauen. Dort hielt er sich dann eine Zeit lang auf, um seine königlichen Aufgaben wahrzunehmen. Manchmal dauerte sein Aufenthalt nur ein paar Tage, im Winter eher Monate. Manche Pfalzen standen auf dem Land, waren mit einer Mauer und Türmen geschützt und sahen aus wie eine ▸Burg, andere Pfalzen waren in ▸Städten oder Bischofssitzen untergebracht. Wichtige mittelalterliche Pfalzen gab es u. a. in Aachen, Worms, Goslar oder Gelnhausen.

Die Kaiserpfalz von ▸Karl dem Großen in Aachen verfügte über Wohngebäude für den Herrscher und seine ▸Familie, einen Saalbau für Gerichtsverhandlungen, Empfänge und ▸Feste sowie eine große Kapelle; außerdem gab es einen Wirtschaftshof mit Küche, Werkstätten, Stallungen und Vorratslagern sowie zusätzlich einen kleinen Garten, Unterkünfte für ▸Diener, Gäste und ▸Kaufleute und sogar ein eigenes Kaiserbad. ■

Die nicht adligen Bewohner der ottonischen **Pfalz** Tilleda aus dem 10. Jh. lebten in bescheidenen Wohnhäusern. Diese waren einfach gebaut und hatten nur winzige Fensterlöcher, durch die wenig Licht hineinfiel.

RATE MAL!

Gibt es heute noch Pfalzen?

1. Ja, der Bundeskanzler oder die Bundeskanzlerin wohnt heute noch in einer Pfalz.
2. Nein, seitdem es keine Könige mehr gibt, gibt es auch keine Pfalzen.
3. Ja, die Pfalz gibt es heute noch. Es ist allerdings kein Königshof auf Zeit, sondern Teil eines Bundeslandes.

Antwort 3: Im Mittelalter gab der König manchmal eine seiner Pfalzen als Lehen an einen ▸Fürsten oder Grafen weiter. Ein Teil einer solchen Pfalzgrafschaft aus dem 12. Jh. ging in das heutige Bundesland Rheinland-Pfalz ein. Die Pfalz ist berühmt für den Pfälzer Wald, in dem man gut wandern kann, und für ihren Wein.

SCHON GEWUSST?

Heilende Steine

Edelsteine wie rote Rubine oder blaue Saphire funkelten nicht nur schön, man glaubte auch, sie hätten magische Kräfte und eine heilende Wirkung. Daher trugen Männer wie Frauen, ▶Laien wie ▶Geistliche sie als Amulett zum Schutz vor bösen Geistern und als Glücksbringer. Die Schmucksteine sollten Seefahrern den Weg nach Hause zeigen, gegen Albträume helfen oder den Träger unverwundbar machen.

Schmuck

Kostbare Juwelen für den Adel. Nur die ▶Adligen und reiche ▶Bürger konnten sich Schmuck aus Gold, Edelsteinen oder Perlen leisten. Männer wie Frauen trugen ihn zu verschiedenen Anlässen, vor allem aber auf ▶Festen und Feiern. Frauen schmückten sich gern mit Broschen, Halsketten, Ohrringen, Arm- und Kopfreifen. Oft waren auch die Gürtel Schmuckstücke, denn das meist lederne Band war mit Gold verziert und mit Edelsteinen bestückt. In der Regel erbte die älteste Tochter den Schmuck von ihrer Mutter. Männer trugen neben Ringen auch Kopfschmuck und Broschen sowie große Ehrenketten, die sie als Mitglied eines ▶Ritterordens auszeichneten, oder auch Amts- oder Zunftketten. ■

Mit dieser **Schmuckbrosche**, einer Fibel aus Emaille, Saphiren und Gold, schloss man sein Gewand.

Spiele am Hof

Gesellschaftsspiele für Erwachsene. Während die Kinder am ▶Hof Fangen oder Verstecken spielten, beschäftigen sich die Erwachsenen mit Brett- oder Würfelspielen. Oft wurde um hohe Geldbeträge gewürfelt. Kirche und Herrscher wie ▶Friedrich II. versuchten zwar, das Spielen um Geld zu verbieten, hatten jedoch wenig Erfolg.

Das beliebteste Spiel war Schach. Jeder Adlige lernte es schon als Kind. ▶Fürsten sollten dabei üben, vorausschauend zu denken, damit sie auch als Herrscher weitsichtige Entscheidungen treffen konnten. Wie im echten Leben waren beim Schach die ▶Bauern am wenigsten wert, der ▶König dagegen war die wichtigste Spielfigur. Außerdem wurden Mühle, Dame und Tricktrack, eine Art Backgammon, gespielt. Die Spielfiguren bestanden aus Holz, Elfenbein, Gold oder Edelsteinen. ■

Bei **Brettspielen** wie Tricktrack lernte man seinen Gegenüber schnell kennen: War er ein guter Verlierer oder ärgerte er sich maßlos?

Bauern arbeiteten als **Untertanen** auf den Feldern ihres Herrn, so auch vor der Burg der französischen Könige in Paris (Bild links). Der Herzog der Bretagne hörte sich die Klagen und Bitten seiner **Vasallen** an und gab ihnen Ratschläge (Bild rechts).

Untertanen

Dem Herrscher untertan. Außer dem ▶Kaiser und dem ▶Papst war jeder Mensch im Mittelalter einem anderen zu Gehorsam, Hilfe und ▶Treue verpflichtet: die ▶Bauern ihrem Grundherren (▶Landbesitz), die ▶Diener ihrem ▶Burgherrn und seiner Burgdame, ▶Geistliche und ▶Mönche dem Papst. Viele Adlige waren gleichzeitig Herren und Untertanen: ▶Fürsten z. B. geboten einerseits über ▶Ritter, andererseits mussten sie als ▶Vasallen dem König zu Diensten sein.

Die Rechte und Pflichten der Untertanen waren nirgendwo eindeutig festgelegt. Gute Herren sorgten für ihre Untertanen und gewährten ihnen Schutz und Hilfe in Notsituationen. Herrschsüchtige Adlige nutzten ihre Untertanen aus, erhoben hohe ▶Steuern und Abgaben von ihnen oder bestraften sie selbst bei kleinen Vergehen hart.

Nur in der ▶Stadt fühlte man sich frei. Daher zogen im Spätmittelalter viele Menschen in die Städte. ■

Vasall

Stets zu Diensten. Der Vasall war ein Lehnsmann, d. h. ein freier Mann, der seinem adligen Herrn ▶Treue und Gehorsam schwor. Dafür bekam er ein Amt oder ein Stück Land, das Lehen. Vasallen lebten am ▶Hof oder auf ihrem ▶Landbesitz. Jeder Vasall war einem höherstehenden Lehnsherrn verpflichtet. Der oberste Lehnsherr war der ▶König. ■

SCHON GEWUSST?

Welchem Herrn sollte man treu sein?

Mit einem Treueid versprach der Vasall seinem Lehnsherrn jederzeit Gehorsam und Hilfe. Manchmal musste ein Lehnsmann mehreren Herren Treue schwören, z. B. dem Grafen, von dem er sein Lehen erhielt, und dem mächtigeren ▶Fürsten oder dem ▶König. Doch dann konnte es zu Konflikten kommen: Wem sollte der Vasall beistehen, wenn die Herrscher eine ▶Fehde gegeneinander führten? Am besten half er dem mächtigsten Herrn, denn dieser siegte wahrscheinlich und belohnte seine Vasallen reichlich für ihre Treue.

Zeremonien

Feste Regeln für feierliche Handlungen. Im Mittelalter wurden weltliche und geistliche Feierlichkeiten nach genau festgelegten Regeln durchgeführt. Beim ▸Ritterschlag, bei einer ▸Krönung oder auch beim ▸Gottesdienst wusste jeder, was er zu tun hatte und in welcher Reihenfolge etwas geschah. Da die Menschen sehr gläubig waren, gehörten immer auch religiöse Zeichen und Handlungen wie Kruzifixe oder Gebete zu den Zeremonien. So war z. B. eine Hochzeit nur gültig, wenn sie ein ▸Geistlicher vornahm.

Besonders streng waren die zeremoniellen Regeln am ▸Hof. Der Zeremonienmeister achtete darauf, dass alle die Vorschriften einhielten. Wenn der ▸König z. B. Gäste empfing, durften die wichtigsten Besucher den Herrscher zuerst begrüßen. Die ▸Untertanen mussten warten, bis sie an die Reihe kamen. Auch das Essen bekamen die Besucher und Vasallen nach den Herrschern serviert. Und obwohl man noch keine Gabeln kannte und mit den Fingern aß, hielten sich die Adligen an bestimmte Tischmanieren. So wuschen sie sich vor und nach jedem Essen die Hände. Nach dem ▸Festmahl forderten die Herren die ▸Damen zum Tanz auf, niemals umgekehrt. Es war Teil der ▸höfischen Bildung, dass man diese Regeln kannte, wie es heute noch zur guten Erziehung gehört, Umgangsformen zu beherrschen.

Auch Könige und Kaiser mussten sich Regeln unterwerfen: Zur Zeremonie der Kaiserkrönung durch den ▸Papst gehörte beispielsweise, dass der weltliche Herrscher dem geistlichen Herrscher das Pferd führte und den Steigbügel hielt. Damit ordnete sich der Kaiser für alle sichtbar dem Papst unter, wie ein Knappe seinem ▸Ritter. ■

RATE MAL!

Was ist ein Protokoll?

1. Protokoll nennt man einen besonders starken Klebstoff.
2. Unter Protokoll versteht man die Einhaltung von Regeln der Höflichkeit bei Kontakten mit ausländischen Politikern.
3. Ein Protokoll ist ein elfstrophiges Lied, das bei Hochzeiten gesungen wird.

Antwort 2: Noch heute werden bei Zeremonien genaue Regeln eingehalten. So gibt es z. B. das Auswärtige Amt der Bundesrepublik Deutschland, das die Treffen von Politikern verschiedener Nationen organisiert. Der Zeremonienmeister heißt »Chef des Protokolls« und kennt alle Regeln. So weiß er z. B., dass man Japanern zur Begrüßung nicht die Hand reicht, sondern sich verbeugt. Unter Protokoll versteht man auch eine Mitschrift bei Versammlungen und Sitzungen, die die wichtigsten Punkte festhält.

Bei der **Zeremonie** der Taufe wird damals wie heute der Säugling vom Priester symbolisch gewaschen (Bild links). Bei einer Hochzeit reichen sich Braut und Bräutigam zeremoniell die Hände und bekräftigen damit ihre Verbundenheit (Bild rechts).

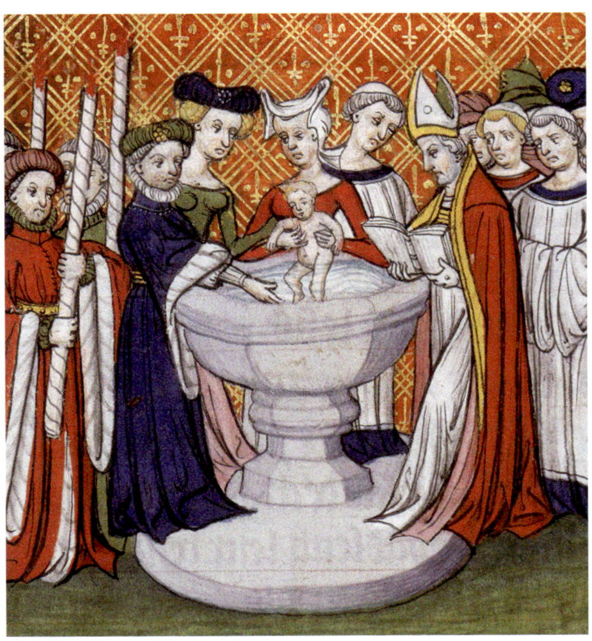

Die Macht der Kirche

Aberglaube
Bibel
1 Bischof
Gebete
2 Geistliche
3 Gemeinde
Glaube
4 Gottesdienst
Heilige Schriften
Heilige und Märtyrer
Investitur
Ketzer
5 Kirchenbau
Kirchenfeiertage
6 Kirchenschätze
Kirchenstaat
7 Kleidung der Geistlichen
8 Macht der Kirche
Missionierung
9 Papst
Pilger und Pilgerfahrten
Religionen
Reliquien
Ungläubige

5
3
9
8
4
7

Heute verstehen wir uns als Deutsche oder Europäer, im Mittelalter fühlten sich die Menschen vorwiegend als Christen. Sie gingen regelmäßig zum Gottesdienst in die Kirche, wo Pfarrer oder Bischöfe predigten und vorgaben, wie die Gläubigen leben sollten. Denn die Geistlichen stellten Regeln auf, an die sich alle hielten. So leiteten sie die Menschen und spendeten Trost und Hilfe. Doch sie straften auch alle, die ihre Macht nicht anerkannten. Damit hatte die Kirche großen Einfluss auf das tägliche Leben der Bevölkerung.

Der Papst war der oberste geistliche Herrscher in Europa, die Könige der einzelnen Länder die weltlichen Herrscher. Dabei kümmerte die Politik der Könige und Kaiser nur wenige Untertanen. Die Kirche war vielmehr die Einheit, die alle verband.

Zwei Wetterhexen versuchen, in einem großen Zauberkessel Wind und Regen zusammenzubrauen. Zu denken, dass es gelingt, nennt man **Aberglaube**.

Aberglaube

Glaube an Hexen und Dämonen. Freitag, der 13. ist ein Pechtag, man darf nicht unter Leitern hindurchlaufen, und schwarze Katzen bringen Unglück – wer das glaubt, gilt als abergläubisch.

Da sich die Menschen im Mittelalter viele Naturphänomene noch nicht erklären konnten, schrieben sie diese dem Treiben von Göttern, Hexen oder Dämonen zu. Um sich vor deren Macht zu schützen, trug man Übel abwehrende Amulette, versuchte Wahrsagerei, Zauberei und magische Tränke oder erbat die Hilfe von Verstorbenen.

Nach Meinung der christlichen Kirche war Aberglaube jedoch ein falscher ▸Glaube. Die Kirche erklärte, dass ▸Ketzer, also diejenigen, die sich nicht an die kirchlichen Regeln hielten, mit dem Teufel im Bunde stünden. Sie wurden hart bestraft. Nur ▸Heilige, Märtyrer oder ▸Reliquien, die von der Kirche anerkannt waren, konnten ihrer Meinung nach Wunder vollbringen.

ES WAR EINMAL …

Wo sitzt der Teufel am Tisch?

Abergläubische Menschen legten ihren Löffel mit der Wölbung nach oben neben den Teller. Angeblich konnte sich so kein Teufel in den Löffel hineinsetzen. Denn die frechen Teufelchen waren immer auf der Suche nach einem gemütlichen Sitzplatz. Bei Tisch hofften sie, dass jemand seinen Löffel so hinlegte, dass sie sich hineinkuscheln konnten.

Bibel

Geschichten über Gott. Für Christen ist die Bibel eine ▸Heilige Schrift und bis heute das wichtigste Buch. Sie glauben, dass darin die Worte Gottes und seines Sohnes Jesus wiedergegeben werden. Die Bibel setzt sich aus mehreren einzelnen Schriften zusammen. Der erste Teil, das Alte Testament, beschreibt die Entstehung der Welt, die göttliche Schöpfung von Tieren und Menschen und die Geschichte der Israeliten. Der zweite Teil, das Neue Testament, enthält u. a. die Evangelien, das sind Berichte über das Leben und die Lehre von Jesus Christus.

Im Mittelalter war die Bibel für viele Leute das einzige Buch, das sie kannten. Sie hörten die biblischen Geschichten im ▸Gottesdienst. Die ▸Geistlichen lasen sie aus der Bibel vor und erklärten sie.

Für Ritter und Adlige, die nicht lesen konnten, gab es **Bilderbibeln**. Die biblischen Geschichten wurden wie in einem Comic mit Bildern erzählt.

Bischof

Mächtige Adlige im Dienst der Kirche. Bischöfe sind hohe ▶ Geistliche. Im Mittelalter stammten sie aus adligen Familien und waren oft so reich wie ▶ Fürsten. Wie diese hatten sie ▶ Landbesitz und nahmen ▶ Steuern ein. Einige Bischöfe besaßen sogar eine ▶ Burg. Bischöfe dienten der ▶ Kirche als Priester, Richter oder Lehrer in ihren ▶ Gemeinden und leiteten den ▶ Gottesdienst in den großen Kirchen der ▶ Städte.

Bischöfe waren häufig Stadtherren oder herrschten über ein größeres Gebiet, die sogenannte Diözese. Die Pfarrer der kleineren Kirchen waren dem Bischof untergeordnet. Vor dem ▶ Investiturstreit wurden Bischöfe oft nach dem Willen des ▶ König eingesetzt, danach wurden sie meist von anderen Geistlichen ernannt. Heute ernennt der ▶ Papst die Bischöfe. ■

Den **Bischof** erkennt man an seinem gekrümmten Stab, der an einen Hirtenstab erinnert, und an seiner spitzen Mütze.

Zum **Gebet** sanken die Gläubigen auf die Knie. Demütig hielten so auch Kaiser, Könige, Bischöfe und Päpste Zwiesprache mit Gott.

Gebete

Eine Unterhaltung mit Gott. In fast allen ▶ Religionen beten die Gläubigen. In Gebeten fühlt man sich Gott oder dem Göttlichen besonders verbunden; man führt eine Art Zwiesprache.

Christen danken in ihren Gebeten Gott für seine Gnade, sie bitten um Entschuldigung für ihre Sünden oder beten für die Erfüllung ihrer Wünsche. Beten kann man allein oder mit anderen in der ▶ Gemeinde. Im Mittelalter gab es für das gemeinschaftliche Beten strenge Regeln: Man kniete dabei nieder und hob die Hände; die Gebete standen in der ▶ Bibel oder in Gebetbüchern. Da die wenigsten lesen konnten, wiederholte man, was der Pfarrer im ▶ Gottesdienst vorsprach. Christen beteten mehrmals am Tag. Die wichtigsten Gebete sind das Vaterunser und das Glaubensbekenntnis. Auch das Singen von geistlichen Liedern ist eine Art zu beten. ■

SCHON GEWUSST?

Gesungene Gebete: Musik in der Kirche

»Alleluja!« schallte es während des Gottesdienstes durch die mittelalterlichen Kirchen. Meist trug ein einzelner Sänger zusammen mit einem geübten Chor aus Geistlichen die Lieder vor, denn wenn man Gott preisen und Jesus loben wollte, sollte man gut singen können. Die Gemeinde sang nur eine Art Refrain. Die Lieder waren einstimmig und hatten recht einfache Melodien. Papst Gregor soll die Lieder gegen Ende des 6. Jhs. aufgeschrieben haben. Der Legende nach setzte sich eine Taube auf seine Schulter und pfiff ihm die Melodien vor. Nach diesem ▶ Papst nennt man alte Kirchenlieder auch heute noch gregorianische Gesänge.

Auch heute noch tragen **Geistliche** beim Gottesdienst lange Gewänder.

Geistliche

Arbeiten für Kirche und Gott. Mit »geistlich« bezeichnet man alles, was zur ▶Religion gehört. Geistliche, wie Pfarrer, ▶Bischöfe oder der ▶Papst, stehen im Dienste der Kirche. Die Gruppe aller Geistlichen zusammen nennt man auch Klerus. Alle anderen Menschen der mittelalterlichen Gesellschaft, z. B. ▶Bauern, ▶Bürger oder ▶Adlige, waren Weltliche oder ▶Laien.

RATE MAL!

Was bedeutet »Zölibat«?

1. Die Geistlichen dürfen nicht heiraten und keine Familie gründen.
2. Geistliche dürfen im Winter keine warmen Socken, Handschuhe oder Schals tragen.
3. Es ist eine schwere Krankheit, die viele Geistliche während ihrer Ausbildung bekommen.

Antwort 1: Zölibat bedeutet, dass die Geistlichen auf die Ehe und Kinder verzichten und ihr Leben ganz der Kirche widmen. Bis heute schwören katholische Geistliche die Einhaltung des Zölibats. Nicht allen fällt das leicht.

Die Geistlichen mussten ein Gelübde ablegen, bevor sie in den Dienst der Kirche traten. Dabei gelobten sie, die Lehre der christlichen Kirche zu verbreiten, der ▶Gemeinde durch ihren Lebenswandel ein Vorbild zu sein, mehrmals am Tag zu beten, bestimmte Kleidung (▶Kleidung der Geistlichen) zu tragen, nicht zu heiraten und keinen Geschlechtsverkehr zu haben. Dafür mussten sie weder ▶Steuern zahlen noch in den ▶Krieg ziehen.

Die meisten höheren Geistlichen kamen aus adligem Haus, besuchten eine ▶Klosterschule und waren recht gebildet (▶Bildung). Frauen konnten im Mittelalter übrigens keine Geistlichen werden, da sie kein kirchliches Amt übernehmen durften. Wollten sie ihr Leben Gott weihen, lebten sie als Nonnen im ▶Kloster. ■

Geistliche feiern mit ihrer Gemeinde **religiöse Feste**, weihen Kirchen ein, taufen Kinder, verheiraten Liebespaare, halten Predigten und kümmern sich um das Wohl ihrer Gemeinde.

Gemeinde

Alle sind willkommen! In der Gemeinde besucht man gemeinsam den ▶Gottesdienst. Jede mittelalterliche Gemeinde hatte eine eigene Kirche und einen ▶Geistlichen. In den ▶Dörfern sorgte ein Pfarrer für seine Gemeinde und leitete den Gottesdienst in der ▶Dorfkirche. In den ▶Städten gab es oft mehrere Gemeinden, die von einem ▶Bischof betreut wurden.

Die Geistlichen brachten ihrer Gemeinde die Worte Gottes (▶Bibel) und die Lehren der christlichen Kirche nahe. Sie kümmerten sich aber auch um das Wohl der Gemeindemitglieder. Dazu gehörte z. B. die Seelsorge, also zuzuhören und zu trösten, wenn jemand Rat oder Hilfe brauchte. Die Gemeinde übernahm die ▶Krankenpflege sowie die Unterstützung von Armen, Witwen und Waisen. Die Gläubigen halfen sich dabei gegenseitig. Bis heute gibt es in vielen Kirchengemeinden z. B. Kindergruppen, Frauenrunden oder Seniorentreffen. ■

Treffpunkt der **Gemeinde** ist die Kirche. Im Mittelalter mussten die Gläubigen während des Gottesdienstes stehen, denn Kirchenbänke gab es noch nicht.

Das **Vertrauen auf Gott** spendet Gläubigen Trost und Hilfe in schwierigen Situationen.

Glaube

Überzeugtes Vertrauen in Gott. Im Mittelalter waren in Europa fast alle Menschen Christen. Sie glaubten, dass Gott allmächtig ist, dass er ihr Leben beeinflusste und z. B. die Sonne scheinen ließ. Man glaubte auch, dass Gott strafte, wenn man Böses tat und dann ▶Krankheiten brachte. Deshalb bemühten sich die Gläubigen, ihm durch ▶Gebete und ▶Nächstenliebe zu gefallen. Denn nach der christlichen Auffassung kamen nur gute Menschen nach ihrem Tod in den Himmel, schlechte Menschen dagegen mussten ewig in der Hölle schmoren.

In ihrem Denken und Handeln richteten sich die Gläubigen nach den Worten der ▶Bibel. Die ▶Geistlichen erklärten der ▶Gemeinde den Willen Gottes. Alle mussten sich an die Regeln halten. Wer dies nicht tat, wurde als ▶Ketzer bestraft. Erst zur Zeit der ▶Reformation und des ▶Humanismus wurde die ▶Macht der Kirche hinterfragt. ■

WOHER KOMMT'S?

Der Glaube versetzt Berge

Wenn man an etwas glaubt und fest von einer Sache überzeugt ist, gelingt auch scheinbar Unmögliches. Die Redewendung »der Glaube versetzt Berge« wird auf eine Stelle aus der Bibel zurückgeführt. Im Matthäusevangelium (17,20) heißt es: »Wenn ihr glaubt, so sagt zu diesem Berg: Erhebe dich! Und er wird sich erheben. Und euch wird nichts unmöglich sein.« Allein durch ihren Glauben und mithilfe ihres Gottes bewältigen Gläubige manchmal Schwierigkeiten, die zunächst unüberwindbar schienen.

SCHON GEWUSST?

Küsse für den Altar

Der Altar stand im Mittelpunkt des Gottesdienstes. An diesem geweihten Tisch feierten die Geistlichen mit Brot und Wein das heilige Abendmahl. Dabei küsste der Priester den Altar, wenn er sich ihm näherte. Im Gottesdienst stellte sich der Priester vor den Altar und mit dem Rücken zur Gemeinde. Im Mittelalter stand der Altar an der hinteren Wand der Kirche, heute steht er im Kirchenraum, und der Priester schaut die Gemeinde an.

Gottesdienst

Eine Feier zu Ehren Gottes. Die ▶Geistlichen und die ▶Gemeinde feierten den Gottesdienst in der Kirche. Nach festen Regeln wurde auf Latein gebetet und gesungen. In der Predigt erklärten die Geistlichen der Gemeinde die Worte Gottes aus der ▶Bibel. Die ▶Bischöfe in den großen Kirchen der ▶Städte trugen dabei zu besonderen Anlässen prachtvolle Gewänder, und der Duft von Weihrauch erfüllte die Kirche. In den Dorfkirchen waren die Gottesdienste bescheidener.

Die wichtigsten Utensilien jeder heiligen Messe waren Brot und Wein, die der Priester zum Altar brachte. Die Christen setzten das Brot mit dem Körper von Jesus Christus gleich und den Wein mit seinem Blut. Der katholische Gottesdienst wird bis heute fast genauso wie im Mittelalter gefeiert. ■

Heilige Schriften

Ratgeber fürs Leben. Viele ▶Religionen haben heilige Schriften, das sind bestimmte ▶Bücher mit Texten über Gott. Für Christen ist es die ▶Bibel, für Muslime der Koran, für die Juden die Thora. Vor langer Zeit schrieben gläubige Menschen religiöse Regeln für das Zusammenleben in der ▶Gemeinde auf. Später kamen weitere Berichte, Erklärungen und Kommentare hinzu.

Die Gläubigen sollten nach den Regeln ihrer heiligen Schrift leben und die darin enthaltenen Verbote befolgen. So dürfen Juden z. B. kein Schweinefleisch essen, Muslime keinen Alkohol trinken und Christen sonntags nicht arbeiten. Wenn sie sich an die Vorschriften hielten, so stand es in den heiligen Schriften, würde Gott sie eines Tages von allem Leid erlösen. ■

Die **heilige Schrift** des Islam, der Koran (Bild links), ist in Arabisch geschrieben, die Thora der Juden (Bild Mitte) in Hebräisch, und die Bibel der Christen ist auf Lateinisch verfasst (Bild rechts).

Die heilige Brigitta half als Nonne vielen Müttern und kleinen Kindern. Schwangere Frauen verehren sie daher als **Schutzheilige** und beten zu ihr.

Heilige und Märtyrer

Wundertäter und Verfolgte. Seliggesprochen wurden nur jene Christen, die ein besonders vorbildliches Leben im Sinne der Kirche geführt hatten. Wenn sie dazu noch Wunder vollbracht hatten, indem sie z. B. einen Kranken ohne ▶Medizin heilten, konnten sie eine gewisse Zeit nach ihrem Tod sogar heiliggesprochen werden. Waren sie für ihren ▶Glauben gestorben, nennt man die Heiligen Märtyrer. Besonders viele Märtyrer gab es in der Spätantike ab dem 3. Jh., als die Römer die Anhänger der noch jungen christlichen Religion verfolgten und ermordeten. Auch von den ▶Rittern, die auf den ▶Kreuzzügen im Kampf gegen die Muslime fielen, wurden etliche als Märtyrer heiliggesprochen.

Bis heute entscheidet der ▶Papst, ob jemand heiliggesprochen wird. Insgesamt gibt es inzwischen rund 700 Heilige, die meisten Heiligsprechungen wurden im 20. Jh. von Papst Johannes Paul II. vorgenommen. Alle Heiligen werden in ein Register eingetragen und bekommen einen Jahrestag. Ihre Überreste verehrt man als ▶Reliquien. Viele Christen bitten auch heute noch Schutzheilige mit ▶Gebeten um Hilfe und Unterstützung, wobei jeder Heilige sein Spezialgebiet hat. Der heilige Blasius hilft z. B. gegen Halskrankheiten, der heilige Sebastian gegen die Pest. ■

ES WAR EINMAL …

Hildegard von Bingen, die erste Ärztin des Mittelalters?

Manche Heilige waren als Lehrer oder Ärzte tätig. Eine davon war Hildegard von Bingen. Sie kannte die heilenden Kräfte verschiedener Pflanzen und ist bis heute wegen ihrer Aufzeichnungen in Medizin und Kräuterheilkunde berühmt. Manche nennen sie deshalb die »erste Ärztin des Mittelalters«. Für Hildegard war aber der Glaube viel wichtiger als jegliche Medizin. Sie hörte göttliche Stimmen mit Botschaften, reiste umher und predigte, komponierte Lieder und hatte den Mut, in ihren Briefen sogar dem Papst und dem ▶König gut gemeinte Ratschläge zu erteilen. Schon bald nach ihrem Tod im Jahr 1179 wurde Hildegard von Bingen als Heilige verehrt. Ihr Feiertag ist der 17. September.

Investitur

Streit zwischen Papst und König. »Investitur« ist ein lateinisches Wort und bezeichnet das Einsetzen eines ▶Geistlichen in ein kirchliches Amt. Bis ins 11. Jh. hatten ▶Kaiser und Könige ebenso viel Macht wie der ▶Papst. Die weltlichen Herrscher übernahmen die Investitur der ▶Bischöfe, d. h., sie bestimmten, wer Bischof wurde. Die Bischöfe beaufsichtigten meist reiche Kirchen und besaßen viel Land. Für die Investitur waren sie dem König dankbar, brachten ihm Geschenke oder unterstützten ihn, manchmal sogar gegen den Papst. Im 11. Jh. jedoch beschloss Papst Gregor VII., dass nur noch Geistliche kirchliche Ämter vergeben und Bischöfe einsetzen durften. Der König sollte sich auf seine weltliche Herrschaft beschränken und sich nicht mehr in kirchliche Angelegenheiten einmischen. König ▶Heinrich IV. widersetzte sich jedoch dem Befehl des Papstes. 1075 kam es deshalb zum Investiturstreit. Heinrich wurde mit dem Kirchenbann belegt und aus der Kirche ausgeschlossen, was im Mittelalter eine harte Strafe war. Die höchste Macht auf Erden besaß damit nach dem Ende des Investiturstreits 1122 allein der Papst. ■

SCHON GEWUSST?

Was war die schlimmste Strafe im Mittelalter?

Die Kirche besaß im Mittelalter so große Macht, dass sich jeder an die kirchlichen Regeln halten musste. Wer dennoch gegen die Vorschriften verstieß, den bestrafte der Papst mit dem Kirchenbann. Der Übeltäter wurde dann aus der ▶Gemeinde ausgeschlossen. Er durfte keine Kirche betreten und sich nicht auf dem ▶Friedhof bestatten lassen. Niemand traute sich, den Verbannten zu besuchen. Manchmal musste er sogar seine Heimat verlassen. Nur wer demütig um Verzeihung bat, wurde wieder in den Kreis der Gemeinde aufgenommen.
Selbst Kaiser wie Heinrich IV. und Friedrich II. hatten den Kirchenbann erlitten.

Ketzer

Gläubige mit eigener Meinung. Im Gegensatz zu den ▶Ungläubigen waren Ketzer fromme Christen, die jedoch nach Meinung der Kirche vom rechten Weg des ▶Glaubens abgekommen waren. Ketzer glaubten zwar an Gott, aber nicht immer an das, was ihnen die ▶Geistlichen sagten – sie hatten ihre eigenen Ansichten zur ▶Bibel. Doch die christliche Kirche forderte unbedingten Gehorsam. Wer sich nicht bekehren ließ, wurde hart bestraft. Ketzer wurden häufig zum Tod auf dem Scheiterhaufen verurteilt. Im Spätmittelalter gehörten auch Hexen und Juden zu den Verfolgten, ebenso wie verschiedene religiöse Gemeinschaften, z. B. die Albigenser. ■

Papst und König stritten im **Investiturstreit** darum, wer mehr Macht auf Erden hatte (Bild links). Ritter vertreiben **Ketzer** aus der Stadt (Bild rechts).

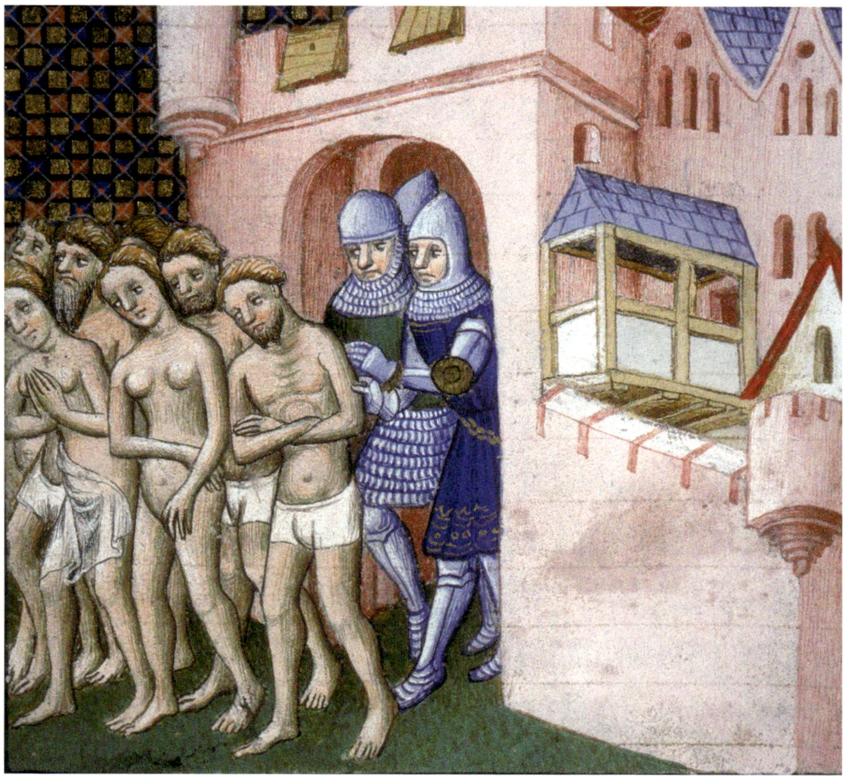

SCHON GEWUSST?

Dauerbaustelle Kölner Dom

Bis eine große Kirche fertiggestellt war, vergingen Jahre, manchmal sogar Jahrhunderte: Am Kölner Dom z. B. baute man über 600 Jahre, von 1248 bis 1880! Zuerst wuchsen die Mauern zügig in die Höhe, doch bald ging es immer langsamer voran. Als das Geld ausging, hörte man mittendrin auf zu arbeiten. Die ▶Handwerker bauten nur noch schnell ein Dach über den unfertigen Dom. Erst im 19. Jh. wurde er vollendet, doch während des Zweiten Weltkrieges wieder stark beschädigt. Bis vor wenigen Jahren dauerten die Reparaturen. Jetzt, wo alles fertig ist, fängt man an, jene Stellen zu reparieren, die im Laufe der Jahre kaputtgingen.

Kirchenbau

Ein Haus für Gott. Wenn man von Kirche spricht, meint man entweder eine religiöse Gemeinschaft, meist die der Christen, oder ein Gebäude. In einem Kirchengebäude versammelte sich die ▶Gemeinde zum ▶Gottesdienst. Je nachdem wie groß die Gemeinde war und wo sie lebte, sah ihre Kirche unterschiedlich aus. Im Mittelalter gab es ▶Burgkapellen, ▶Dorfkirchen, Klosterkirchen (▶Kloster) oder in den ▶Städten Bischofskirchen. Diese sind die größten Kirchen und werden in Frankreich Kathedralen genannt, in Deutschland bezeichnet man sie als Dom oder Münster. Nicht jedes Gebäude konnte eine Kirche werden. Das Gotteshaus wurde nach festen Regeln gebaut und schließlich durch einen ▶Geistlichen geweiht und gesegnet. Weil sich die Gemeinde in der Kirche versammelte, um zu beten und um kirchliche ▶Feiertage zu feiern, brauchte man vor allem einen großen Raum. Kleinere Kirchen hatten nur einen einzigen Raum, größere Kirchen bestanden aus mehreren Raumteilen, die Schiffe genannt werden. Meist bildeten ein Längsschiff und ein Querschiff die Form eines Kreuzes. Darüber erhob sich der Kirchturm, der mit seinen Glocken die Gläubigen zum ▶Gebet rief. Im Osten, in der Richtung, in der Jesus in Jerusalem begraben liegt, gab es einen halbrunden Raum, die Apsis. Darin stand der Altar. Reiche Gemeinden vergrößerten ihren Kirchenbau mit weiteren Türmen, Seitenschiffen, Nebenkapellen oder anderen Anbauten. Die größte Kirche der Welt ist der Petersdom in Rom (▶Kirchenstaat).

Der Altar stand im hinteren Teil der **Kirche**. Dort hielten sich nur die Geistlichen auf. Die Gemeinde stand beim Gottesdienst in der vorderen Halle.

Das Weihnachtsfest gehört zu den wichtigsten **Kirchenfeiertagen**. Zur Geburt des Jesuskindes bringen die Heiligen Drei Könige Geschenke aus dem Morgenland.

SCHON GEWUSST?

Weihnachten im Mittelalter

Die Weihnachtsfeier hat sich seit dem Mittelalter kaum verändert: Am Heiligen Abend, dem 24. Dezember, besuchte die ganze Familie den ▶Gottesdienst, den man Christmette nennt. Man sang in der Kirche schon im Mittelalter Weihnachtslieder, schaute sich ein Weihnachtsspiel an oder bestaunte die kunstvoll geschnitzten Krippenfiguren. Nur Weihnachtsbäume oder Christbaumkugeln gab es noch nicht. Und Geschenke bekamen die Kinder nicht an Weihnachten, sondern schon vorher: Am 6. Dezember brachte sie der heilige Nikolaus.

Kirchenfeiertage

Feste für Heilige. An fast 100 Tagen im Jahr wurde nicht gearbeitet, sondern man feierte wichtige Ereignisse in der Geschichte der Kirche und erinnerte sich an Gottes menschgewordenen Sohn Jesus oder an andere ▶Heilige. Der älteste christliche Feiertag ist der Sonntag. Noch heute ist das wichtigste Fest der Christen das Osterfest zum Gedenken an Jesu Tod und seine Auferstehung. 40 Tage nach Ostern wird Christi Himmelfahrt gefeiert, der Tag, an dem Jesus in den Himmel aufstieg. 50 Tage nach Ostern wird an Pfingsten die Entstehung der Kirche gefeiert. Auch die Geburt von Jesus wird mit einem großen Fest gefeiert: Weihnachten.

Kirchenschätze

Kostbares aus Gold und Edelsteinen. Vor allem die großen ▶Kirchenbauten in den ▶Städten wurden von den Gläubigen reich ausgeschmückt. Mit großem Geschick gestalteten ▶Handwerker Altäre, farbige ▶Glasfenster, Wandmalereien, Teppiche oder Tafelbilder, die vom Leben Jesu Christi erzählten und Geschichten aus der ▶Bibel illustrierten. Aus Gold und Edelsteinen fertigten die besten Goldschmiede riesige Kreuze, verzierte Kisten zur Aufbewahrung von ▶Reliquien sowie Geschirr an, das im ▶Gottesdienst verwendet wurde. Viele Christen spendeten Geld für Kirchenschätze. Nicht nur ▶Bischöfe, sondern auch reiche ▶Fürsten beauftragten berühmte Künstler und bezahlten sie gut für ihre Kunstwerke.

Diese Schatulle ist ein kostbarer **Kirchenschatz** aus Silber, Gold, Edelsteinen und Perlen. In ihr werden Reliquien aufbewahrt.

Kirchenstaat

Ein eigenes Land für den Papst. Zu einem Staat gehören ein Gebiet, ein Herrscher und ein Volk. Seit dem 6. Jh. hatte die Kirche in Rom ▶Landbesitz. Grundherr dieses Landes war der ▶Papst als Oberhaupt der Kirche. Er war damit gleichzeitig der geistliche Herrscher über Europa und der weltliche Gebieter über den Kirchenstaat. Das Volk waren die Einwohner dieses Landes. Dazu gehörten sowohl die normale Bevölkerung als auch ▶Geistliche, über die der Papst wie ein ▶König regierte. Später schenkten dankbare ▶Kaiser und ▶Fürsten den Päpsten noch weitere Ländereien, sodass der Kirchenstaat wuchs und im Mittelalter einen großen Teil von Italien einnahm. Im Zentrum des Kirchenstaates, in Rom, bauten die Päpste einen großen Palast, von dem aus sie regierten. Dieser Palast heißt Vatikan. Deshalb heißt der Kirchenstaat offiziell »Staat der Vatikanstadt«.

Noch heute ist der Papst das Oberhaupt des Vatikans, er hat aber bei Weitem nicht mehr so viel Landbesitz. Der Kirchenstaat ist der kleinste Staat der Welt mit gerade einmal 900 Einwohnern. Es gibt eine Staatsflagge, eine eigene Tageszeitung, Briefmarken und Radiosender. Amtssprachen sind Italienisch und Latein. Zum Kirchenstaat gehören Paläste, Wohnungen, Kirchen, Gärten, Museen und Verwaltungsgebäude. Das wichtigste Gebäude ist der riesige Petersdom, der im 16. Jh. gebaut wurde.

ES WAR EINMAL …

Gefälschte Urkunden für den Papst

Das größte Geschenk an den Papst entpuppte sich später als Lüge. Kaiser Konstantin soll dem Papst das halbe Römische Reich und Kisten voll Gold geschenkt haben (im Bild überreicht der Kaiser dem Papst die Krone). Der Papst belegte dieses großzügige Geschenk später mit einer Urkunde, die jedoch gefälscht war. Wer das Schriftstück gefälscht hat, weiß man nicht: Entweder ein Papst, der damit seinen Anspruch auf die Länder festigen wollte, oder Geistliche, die den Papst unterstützen wollten.

Zu besonderen Anlässen versammeln sich noch heute Tausende von Gläubigen auf dem Platz vor dem Petersdom im **Kirchenstaat**. Manchmal zeigt sich der Papst am Fenster seines Palastes (das eckige Geäude rechts vom Petersplatz).

Kleidung der Geistlichen

Gewänder für den Gottesdienst. Die Frage, was man anziehen sollte, war für ▶Geistliche schnell gelöst: Sie schlüpften in ein langes, dunkles Gewand mit Kapuze und banden eine Schnur als Gürtel um. Seit der Römerzeit hatte sich an der Kleidung der Geistlichen nicht viel geändert. ▶Mönche trugen Kutten, die je nach ▶Orden entweder braun oder schwarz waren.

Im Verlauf des Mittelalters wurde die Kleidung der hohen Geistlichen jedoch immer spezieller. ▶Bischöfe, Kardinäle oder der ▶Papst trugen zu ▶kirchlichen Feiertagen und im ▶Gottesdienst besonders festliche Kleidung aus kostbarem Stoff, die sogenannten liturgischen Gewänder: Als Erstes zogen sie ein weißes, knöchellanges Untergewand mit Gürtel an, die Albe. Darüber kam ein mantelartiger Umhang, der oft mit Stickereien, Gold oder sogar Edelsteinen reich verziert war. Auch Socken, Schuhe, Handschuhe, eine Kopfbedeckung gehörten zu den liturgischen Gewändern. Da schon das Anlegen der Kleidung ein feierlicher Akt war, wurden dabei ▶Gebete gesprochen.

SCHON GEWUSST?

Die Farben der Kirche

Jede Farbe hat eine bestimmte Bedeutung und wird je nach Anlass ausgewählt:

Weiß ist die Farbe der Reinheit. Heute sind z. B. Tauf- und Kommunionskleider weiß. Bei den Geistlichen ist das Untergewand weiß.

Grün tragen die Geistlichen an normalen Sonntagen.

Violett ist die Bußfarbe, die die Kirche im Advent und zur Fastenzeit schmückt.

Rot, die Farbe des Blutes, wird zu Pfingsten und zur Erinnerung an Märtyrer getragen.

In Schwarz wird am Karfreitag um Jesus Christus getrauert. Es ist die Trauer- und Beerdigungsfarbe.

Dass die hohen geistlichen Würdenträger gern kostbare, mit Gold verzierte Gewänder aus Seide oder Brokat trugen, während die ärmere Bevölkerung Hunger litt, kritisierten vor allem die Mönche der Bettelorden, z. B. die ▶Dominikaner.

Junge **Messdiener** brachten Kerzen, Wein oder Weihrauch zum Altar. Sie trugen farbige oder weiße Gewänder ohne Verzierung.

Auch die Gewänder des **Pfarrers** waren schlicht. Die Farbe seines Gewandes richtete sich nach den kirchlichen Feiertagen.

Der **Papst** war am prächtigsten gekleidet. Seine Gewänder hatten gestickte Muster und waren mit Gold und Edelsteinen verziert.

An seiner Mütze, der Mitra, und dem gekrümmten Stab erkennt man den **Bischof**. Auch er trug kostbar verzierte Kleidung.

Der **Kardinal** stand noch höher als ein Bischof, denn Kardinäle wählten den Papst. Er trug im Mittelalter einen roten Hut mit Quasten.

Macht der Kirche

Politik und Reichtum. Unter dem Begriff »Kirche« versteht man mehr als nur die Gebäude (▶Kirchenbau) für den ▶Gottesdienst. Es ist die Gemeinschaft aller gläubigen Christen, an deren Spitze der ▶Papst steht.

Im Mittelalter legte die Kirche fest, wie die Menschen sich verhalten und woran sie glauben sollten. Ihre Macht war überall zu spüren: Sie kontrollierte ▶Kaiser und Könige; die größten Gebäude waren die Kirchen; Hochzeiten waren nur gültig, wenn sie von ▶Geistlichen vor Gott und der Kirche geschlossen wurden. Heute kann in Europa jeder frei entscheiden, welchen ▶Glauben er annehmen und in welche Kirche er eintreten möchte. Im Mittelalter hatten die Menschen keine Wahl: Waren die Eltern Christen, wurden auch deren Kinder getauft und mussten die christlichen Vorschriften befolgen. Die Regeln, die die Kirche aufstellte, betrafen das tägliche Leben aller Menschen. Kaiser und Könige brauchten die Unterstützung des Papstes. ▶Ritter durften nur an Tagen kämpfen, an denen es die Kirche erlaubte (▶Kampf- und Feiertage). ▶Bürger, ▶Kaufleute, ▶Handwerker und ▶Bauern mussten regelmäßig ▶Steuern und Abgaben an die Kirche bezahlen. Die Kirche achtete genau darauf, dass die Gläubigen die strengen Regeln einhielten. Wer sich nicht daran hielt, wurde bestraft, in schlimmeren Fällen belegte man ihn mit dem Kirchenbann und schloss ihn aus der ▶Gemeinde aus. Wer die kirchlichen Vorschriften weiterhin missachtete, wurde als ▶Ketzer verfolgt und manchmal sogar getötet. Die Macht der gesamten Kirche war größer als die Macht eines einzelnen weltlichen Herrschers. Alle Menschen in Europa erkannten diese Macht an. ■

Für viele ist der **Papst** ein großes Vorbild. Wenn er spricht, versammeln sich oft Tausende von Christen.

Hier zeigen sich der geistliche Herrscher, mit Hirtenstab, und der weltliche Herrscher, mit Schwert, als gute Freunde, die gemeinsam die Menschen leiten. Doch nicht immer verstanden sich die Herrscher so gut. Die **Macht der Kirche** bekamen auch Könige und Kaiser zu spüren.

WOHER KOMMT'S?

Der Gang nach Canossa

Wie mächtig die Kirche war, erlebte König ▶Heinrich IV. am eigenen Leib: Als er ▶Bischöfe einsetzte, was ihm nach Meinung des Papstes nicht zustand, wurde er aus der Kirche ausgeschlossen und mit dem Kirchenbann belegt. Ohne Unterstützung der Kirche verlor der König seine Macht. Er musste den Papst um Verzeihung bitten. Im Winter 1077 reiste Heinrich nach Canossa zu Papst Gregor und wartete drei Tage im Schnee, bis ihm Einlass gewährt wurde. Der Papst hatte Erbarmen und nahm den König wieder auf. Wenn jemand reumütig um Verzeihung bittet, sagt man: »Er tritt den Gang nach Canossa an.«

SCHON GEWUSST?

Die Taufe

Bei einem besonderen ▶Gottesdienst werden kleine Kinder, oft schon wenige Tage nach der Geburt, von einem Geistlichen mit Wasser besprengt. So werden sie sauber und rein in die Gemeinde der Christen aufgenommen. Schon im Mittelalter gaben die Eltern ihrem Kind bei der Taufe seinen Namen.

Missionierung

Ausbreitung des Christentums. Die christliche ▶Religion gibt es seit fast 2000 Jahren. Sie breitete sich nach dem Tod von Jesus vom ▶Orient langsam nach Europa aus. Noch im 5. Jh. glaubten in den Gebieten des heutigen Deutschlands viele Menschen an die alten germanischen Götter. Diese galten als zornig und bestraften die Menschen mit Missernten oder Überschwemmungen. Als sich um das Jahr 498 der Frankenkönig ▶Chlodwig I. taufen ließ und damit offiziell zum christlichen ▶Glauben übertrat, folgten ihm viele ▶Untertanen. So entstanden die ersten ▶Gemeinden in Frankreich und Deutschland. Seit dem Frühmittelalter reisten ▶Geistliche im Land umher, erzählten von ihrem ▶Glauben und versuchten die ▶Ungläubigen von der christlichen Religion zu überzeugen. Zunächst geschah diese Missionierung friedlich. Später drohten einige Missionare denjenigen, die die Taufe verweigerten, Gewalt und Folter an. Die ▶Ritterorden griffen dabei sogar zu ihren Waffen. Nachdem in Europa fast alle Menschen Christen geworden waren, reisten die Missionare im Spätmittelalter weiter, z. B. nach Indien und China, und gründeten dort christliche Gemeinden. ■

Im 5. Jh. glaubten viele noch an die alten **germanischen Götter** wie Thor (siehe Bild), Freya oder Odin.

Der Mönch Bonifatius war in England und Deutschland als **Missionar** tätig. Er überredete viele Ungläubige zur Taufe. Sein Tod war weniger ehrenvoll: Bonifatius wurde von einem unchristlichen Friesen erschlagen.

Papst

Mächtigster Mann der Kirche. Der Papst war und ist das Oberhaupt der katholischen Kirche. Er wird als Nachfolger des Apostels Petrus und Stellvertreter von Jesus Christus auf Erden angesehen. Im Mittelalter war er ein mächtiger Herrscher. Der Papst war nicht nur für religiöse Fragen und den christlichen ▸Glauben zuständig, sondern hatte auch großen Einfluss auf die weltliche Politik: Er krönte ▸Kaiser, setzte Herrscher ab und ▸Bischöfe ein, rief zum Heiligen Krieg und zu den ▸Kreuzzügen auf oder entschied, wer als ▸Ketzer verurteilt wurde.

Wer Papst werden wollte, musste ein hoher ▸Geistlicher, am besten ein Bischof oder Kardinal sein. Die Kardinäle wählten einen aus dem Kreis der höchsten Geistlichen zum Papst. Nicht immer waren sich die Geistlichen einig. So konnte es passieren, dass sie verschiedene Päpste wählten. Im Hochmittelalter ernannten manchmal auch ▸Kaiser Päpste gegen den Willen der Geistlichen. Daher gab es zeitweise mehrere Päpste und Gegenpäpste, die um die Macht stritten.

SCHON GEWUSST?

Ein deutscher Papst

Am 19. April 2005 wurde der bayerische Kardinal Joseph Ratzinger im Vatikan zum neuen Papst gewählt. Er nennt sich Benedikt XVI. Wie seine Vorgänger wird er die Kirche bis zu seinem Tod führen. Er ist der achte deutsche Papst in fast 2000 Jahren.

Die rot behüteten Kardinäle wählten den **Papst** und setzten ihm die Tiara auf, eine Krone mit goldenen Reifen (Bild links). Wie ein König saß der Papst auf einem Thron (Bild rechts).

SCHON GEWUSST?

Pilgerfahrt nach Mekka

Nicht nur Christen gehen auf Pilgerreise, auch jeder gläubige Muslim sollte einmal in seinem Leben nach Mekka (im heutigen Saudi-Arabien) gepilgert sein. Dort wurde der Prophet Mohammed geboren. In der großen Moschee in der Mitte der Stadt steht die »Kaaba«, das Haus Gottes und das wichtigste Heiligtum der Muslime. Die Pilger umkreisen die Kaaba siebenmal (siehe Bild).

Wer es sich leisten konnte, ritt zu Pferd auf Pilgerfahrt. Alle anderen **Pilger** waren zu Fuß unterwegs.

Pilger und Pilgerfahrten

Wanderer auf den Spuren von Heiligen. Um Gott nahe zu sein, nahmen Gläubige weite Wege in Kauf. Wer göttliche Hilfe brauchte, weil er z. B. krank war oder sich von seinen Sünden erlösen lassen wollte, begab sich auf Pilgerfahrt. Die lange Reise führte zu Wallfahrtsorten, also zu heiligen Stätten, an denen ▸Heilige und Märtyrer begraben waren oder ▸Reliquien aufbewahrt wurden. Diesen wurden göttliche Kräfte zugesprochen. Für die Christen waren die wichtigsten Pilgerziele Jerusalem, wo Jesus Christus starb; Rom, wo der heilige Petrus begraben sein soll, und Santiago de Compostela, wo sich das Grab des heiligen Jakobus befindet.

Auf ihren Reisen trugen die Pilger eine dunkle Kutte mit Kragen, einen Hut mit breiter Krempe, einen Pilgerstab und eine Pilgerflasche. Unterwegs machten sie in Herbergen halt, die von ▸Klöstern betrieben wurden. Die Reise war nicht ungefährlich: Straßenräuber, ▸Krankheiten oder Hunger konnten die Pilgerfahrt schnell beenden. Wer es zum Ziel schaffte, verbrachte die erste Nacht betend in der Kapelle. Dort hofften die Pilger auf Erlassung ihrer Sünden. Als Andenken erhielt jeder ein Pilgerzeichen, z. B. eine Muschel. Das nähte man sich auf Kragen oder Hut und konnte so zu Hause zeigen, dass man wirklich am heiligen Pilgerort gewesen war. ■

SCHON GEWUSST?

Viele Wege führen zum Ziel: Der Jakobsweg

Kaum war er gestorben und heiliggesprochen, vollbrachte der Apostel Jakobus weitere Wunder. Kranke, die sein Grab berührten, spürten die göttliche Kraft dieses Ortes und wurden schnell geheilt. Aber auch Gesunde machten sich zu Fuß (siehe Bild) auf den langen Weg nach Spanien, wo der heilige Jakobus in Santiago de Compostela begraben liegt. Von Deutschland aus führt die 2000 km lange Strecke über die alten Jakobswege an Flüssen entlang, über hohe Berge und große Städte hindurch. Wenn man jeden Tag etwa 20 km zurücklegt, ist man etwa drei Monate unterwegs. Heute fahren einige den Jakobsweg auch mit dem Fahrrad oder Auto entlang; richtige Pilger gehen aber zu Fuß.

Die fünf **Weltreligionen** benutzen Figuren und Symbole als Erkennungszeichen (Bilder von links nach rechts): Der siebenarmige Leuchter steht für das Judentum, Gott Shiva für den Hinduismus, eine Buddhastatue für den Buddhismus, Jesus am Kreuz für das Christentum, Prophet Mohammed für den Islam.

Religionen

Der Glaube an Gott. Zu allen Zeiten und in allen Erdteilen stellte man sich Fragen nach dem Sinn des Lebens: Woher komme ich? Wer erschuf die Welt? Was passiert nach dem Tod? Viele Menschen finden darauf Antworten in ihrem ▶Glauben und ihrer Religion.

Es gibt ganz unterschiedliche Religionen, die jeweils eigene Regeln und Vorstellungen haben. Die alten Ägypter oder die alten Römer glaubten z. B. an viele verschiedene Götter. Seit dem Mittelalter ist in Europa der Glaube an einen einzigen allmächtigen Gott verbreitet, der die Welt und die Menschen erschuf. Dieser Gott zeigt den Menschen, was gut und böse ist und verspricht ein Leben nach dem Tod. Das gibt den Gläubigen Trost in schweren Zeiten und hilft ihnen bei Entscheidungen oder in Krisensituationen.

Die fünf bekanntesten Religionen sind das Christentum, der Islam, der Hinduismus, der Buddhismus und das Judentum. Diese nennt man auch Weltreligionen. Christentum, Judentum und Islam folgen ähnlichen Regeln, die in ▶heiligen Schriften niedergeschrieben wurden. Doch neben den vielen Gemeinsamkeiten gibt es auch Unterschiede. Der Haupt-

SCHON GEWUSST?

Propheten: Sprachrohre Gottes

Einige Menschen glaubten, von Gott Botschaften zu empfangen. Die göttlichen Worte schrieben sie auf oder erzählten sie ihren Mitmenschen, später wurden daraus ▶ heilige Schriften. Einige dieser Propheten sammelten viele Anhänger um sich und gründeten eine neue Glaubensgemeinschaft. Ein bedeutender jüdischer Prophet war z. B. Moses, der von Gott die Zehn Gebote erhielt und sie an die Menschen weitergab. Im Alten Testament der ▶ Bibel werden weitere Propheten wie Jesaja genannt. Auch Jesus trat als Prophet auf. Bei den Muslimen erzählte der Prophet Mohammed von Gott. Nach dem indischen Propheten Buddha (»der Erleuchtete«) ist eine ganze Religion benannt: der Buddhismus.

unterschied besteht in dem Glauben an den Messias, den Heiland, der die Welt errettet: Für Christen ist Gottes menschgewordener Sohn Jesus der Retter der Welt. Im Islam kann nur Gott selbst die Menschen erlösen, und die Juden glauben, dass der Messias erst noch erscheinen wird.

Anhänger des Hinduismus und Buddhismus dagegen sehen das menschliche Leben als Durchgangsstation auf dem Weg zur Erleuchtung an. In einem ewigen Kreislauf werden alle Wesen – ganz gleich, ob Pflanzen, Tiere, Menschen oder Götter – nach ihrem Tod wiedergeboren. Es gibt keinen Anfang und kein Ende. Mensch und Gott sind demnach Bestandteile derselben Ordnung.

Neben den fünf Weltreligionen gibt es weitere Religionen, die jedoch nicht so verbreitet sind. Einige Naturvölker wie die Indianer glauben z. B., dass eine göttliche Kraft in jedem Tier, jeder Pflanze, sogar in jedem Stein steckt – in allem, was sie umgibt. Die Gläubigen einiger Religionen bekämpfen andere Glaubensrichtungen (▶ Glaubenskriege), dabei haben alle Religionen etwas gemeinsam: Sie sind ein Versuch, die Welt zu erklären. ■

Die Gläubigen danken ihrem **Gott** oder ihren Göttern oder bitten mit Gebeten um Hilfe und Unterstützung (Bilder von links nach rechts): orthodoxe Juden, Hindus, buddhistische Mönche, christliche Nonnen und junge Muslime.

Reliquien

Heilige Knochen bewirken Wunder. Reliquien sind meist menschliche Überreste von ▶Heiligen und Märtyrern. Im Mittelalter spielten sie eine große Rolle. Man glaubte, dass Knochenreste, Haare, Zähne oder Fingernägel der Heiligen Wunder vollbringen und z. B. ▶Krankheiten heilen konnten. Selbst Gegenstände, die ein Heiliger zu Lebzeiten berührt hatte, etwa ein Gewand, konnten auf wunderbare Weise helfen: Denn in ihnen steckte ein Stückchen jener göttlichen Kraft, die auch die Heiligen auszeichnete.

Zu den wichtigsten Reliquien für Christen gehörten Holzsplitter des Kreuzes, an dem Jesus Christus in Jerusalem starb. Die Überreste der Heiligen wurden in ▶Kirchenbauten, meist in der Nähe des Altars, aufbewahrt. Kein Gotteshaus sollte ohne Reliquie sein. Auch bei Gericht wurden Reliquien gebraucht: Wer einen Eid schwor, rief die heiligen Knochen als »Zeugen« auf.

In **kostbaren Gefäßen** aus Bergkristall, Gold und Edelsteinen werden heilige Reliquien aufbewahrt, z. B. Dornen und Splitter vom Kreuz Christi (Bild links) oder Tropfen von Jesu Blut (Bild rechts).

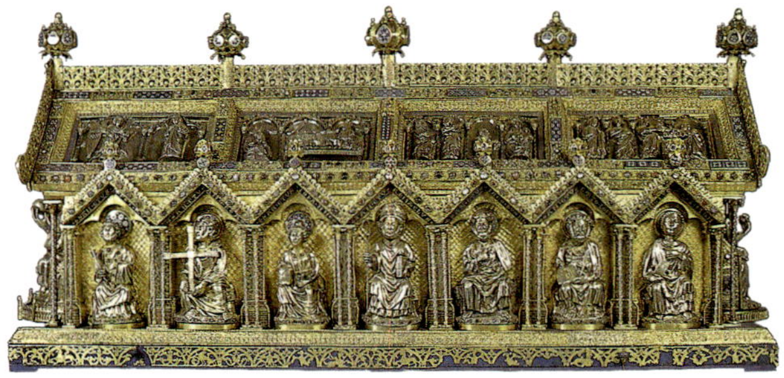

Der vergoldete Silberkasten enthält die **Reliquien** des heiligen Remaklus.

Doch man brauchte mehr Reliquien, als es Knochen oder Besitztümer von Heiligen gab. Um neue Reliquien zu beschaffen, schreckte man selbst vor Raub nicht zurück: Die ▶Kreuzritter nahmen zahlreiche Reliquien aus dem ▶Byzantinischen Reich mit, als sie Konstantinopel überfielen.

Für die wertvollen Überreste der Heiligen fertigte man kostbare Behälter an, die mit Gold und Edelsteinen geschmückt waren. Reiche Herrscher bauten eigens Kapellen für ihre Reliquiensammlung. Die Bischofsstadt Köln mehrte ihren Ruhm, indem sie im 12. Jh. die menschlichen Überreste der Heiligen Drei Könige aus dem ▶Morgenland von Mailand aus in die Stadt brachte. Seitdem pilgern (▶Pilger und Pilgerfahrten) etliche Christen zum Dreikönigsschrein in den Kölner Dom. ■

ES WAR EINMAL …

Die Suche nach dem Heiligen Gral

Gab es etwas, das reich und glücklich machte, wenn man es besaß? Man glaubte, dass der Heilige Gral eine solche Macht innehatte.
Bis heute gibt es verschiedene Ansichten darüber, was genau mit der Bezeichnung »Gral« gemeint ist: Der Kelch, aus dem Jesus beim letzten Abendmahl trank, das Gefäß, in dem sein Blut bei der Kreuzigung aufgefangen wurde, ein Stein mit wunderbaren Kräften oder eine Frau?
Fest steht, dass Jesus den Gral berührt haben soll. Wie allen Reliquien schrieb man auch dem Gral göttliche Kraft zu. Viele Gläubige machten sich deshalb auf die Suche nach dieser besonderen Reliquie, doch niemand konnte sie finden. Bis heute ranken sich Geschichten und Legenden um den Gral und er ist Thema von zahlreichen Büchern, Opern und Kinofilmen.

Ungläubige

Ansichtssache: Wer glaubt das Richtige? Man könnte meinen, dass Ungläubige gar keinen ▸Glauben haben. Doch im Mittelalter glaubten fast alle Menschen an Gott. Nur hatte jede ▸Religion ihre ganz eigenen Vorstellungen vom Glauben. Christen, Juden und Muslime beharrten darauf, den einzig richtigen und wahren Glauben zu haben. Anhänger einer anderen Glaubensrichtung waren deshalb für sie Ungläubige. Wer als Ungläubiger galt, war also immer Ansichtssache. Tatsächlich gottlose Menschen, Atheisten, gab es im Mittelalter nicht oder man weiß nichts von ihnen. Erst an den ▸Universitäten im Spätmittelalter wagten es einzelne ▸Gelehrte, die Existenz Gottes grundsätzlich infrage zu stellen.

Die mächtigste und am meisten verbreitete Religion im mittelalterlichen Europa war das Christentum. Im ▸Orient entstand im frühen Mittelalter der Islam, der sich aber allmählich auch in Richtung Europa ausbreitete (▸Arabersturm). Wo beide Religionen aufeinandertrafen, konnte es zu Auseinandersetzungen kommen. Sowohl Christen als auch Muslime wollten, dass die anderen ihren eigenen Glauben annahmen oder aus dem

Auch die Juden waren in den Augen der Christen **Ungläubige**, denn sie glaubten nicht an Jesus und hatten andere Sitten, etwa bei einer Hochzeit. In christlichen Handschriften wurden sie mit dem spitzen Judenhut dargestellt.

Land verschwanden. Sie bekämpften die in ihren Augen Ungläubigen in ▸Glaubenskriegen. Auf den ▸Kreuzzügen kämpften christliche ▸Ritter erbittert gegen Muslime, um ihre religiösen Überzeugungen durchzusetzen. Auch die ▸Juden wurden wegen ihrer Religion verfolgt und aus den ▸Städten vertrieben oder getötet (▸Judenverfolgung). Selbst im eigenen Land gab es Falschgläubige, nämlich die ▸Ketzer. Sie hielten sich nicht an die kirchlichen Regeln und wurden daher von der Kirche verfolgt und hart bestraft. ■

Auf den Kreuzzügen verfolgten christliche Ritter islamische Araber als **Ungläubige**, weil sie nicht an Jesus Christus glaubten.

Mönche, Nonnen, Klosterleben

1 Benediktiner
2 Bildung
Dominikaner
Einsiedler
3 Franziskaner
4 Handschriften
Johanniter
5 Klöster
Klosterbibliothek
6 Klostergarten
7 Klosterküche
Klosterordnung
8 Klosterschule
9 Krankenpflege
10 Laien
11 Mönche und Nonnen
12 Nächstenliebe
13 Orden
14 Ordensregeln
Zisterzienser

5
6
9
12
10
7
13

Im Frühmittelalter, also in der Zeit von etwa 500 bis 1000, waren die Klöster Zentren der Landwirtschaft und der Bildung. Die Mönche und Nonnen lebten hier nicht nur zurückgezogen und in Gebete versunken, sondern viele Klöster wurden wie große Bauernhöfe geführt. Die Mönche und Nonnen kümmerten sich außerdem um arme, kranke und alte Menschen, und die Gebildeten unter ihnen studierten in der Klosterbibliothek Handschriften und Bücher.

Ab dem 13. Jh. weiteten einige christliche Orden ihre Tätigkeiten auf die Städte aus. Mönche und Nonnen waren als Prediger, Lehrer, Ärzte, Krankenschwestern, Seelentröster, Bauern und Wissenschaftler tätig. Dabei gingen nicht nur strenggläubige Christen ins Kloster, sondern auch Waisenkinder und verarmte Adlige legten die heiligen Gelübde ab, um ein Leben in frommer Gemeinschaft zu führen.

Dieses **Benediktinerkloster** im bayrischen Scheyern wurde 1119 gegründet. Bis heute leben hier Mönche nach den Regeln des Ordensgründers Benedikt.

Benediktiner

Fleißige Mönche. »Ora et labora« – »Bete und arbeite!«, das war die wichtigste Regel der Benediktiner. Im 6. Jh. gründete Benedikt von Nursia den Benediktinerorden (▸Orden) und stellte die Benediktregeln auf. Diese ▸Ordensregeln schrieben insbesondere Schweigsamkeit, Gehorsam und Demut vor.

Die Benediktiner hatten keinen eigenen Besitz. Sie lebten in ▸Klöstern und teilten alles miteinander. Wenn sie nicht beteten oder religiöse Schriften lasen, bearbeiteten sie das Land, bauten Wein an oder kümmerten sich um ihre Obstbäume im ▸Klostergarten. Bis ins Hochmittelalter waren die Benediktiner einer der bedeutendsten Orden. Im Laufe der Zeit verloren sie zwar an Bedeutung, doch einige große Benediktinerklöster, z. B. in Maria Laach oder Andechs, gibt es noch heute. ■

SCHON GEWUSST?

Aus den Regeln des Benedikt von Nursia

»... Die Faulheit ist der Feind der Seele; deshalb sollen sich die Brüder zu bestimmten Zeiten mit Handarbeit und wieder zu bestimmten Stunden mit göttlicher Lesung beschäftigen. (...) Denn dann erst sind sie wahre Mönche, wenn sie wie unsere Väter und die Apostel von der Arbeit ihrer Hände leben. Doch geschehe wegen der Kleinmütigen alles mit Maß.«

Bildung

Wissen im Mittelalter. Im Mittelalter konnten nur die wenigsten Menschen lesen und schreiben. Wir würden sie wohl heute als ungebildet bezeichnen, aber damals waren andere Fähigkeiten wichtiger. Die ▸Bauern wussten über ▸Ackerbau und ▸Viehzucht Bescheid, die ▸Handwerker waren in ihrem ▸Beruf gut ausgebildet, und die ▸Ritter verfügten zwar über ▸höfische Bildung, mussten aber vor allem gut kämpfen können. Wer dagegen als ▸Geistlicher im Dienst der Kirche arbeiten wollte, brauchte eine andere Art der Bildung: Er besuchte die ▸Klosterschule und lernte Lesen, Schreiben und Latein. Besonders wissbegierige Geistliche lasen auch die ▸Bücher der ▸Klosterbibliothek und sammelten so Informationen über ▸Medizin, ▸Astronomie oder andere Wissenschaften. Weil sie so viel wussten, wurden sie oft von ▸Königen oder ▸Fürsten als Berater an den ▸Hof gerufen. Dort mischten sich viele Geistliche jedoch auch in politische Entscheidungen wie Kriegs- oder Friedensverhandlungen ein. ■

Frauen mit **Bildung** waren im Mittelalter selten, es gab sie aber. Diese Lehrerin unterrichtet ihre Schüler gerade in Geometrie.

Auch in den **Klöstern der Dominikaner** wurde regelmäßig gebetet. Dies tat man entweder allein (Bild rechts) oder in Gemeinschaft. Dann las eine Nonne oder ein Mönch aus der Bibel oder den Gebetsbüchern vor (Bild links).

Dominikaner

Bettelarme Mönche. Im Jahr 1215 gründete der ▶Mönch Dominikus in der französischen Stadt Toulouse den ▶Orden der Dominikaner. Zu jener Zeit waren viele ▶Geistliche wohlhabend und bequem geworden. Statt sich um die Sorgen der Bevölkerung zu kümmern, genossen sie lieber ihren Reichtum. Gegen diese Einstellung wehrten sich die Dominikaner. Sie lebten in Armut und forderten auch ihre Mitmenschen auf, bescheiden und fromm zu leben, wie es Christus gelehrt hatte. Ihre Predigten hielten sie auf Französisch oder Deutsch statt auf Latein, sodass jeder sie verstehen konnte. Außerdem nahmen sie das Gebot der ▶Nächstenliebe sehr ernst und kümmerten sich um kranke und alte Menschen. Geld verdienten sie durch das Sammeln von Spenden. Daher gehörten sie zu den Bettelorden.

Die Dominikaner wollten alle Menschen vom christlichen ▶Glauben überzeugen. Sie versuchten nicht nur, ▶Ketzer und ▶Ungläubige im eigenen Land zu bekehren, sondern reisten auch in fremde Länder, um dort das Christentum zu verbreiten: Als Wanderprediger zogen sie durch ganz Europa und später sogar bis nach Asien.

Bei der Inquisition arbeiteten viele Dominikaner als Befrager. Seit dem 13. Jh. forderte der ▶Papst, dass sich Abweichler in einem strengen Verhör zum christlichen Glauben bekennen sollten. Wer sich weigerte, wurde unter der Folter befragt und oft sogar getötet. Vor allem in Spanien nahm die Inquisition furchtbare Ausmaße an. Durch ihre unerbittliche Strenge verloren die Dominikaner ihr Ansehen bei der Bevölkerung. Sie wurden gefürchtet und manchmal sogar gehasst. Deshalb gab man ihnen den lateinischen Spitznamen »domini canes«, was »die Hunde des Herrn« bedeutet. ■

Die Kirche dieses **Dominikanerklosters** in Neuruppin wurde bereits um 1300 gebaut. Die beiden hohen Türme fügte man Anfang des 20. Jh. hinzu.

Einsiedler lebten völlig abgeschieden von der restlichen Welt. Die Stille und Einsamkeit half ihnen zu meditieren. Viele kehrten jedoch nach einigen Jahren in Klöster zurück.

Einsiedler

Auf der Suche nach Gott. Manche ▶Mönche glaubten, dass man Gott am besten alleine suchen kann und dabei von nichts abgelenkt werden sollte. Deshalb lebten sie als Einsiedler: Sie mieden die ▶Städte und ▶Dörfer und zogen in die Einsamkeit. In selbstgebauten Hütten oder Höhlen lebten diese Mönche in Askese, d. h. ohne Besitz, mit wenig Nahrung und nur der nötigsten Kleidung. Besonders viele Einsiedler lebten im 11. Jh. Auch einige Ordensgründer wie Benedikt von Nursia (▶Benediktiner) oder Franz von Assisi (▶Franziskaner) lebten eine Zeit lang als Einsiedler. In der Einsamkeit kamen sie auf die Idee, neue Klostergemeinschaften (▶Orden) zu gründen. Doch nicht nur unter den Christen gab es Einsiedler, sondern auch in anderen ▶Religionen: So fand z. B. Buddha, der Begründer des Buddhismus, Erleuchtung während einsamer Askese. ■

RATE MAL!

Was macht man in Klausur?

1. Mönche und Nonnen lebten ohne Kontakte in einem besonders stillen Bereich des Klosters.
2. Man versucht so schnell und fehlerfrei wie möglich einen schwierigen Text abzuschreiben.
3. Man wohnte ganz allein in einer Hütte.

Antwort 1: In einigen Orden durften Mönche und Nonnen bestimmte Klosterbereiche nicht verlassen. Sie waren darin eingeschlossen und lebten in Klausur. Heute bezeichnet man mit Klausur auch eine schriftliche Prüfung.

Franziskaner

Leben nach dem Vorbild von Jesus. Franz von Assisi wollte im 13. Jh. wie einst Jesus Christus leben. Also zog er als armer Wanderprediger durch das Land und kümmerte sich um kranke und alte Leute. Weil viele fromme Christen ihn unterstützen wollten und man in einer Gemeinschaft mehr erreichen konnte, gründete Franz den ▶Orden der Franziskaner. Zu jener Zeit lebten viele ▶Geistliche in großem Reichtum und besaßen prachtvolle Gewänder. Um sich von ihnen zu unterscheiden, trugen die Franziskaner einfache braune Kutten mit einem Strick als Gürtel. Sie waren vor allem in den ▶Städten tätig und predigten den Menschen von Jesus Christus. Ihr Orden, ein Bettelorden, breitete sich bald in ganz Europa aus. ■

Franz von Assisi liebte Tiere, denn auch sie gehörten zur göttlichen Schöpfung. Einer Legende nach predigte er ihnen sogar – und sie hörten ihm aufmerksam zu.

Wurde alles richtig abgeschrieben? Ein Prüfer vergleicht zwei **Handschriften**.

Handschriften

Kostbare Bücher, von Hand geschrieben. In Schönschrift schrieben ▶Mönche ganze Bücher mit der Hand ab. Eine andere Möglichkeit, Bücher zu vervielfältigen, gab es noch nicht, denn erst im 15. Jh. wurde der ▶Buchdruck erfunden.

Um die ▶Bibel abzuschreiben, benötigte ein erfahrener Mönch länger als ein Jahr. Er teilte jeden Pergamentbogen in Spalten ein, ritzte Linien vor und legte fest, wo Verzierungen Platz finden sollten. Mit einem angespitzten Gänsekiel und schwarzer Tinte machte er sich im Skriptorium, der klösterlichen Schreibstube, an die Arbeit. Möglichst fehlerfrei schrieb er den Text ab. War der Schreiber fertig, verzierte ein anderer Mönch die Seite mit bunten Blumenranken oder Ornamenten sowie vergoldeten Initialen: Die Anfangsbuchstaben eines Kapitels wurden häufig größer geschrieben und mit einem Bild geschmückt. War die Handschrift fertig, band man sie zu einem Buch (▶Buchkunst).

Abgeschrieben wurden vor allem die ▶Bibel, wissenschaftliche Werke oder Gebetbücher. Bis ins 12. Jh. wurden Bücher fast ausschließlich in ▶Klöstern hergestellt und in ▶Klosterbibliotheken aufbewahrt. Allein die ▶Geistlichen konnten sie studieren, denn nur sie besaßen die nötige ▶Bildung. ▶Ritter, ▶Handwerker oder gar ▶Bauern konnten selten lesen. Für sie gab es Bilderbibeln, die die biblischen Geschichten wie einen Comic erzählten und kaum Text hatten. Als im 13. und 14. Jh. die ersten ▶Universitäten entstanden, brauchten nicht nur Geistliche, sondern auch ▶Laien Bücher. Berufsschreiber in den ▶Städten vervielfältigten jetzt die Schriften. ■

WOHER KOMMT'S?

Das geht auf keine Kuhhaut

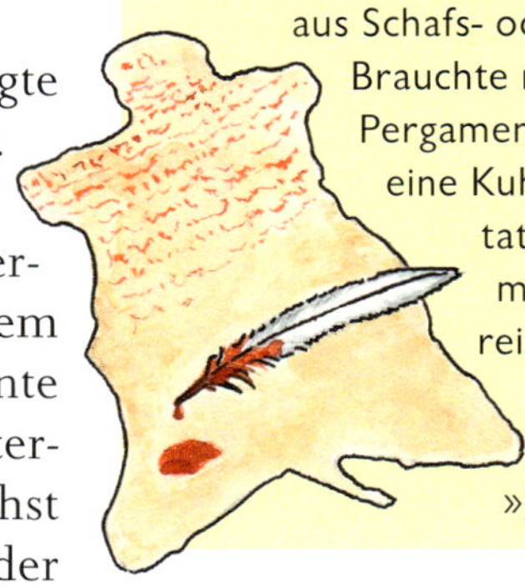

Abergläubische Christen (▶Aberglaube) stellten sich vor, dass der Teufel die Sünden eines jeden aufschrieb. Danach wurde entschieden, ob man in den Himmel oder in die Hölle kommen sollte. Da es noch kein Papier gab, wurde auf Pergament aus Schafs- oder Ziegenhaut geschrieben. Brauchte man ein sehr großes Stück Pergament, bearbeitete man auch mal eine Kuhhaut. Wenn für die Übeltaten eines Menschen nicht einmal eine große Kuhhaut ausreichte, musste der Sünder ganz schön viel angestellt haben: Seine Fehlerliste »geht auf keine Kuhhaut«.

Kostbare mittelalterliche **Handschriften** enthalten nicht nur sorgfältig abgeschriebene Texte, sondern auch kunstvoll ausgeführte Illustrationen.

Um sich vor feindlichen Angriffen zu schützen, errichteten die **Johanniter** Burgen. Manche dienten als Kloster, andere eher der Verteidigung.

Johanniter

Kämpferische Mönche. ▶Geistliche durften eigentlich keine ▶Waffen tragen. Eine Ausnahme bildeten jedoch die ▶Ritterorden, zu denen auch die Johanniter gehörten. Sie waren zugleich ▶Mönche und ▶Ritter und hielten sich an die ▶Rittertugenden wie ▶Treue und Mut sowie an die Regeln ihres ▶Ordens.

Der Johanniterorden entstand 1099 in Jerusalem. Dort kümmerte er sich um kranke ▶Pilger und verwundete ▶Kreuzritter. Neben der ▶Krankenpflege waren die wichtigsten Aufgaben des Ordens der Kampf gegen ▶Ungläubige sowie der Schutz der Pilger. Wenn es sein musste, griffen die Johanniter dafür zu den Waffen und nahmen an den Kämpfen der ▶Kreuzzüge teil. Als Schutzheiligen (▶Heilige und Märtyrer) wählten die Ordensbrüder Johannes den Täufer und nannten sich nach ihm Johanniter. In Friedenszeiten trugen sie einen schwarzen Mantel mit einem weißen Kreuz, das acht Spitzen hatte. Zogen sie in den Kampf, tauschten sie den schwarzen Mantel gegen einen roten Umhang.

Als Jerusalem im 12. Jh. von den Muslimen (▶Arabersturm) erobert wurde, verließen die Johanniter den ▶Orient und wanderten zunächst auf die Insel Rhodos aus. Im 16. Jh. überließ ihnen Kaiser Karl V. die Insel Malta, wo sie sich niederließen. Nach dieser Insel nennt sich der katholische Zweig seither Malteserorden. ■

SCHON GEWUSST?

Nächstenliebe mit Rettungswagen

Noch heute fühlen sich die evangelische »Johanniter-Unfall-Hilfe« und der katholische »Malteser Hilfsdienst« der ▶Nächstenliebe verpflichtet. Sie bauen Krankenhäuser und kümmern sich um Alte und Kranke. Beide Organisationen gingen aus dem mittelalterlichen Johanniterorden hervor.

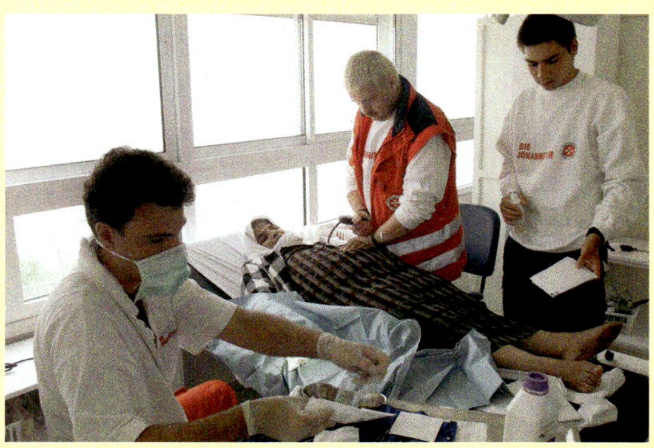

Johannes der Täufer, der Namensgeber des Johanniterordens, lebte zur gleichen Zeit wie Jesus. Das Lamm opferte Johannes Gott. Mit diesem Geschenk hoffte er, die Sünden der Menschen zu verringern.

Einige Klöster, wie z. B. Mont-Saint-Michel in Frankreich, wurden an schwer erreichbaren Orten, wie z. B. kleinen Inseln, gebaut. So lebten die Mönche und Nonnen **abgeschieden** von der übrigen Welt.

Klöster

Fromme Menschen unter sich. In einem Kloster lebten ▶Mönche und Nonnen in einer Art Wohngemeinschaft zusammen. Von der übrigen Welt schlossen sie sich mit einer Mauer ab. Das Kloster war also ein »verschlossener Ort«, auf Lateinisch »claustrum«. Daher leitet sich auch das Wort »Kloster« ab.

Im Mittelpunkt jeder Klosteranlage stand die Kirche. Daran schloss sich der Kreuzgang an, ein überdachter Wandelgang. Gegenüber der Kirche lag der Speisesaal, daneben der Schlafsaal, der Versammlungssaal sowie die ▶Klosterbibliothek. Zu einer großen Klosteranlage gehörten außerdem eine ▶Klosterschule, ein Krankensaal, ein ▶Friedhof, Werkstätten und Schuppen sowie ein weitläufiger ▶Klostergarten.

Die ersten Klöster wurden in Europa im 4. Jh. errichtet. 529 gründete Benedikt von Nursia den ▶Orden der ▶Benediktiner. Er stellte strenge Regeln für diejenigen auf, die in religiöser Gemeinschaft mit ihm leben wollten. Diese Art der frommen Lebensform wurde zum Vorbild für fast alle anderen Klöster. Ein Mönch wurde zum Leiter des Klosters gewählt: der Abt. Es gab auch Klöster nur für Frauen, die von einer Äbtissin geführt wurden. Ihre Zeit verbrachten die Mönche und Nonnen mit Beten, geistigen Studien sowie ▶Ackerbau. Die frühmittelalterlichen Klöster waren sowohl Stätten der ▶Bildung als auch landwirtschaftliche Betriebe, die sich weitgehend selbst versorgten.

Man ging nicht nur aus Frömmigkeit ins Kloster. Oft wurden der zweite Sohn und die zweite Tochter adliger Familien Mönch oder Nonne. Die erstgeborenen Kinder dagegen wurden zu ▶Rittern und ▶Hofdamen ausge-

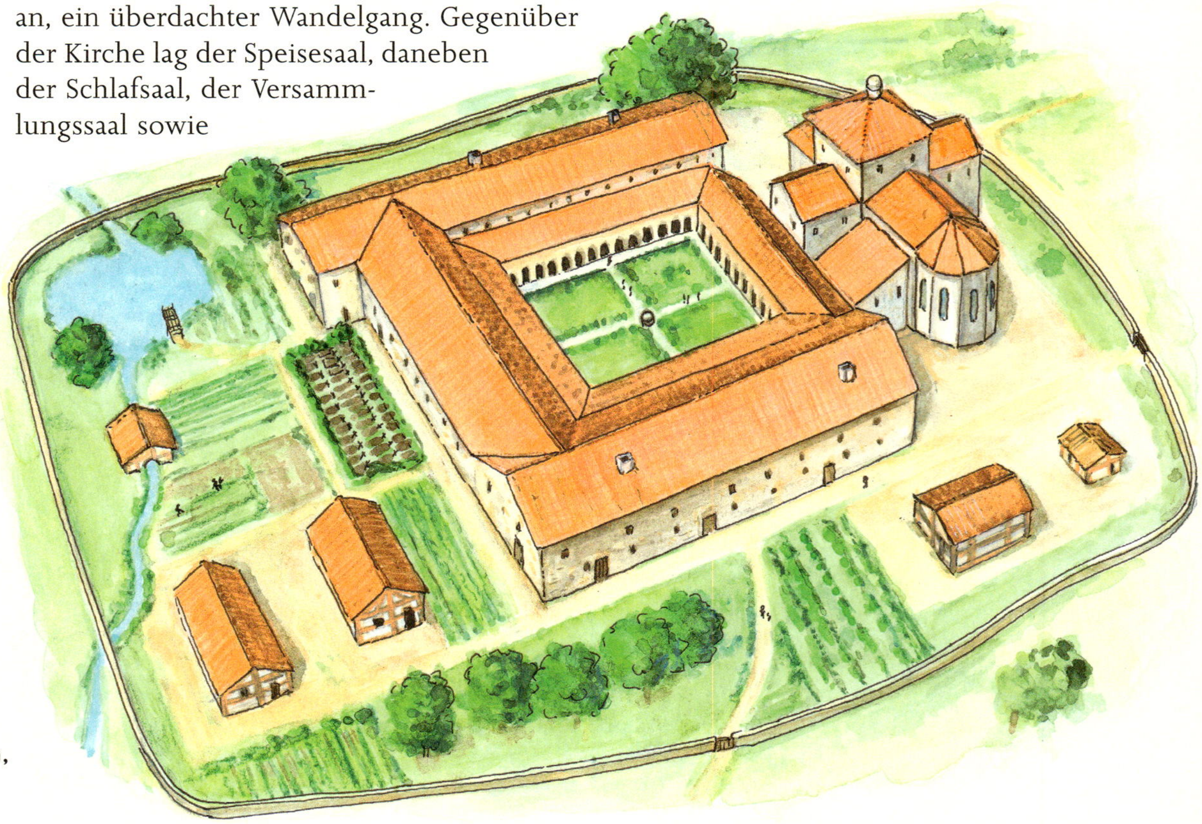

Ein großes **Kloster** war fast eine eigene Stadt: Hinter der Mauer gab es eine Kirche und Gemeinschaftsräume, außerdem auch Werkstätten, Obstwiesen und Gemüsegärten.

Die meisten Klöster versorgten sich selbst. Sie hatten Obst- und Gemüsegärten und züchteten Forellen oder Karpfen in **Fischteichen**.

bildet. Aber auch ▶Adlige, die arm, gebrechlich oder alt waren, Behinderte sowie unverheiratete oder verwitwete Frauen gingen ins Kloster. Viele Adlige stifteten Klöstern Geld oder Land. Durch diese Schenkungen wuchsen einige Klöster zu riesigen Wirtschaftszentren. Die ▶Geistlichen beteten im Kloster für die Stifter und nahmen ihnen die Fürsorge für die Armen ab, die das Gebot der ▶Nächstenliebe von jedem Christen forderte.

Manchmal wurde einigen Mönchen im Kloster jedoch das Vergnügen wichtiger als die Suche nach Gott. Deshalb wurden wiederholt Reformen gefordert: Kritiker wollten, dass man in den Klöstern wieder bescheiden und fromm wie Benedikt im 6. Jh. lebte. Die wichtigste Reform ging vom Kloster Cluny in Frankreich aus: Die Mönche achteten darauf, dass die alte Benediktregel »Bete und arbeite!« wieder eingehalten wurde. ■

Der überdachte **Kreuzgang** führt um einen gartenähnlichen Hof. Hier gehen die Mönche und Nonnen spazieren, meditieren oder beten.

SCHON GEWUSST?

Klosterleben auf Zeit

Kann man im Kloster leben, ohne ein Gelübde abzulegen? Ja! Wer sich heute auf die Suche nach Gott machen möchte, kann in einigen Klöstern eine Zeit lang in der Gemeinschaft der Mönche oder Nonnen leben. Fernab vom hektischen Alltag, der Familie und dem Beruf finden Besucher Zeit und Ruhe, um sich mit religiösen und philosophischen Fragen zu beschäftigen. Einige Klöster bieten auch Kurse in Meditation, im Zeichnen oder Malen an (siehe Bild).

Ein Mönch studiert eine alte Handschrift im Lesesaal der **Klosterbibliothek**. Mit dem Stift macht er sich wahrscheinlich Notizen.

Klosterbibliothek

Lesestoff für die Geistlichen. Die wenigen Bücher, die es im Mittelalter gab, waren zumeist im Besitz der ▶Klöster. Dort bewahrte man sie liegend in den hölzernen Regalen der Klosterbibliothek auf. Eine solche Bibliothek bestand meist aus einem oder mehreren großen Räumen, in denen sowohl gelesen als auch gearbeitet wurde: Im Lesesaal standen Pulte, an denen die ▶Mönche und Nonnen die religiösen Schriften studierten. In einem angrenzenden Raum, der Schreibstube oder dem Skriptorium, wurden die kostbaren ▶Handschriften abgeschrieben. Die »Öffnungszeiten« der Bibliothek richteten sich nach dem Sonnenlicht. Wenn es dunkel wurde, war es kaum noch möglich zu lesen, denn Kerzen waren teuer und die Talglichter rußten.

Große Klöster bemühten sich, von fast jedem neuen Buch eine Kopie zu bekommen und so das gesamte Wissen des Mittelalters in ihrer Bibliothek zu sammeln. Die wichtigsten Bücher jeder Klosterbibliothek waren die ▶Bibel sowie Erklärungen und Kommentare dazu. Es gab aber auch Bücher, welche die ▶Ordensregeln des Klosters enthielten oder Texte aus der Antike. Alle Handschriften waren auf Latein und Griechisch verfasst. Mönche und Nonnen sowie andere ▶Geistliche waren die Einzigen, die die Bücher lesen konnten und genügend ▶Bildung hatten, um sie zu verstehen. Erst als im 13. und 14. Jh. die ▶Universitäten entstanden, lernten auch in den ▶Städten viele Menschen lesen und schreiben. Dies wurde durch die Erfindung des ▶Buchdrucks im 15. Jh. unterstützt. ■

ES WAR EINMAL ...

Der Name der Rose

Auch im Kloster geschahen Verbrechen! Auf merkwürdige Weise starben im Jahr 1327 in der Bibliothek einer Benediktinerabtei mehrere Mönche. Sie alle hatten eine schwarze Zunge und schwarze Fingerspitzen. Ein Franziskanermönch sollte die Fälle aufklären. Diese Morde sind aber nicht wirklich passiert, sondern Handlung eines historischen Romans, den der italienische Autor Umberto Eco 1980 verfasste. 1985 wurde »Der Name der Rose« mit Sean Connery in der Hauptrolle verfilmt. Gedreht wurde zum großen Teil im Kloster Eberbach am Rhein.

Im **Klostergarten** wuchsen Blumen und Kräuter nicht zur Zierde, sondern aus ihnen stellte man Medizin her (Bild links und Mitte). **Gegessen** wird im Kloster gemeinsam, aber schweigend (Bild rechts).

Klostergarten

Frisches Gemüse und Heilkräuter. Statt in den Supermarkt gingen ▶Mönche und Nonnen in den Garten ihres ▶Klosters, wenn sie frisches Gemüse oder Kräuter brauchten. In sorgfältig angelegten Beeten wurden Gemüse und Salat angebaut, auf Wiesen wuchsen Obstbäume und in Teichen züchtete man Fische. Vor allem ▶Benediktiner und ▶Zisterzienser verbrachten sehr viel Zeit mit der Gartenpflege, auf Feldern und in Weinbergen.

In eigenen Kräutergärten baute man wichtige Heilpflanzen an. Viele Mönche und Nonnen wussten, welche Kräuter bei ▶Krankheiten halfen. Sie kochten daraus Tee und stellten ▶Medizin wie Hustensaft oder Mittel gegen Bauchweh her. Rauke z. B. benutzte man im Mittelalter als Heilkraut gegen Verdauungsprobleme. Heute kennt man es als Rucola, die gern als Salat gegessen wird. ■

SCHON GEWUSST?

Wohl bekommt's!

Bier trank man im Mittelalter zu fast jeder Mahlzeit. Deshalb spezialisierten sich die Mönche einiger bayerischer Klöster auf die Herstellung von Bier. Sie tranken es selbst und verkauften es an durstige Besucher. Zunächst setzte man dem Bier noch allerlei Gewürze zu. 1516 wurde ein Reinheitsgebot erlassen. Seitdem darf Bier nur noch aus Gerste, Hopfen und Wasser gebraut werden – daran hat sich bis heute nichts geändert.

Klosterküche

Rezepte aus dem Kloster. In der Klosterküche sorgten Köche und Küchenhilfen dafür, dass die ▶Mönche und Nonnen im ▶Kloster jeden Tag mit Essen versorgt wurden. Die ▶Benediktiner waren z. B. strenge Vegetarier, die kein Fleisch aßen. Auch allen anderen Christen war es freitags und in der Fastenzeit, also 40 Tage von Aschermittwoch bis Ostern, verboten, Fleisch und Süßigkeiten zu essen. Dann gab es in allen Haushalten und den Klöstern nur Brot, Gemüse oder Fisch.

Viele Rezepte stammten noch aus der römischen Antike. Die Mönche bewahrten die lateinischen Rezepte auf und kochten sie nach. Sie erfanden aber auch Neues, z. B. die Brezel oder Dauerwurst wie Salami.

Klöster, die sich selbst versorgten, kelterten Wein, brauten Bier und buken Brot. Die ▶Zisterzienser z. B. waren hervorragende Imker. Außerdem stellten sie Käse aus Kuh- und Ziegenmilch her und lagerten viel Obst über Winter in ihren Kellern. So hatten sie jederzeit genügend Vorräte für sich und für arme Leute, die um Essen baten. ■

Im Kloster war jeder mal dran mit **Küchendienst**. Dazu gehörten das Helfen beim Kochen, das Auftragen der Speisen und der Abwasch.

SCHON GEWUSST?

Gibt es heute noch Klosterschulen?

Einige mittelalterliche Klosterschulen gibt es auch heute noch. Die meisten katholischen Klosterschulen sind Privatschulen, deren Abschluss staatlich anerkannt ist. Die Schüler werden in den gleichen Fächern unterrichtet wie an anderen Schulen. Die Lehrer legen außerdem viel Wert auf die Vermittlung christlicher Werte wie ▶ Nächstenliebe und humanistischer Ideale (▶ Humanismus). Neben den katholischen Einrichtungen gibt es auch evangelische Kindergärten, Schulen und Hochschulen.

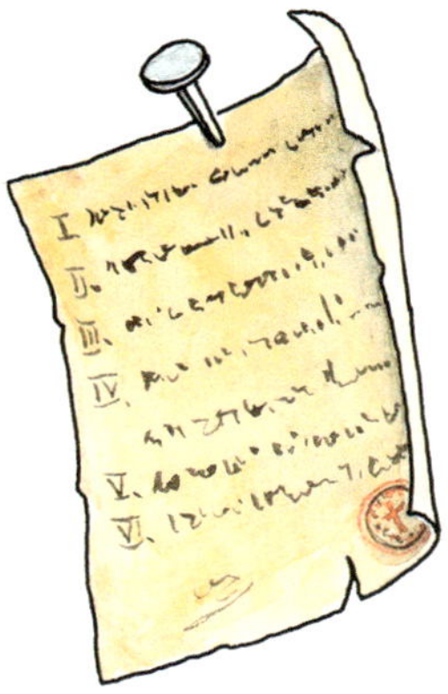

Klosterordnung

Leben nach Stundenplan. In jedem ▶ Kloster gab es eine Art Hausordnung mit festen Regeln, an die sich alle ▶ Mönche und Nonnen halten mussten. Schon ganz früh morgens wurden alle zum Morgengebet geweckt. Den Tag verbrachten sie dann mit Beten, Arbeiten, ▶ Krankenpflege sowie dem Lesen von religiösen Schriften. Außerdem gab es Regeln für die ▶ Kleidung der Geistlichen, für die Arbeits- und Betzeiten sowie für das Essen, so durfte z. B. im Speisesaal nicht gesprochen werden.

Wer sich nicht an die Regeln hielt, bekam kein Abendessen oder durfte sein Zimmer nicht verlassen. Gab es einmal Streit unter den Mönchen und Nonnen, wurde das Anliegen dem Leiter des Klosters, dem Abt oder der Äbtissin, vorgetragen. Diese versuchten dann zu schlichten. ■

Klosterschule

Strenge Lehrer und viel Lateinunterricht. Meist wurden nur die Jungen von ▶ Adligen in die Klosterschule geschickt. Für Mädchen war ▶ Bildung nicht wichtig – und die Hausarbeit lernten sie zu Hause von ihrer Mutter. Ursprünglich bildete man in der Klosterschule nur diejenigen aus, die später einmal ▶ Geistliche werden sollten. Doch ab dem 9. Jh. waren auch ▶ Laien zugelassen.

Die Schüler lebten im ▶ Kloster wie in einem Internat und lernten Lesen, Schreiben und Latein. An einigen Klosterschulen wurde auch ▶ Musik und ▶ Astronomie unterrichtet. Niemand stellte im Unterricht Fragen. Gelernt wurde, indem man die Worte des Lehrers wiederholte, der sehr streng für Ruhe und Ordnung sorgte. Im Spätmittelalter bereitete der Unterricht auf das Studium an einer ▶ Universität vor. ■

Zisterzienserinnen versammeln sich zu festgelegten Zeiten in der Klosterkapelle, um gemeinsam zu beten und zu singen. Die **Klosterordnung** hat sich seit dem Mittelalter kaum verändert.

Der Lehrer las in der **Klosterschule** aus der Bibel vor. Die Schüler wiederholten das Gesagte.

Krankenpflege

Kräutermedizin und Gebete. Wenn man krank wurde, pflegte einen die Familie zu Hause. Hilfe fand man im Mittelalter aber auch im ▶Kloster. Dort kümmerten sich ▶Mönche und Nonnen um kranke und alte Menschen. Einige ▶Orden hatten sich auf die Pflege von Kranken spezialisiert und bauten eigene Krankenzimmer in ihren Klöstern oder in größeren ▶Städten.

Die Mönche und Nonnen, die als Pfleger und Krankenschwestern arbeiteten, kannten sich mit Heilkräutern aus. Aus diesen stellten sie Salben und Kräutertränke her, mit denen sie Wunden säuberten und Schmerzen linderten. Wirklich heilen konnte man damit allerdings die wenigsten Leiden, denn man wusste noch nicht, dass viele ▶Krankheiten durch Bakterien oder Viren entstanden.

Krankenpflege bedeutete aber nicht nur die Pflege des wunden Körpers und die Versorgung mit Essen, sondern auch Seelsorge. Die Mönche und Nonnen kümmerten sich deshalb z. B. mit ▶Gebeten oder in Gesprächen über Gott um die Seele des Kranken. Man versuchte den Kranken Beistand zu leisten oder sie aufzumuntern.

In den klösterlichen Krankenhäusern gab es meist nur einen einzigen Schlafsaal für alle Hilfsbedürftigen. In ihnen wurden nicht nur Kranke, sondern auch Arme, alleinstehende Frauen und Waisenkinder betreut. Einige dieser Häuser dienten auch als Altenheime. ■

SCHON GEWUSST?

Krankenpflege heute

Immer noch werden viele Krankenhäuser, aber auch Altenheime, Beratungseinrichtungen oder Sterbehospize kirchlich geführt. Die größten Organisationen, die sich die Krankenpflege zur Aufgabe gemacht haben, sind der katholische »Deutsche Caritasverband« und das evangelische »Diakonische Werk«. Man muss nicht mehr unbedingt Mönch (wie im Bild) oder Nonne sein, um dort als Krankenschwester oder Pfleger zu arbeiten. Aber Mitglied der Kirche sollte man sein.

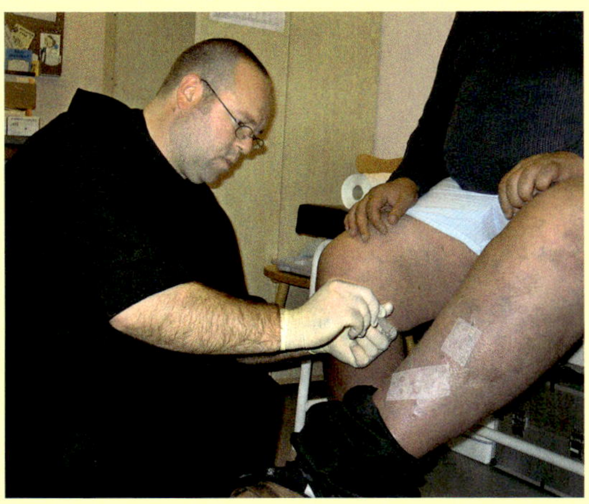

Im Kloster wurden **Kranke** medizinisch versorgt. Außerdem wurden sie seelsorgerisch von den Geistlichen betreut und bekamen regelmäßig zu essen.

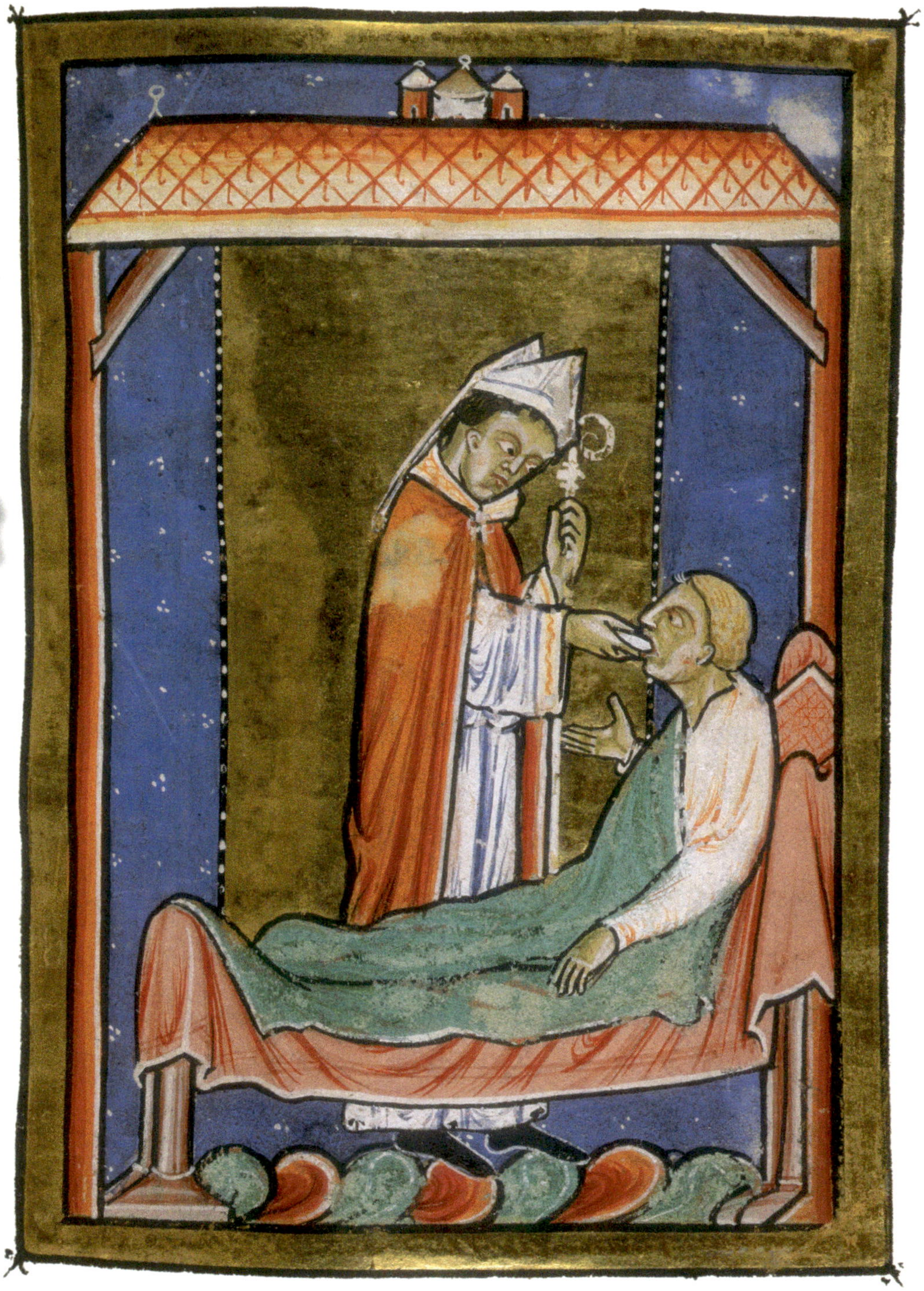

Viele **Laien** waren so fromm, dass sie auf Pilgerfahrt gingen. Diese hier begeben sich in historischen Kostümen auf den Weg nach Santiago de Compostela, einem Pilgerort in Spanien.

Laien

Gläubige ohne Gelübde. Alle, die nicht zu den ▸Geistlichen gehörten, waren Laien. Das Wort »Laie« kommt aus dem Lateinischen und bedeutete »zum Volk gehörig«. Deshalb nennt man Laien auch oft »Weltliche« im Gegensatz zu den zur Kirche gehörenden Geistlichen.

Laien konnten genauso fromm und gottesfürchtig wie Geistliche sein, sie hatten jedoch kein Gelübde abgelegt, mit dem sie ihr Leben ganz in den Dienst von Gott und der Kirche stellten. Anders als die Geistlichen mussten Laien regelmäßig ▸Abgaben und Steuern zahlen sowie bewaffnet in den Krieg ziehen, sie durften heirateten und eine Familie gründen.

Beide Gruppen, Laien wie Geistliche, hatten ihren festen Platz in der mittelalterlichen Gesellschaft und erfüllten verschiedene Aufgaben. Manchmal verfolgten sie jedoch unterschiedliche Interessen. So mischten sich z. B. einige weltliche Herrscher in kirchliche Angelegenheiten ein: Sie wollten hohe Geistliche, wie z. B. ▸Bischöfe, in ihr Amt einsetzen, um ihre Macht zu vergrößern. Die Kirchenoberen wollten diese Ämter jedoch selbst vergeben. Deshalb verbot der ▸Papst den Königen, Bischöfe einzusetzen. Daraufhin kam es im 11. Jh. zum ▸Investiturstreit, den die Kirche für sich entschied. ■

Eine fromme Christin im innigen Gebet. **Frauen** waren immer Laien, selbst wenn sie als Nonnen versprechen, ihr ganzes Leben Gott zu widmen.

SCHON GEWUSST?

Ahnungslose Laien

Wenn man heute jemanden als Laien bezeichnet, dann meint man in der Regel jemanden, der keine Fachkenntnisse in einem bestimmten Gebiet hat. Wer z. B. nur in seiner Freizeit Theater spielt, ist ein Laie. Wer hingegen eine professionelle Ausbildung an einer Schauspielschule absolviert hat, ist ein Profi.

Mönche und Nonnen legen ihre Alltagskleidung ab und ziehen eine Ordenstracht an, wenn sie ins Kloster gehen. Die Frauen bedecken ihre Haare mit einem Kopftuch (Bild links). Männer rasieren sich und schneiden sich die Haare zur Tonsur (Bild rechts).

Mönche und Nonnen

Gott ein Stückchen näher sein. Einigen frommen Männern und Frauen genügte es nicht, nur zum ▶Gottesdienst zu gehen oder zu beten, um Gott nahe zu sein. Sie änderten ihr ganzes Leben, verließen ihre Familie und lebten fortan als Mönche oder Nonnen im ▶Kloster. Wie einst Jesus Christus wollten sie Gottes Worte verkünden und die Regeln der ▶Bibel genau befolgen.

Die ersten Mönche lebten als ▶Einsiedler. Ab dem 4. Jh. bauten sie Klöster. Dort lebten sie abgeschieden von der Welt, beteten, arbeiteten, predigten, unterrichteten und kümmerten sich um Kranke (▶Krankenpflege). Bei ihrer Aufnahme ins Kloster tauschten sie die weltliche Kleidung gegen einfache Gewänder; die Männer bekamen einen neuen Haarschnitt: Die Haare wurden so abrasiert, dass nur ein schmaler Kranz rund um den Kopf stehen blieb. Dann legten die künftigen Mönche und Nonnen in einer feierlichen ▶Zeremonie ein Gelübde ab: Sie versprachen, nicht zu heiraten, auf Besitz zu verzichten und in Armut und Bescheidenheit zu leben, um Gott und ihren Mitmenschen zu dienen. Doch nicht nur besonders fromme Menschen, auch zweitgeborene Söhne und Töchter aus adligen Familien sowie arme und alte ▶Ritter oder edle ▶Damen gingen ins Kloster, denn dort wurden sie versorgt. ■

Mehrmals am Tag versammelten sich alle **Mönche** zum gemeinsamen Gebet.

SCHON GEWUSST?

Man sprach Latein

»Ave Maria!« beteten die Mönche und Nonnen, anstatt »Gegrüßet seist du, Maria« auf Deutsch zu sagen. Sie sprachen in ihren Gebeten Latein. Das ist eine Sprache aus dem alten Rom, die alle ▶Geistlichen lernen mussten. Im Mittelalter betete man nicht nur auf Latein, sondern verfasste auch Bücher in dieser Sprache. Heute sprechen nur noch wenige Menschen Latein, es zählt daher zu den »toten Sprachen«. Nur im Vatikan ist es noch heute Amtssprache.

Nächstenliebe

Seid nett zueinander! »Liebe deinen Nächsten wie dich selbst«, lehrt die ▶Bibel. ▶Mönche und Nonnen hielten sich streng an diese kirchliche Vorschrift der Nächstenliebe. Sie gaben hungrigen Leuten zu essen, kümmerten sich um Arme, Alte und Kranke und hörten sich die Sorgen und Ängste ihrer Mitmenschen an.

Doch nicht alle Christen nahmen diese Aufgaben so ernst, wie es die Kirche gern gesehen hätte. Vor allem die Adligen (▶Adel) und ▶Ritter mussten im ▶Gottesdienst immer wieder dazu aufgefordert werden, anderen Menschen zu helfen. Wenn sie reich genug waren, konnten sich die Adligen von diesen Pflichten befreien, indem sie einem ▶Kloster viel Geld spendeten. Dann übernahmen die Mönche und Nonnen für sie die Ausübung der Nächstenliebe und beteten für das Seelenheil der großzügigen Spender. ■

Ein reicher Fürst lässt Brot an hungrige Kinder und Mütter austeilen. So befolgt er das christliche Gebot der **Nächstenliebe**.

Der **Orden** der Zisterzienser lebte in Armut und betrieb vor allem Landwirtschaft.

Orden

Gemeinschaft von Gläubigen. Besonders gläubige Menschen, die gemeinsam ihr Leben Gott widmen wollten, schlossen sich zu religiösen Gemeinschaften, den Orden, zusammen. Die Ordensbrüder und -schwestern lebten nach bestimmten ▶Ordensregeln als ▶Mönche und Nonnen im ▶Kloster. Mehrere Klöster konnten einem gemeinsamen Orden angehören. Die verschiedenen Orden hatten unterschiedliche Grundsätze. Einige lebten auf dem Land und verbrachten die meiste Zeit mit Beten und Arbeiten, wie z. B. die ▶Benediktiner oder ▶Zisterzienser. Andere Orden waren in der ▶Stadt tätig und bauten dort z. B. Krankenhäuser, so etwa die ▶Dominikaner oder ▶Franziskaner. ▶Ritterorden wie die ▶Johanniter dagegen halfen ▶Pilgern und kämpften gegen ▶Ungläubige. ■

ES WAR EINMAL …

Der barmherzige Samariter

Der Bibel nach erzählte Jesus eine Geschichte als Beispiel für Nächstenliebe: Ein Mann wurde auf einer Reise überfallen. Die Diebe raubten sein Geld und schlugen ihn nieder. Schwer verletzt blieb der Mann liegen. Mehrere ehrbare und reiche Leute gingen an ihm vorüber, sogar ein ▶Geistlicher. Doch niemand kümmerte sich um den Verletzten. Erst ein Samariter, ein Angehöriger des Volkes der Samaritaner, blieb stehen, verband seine Wunden und brachte ihn in eine Herberge. Eigentlich waren die Samaritaner nicht sehr beliebt und niemand hätte ihm diese gute Tat zugetraut. Doch der Retter bezahlte sogar den Wirt für seine Mühen und für die Mahlzeiten des Verletzten.

Eine **Ordensregel** des Heiligen Benedikt forderte von den Mönchen und Nonnen, ausschließlich in ihrem Heimatkloster zu bleiben (Bild links).
Typisch für **Zisterzienserklöster** wie diesem bei Heilsbronn ist, dass sie schlicht und schmucklos gehalten wurden (Bild rechts).

Ordensregeln

Vorschriften für Ordensbrüder. Die Ordensregeln schrieben den ▶Mönchen und Nonnen, die in den ▶Klöstern lebten, vor, wie sie Gott und ihren Mitmenschen zu dienen hatten. Die älteste Regel, an die sich viele christliche ▶Orden seit der Spätantike hielten, war die Augustinerregel: Sie forderte Armut, Gehorsam und den Verzicht auf die Ehe, also das Zölibat. Der heilige Benedikt von Nursia verschärfte diese Regel noch: Ordensbrüder und -schwestern sollten sich ausschließlich mit körperlicher Arbeit wie Landwirtschaft oder geistiger Tätigkeit wie Beten, Singen oder Lesen beschäftigen.

Bis ins Hochmittelalter hielten sich fast alle Orden an die Benediktregel. Danach gab es andere Regeln. So wurden z. B. die Mönche und Nonnen der Bettelorden zur ▶Missionierung und Verbreitung des ▶Glaubens in die Welt geschickt. ■

Zisterzienser

Bäuerliches Leben auf dem Land. Der ▶Orden der Zisterzienser befolgte ganz ähnliche Regeln wie die ▶Benediktiner: Die ▶Mönche und Nonnen lebten in Armut und Abgeschiedenheit und arbeiteten in der Landwirtschaft. Um Land zu gewinnen, rodeten sie Wälder und legten Sümpfe trocken.

Die Gründung dieses Ordens geschah aus Protest, denn die alte Benediktregel »Bete und arbeite!« wurde nur noch von wenigen ▶Geistlichen befolgt. Der Mönch Robert von Molesme sammelte daher Anhänger um sich, die genauso streng wie er nach den alten Regeln leben wollten. Im Jahr 1098 gründete er in Frankreich einen neuen Orden, der nach der Gründungsstadt Cîteaux »Zisterzienser« genannt wird.

Bis ins Spätmittelalter gehörten den Zisterziensern weit über 1000 Männer- und Frauenklöster in ganz Europa an. ■

Heute gibt es noch acht **Zisterzienserinnen-Klöster** in Deutschland. Die Ordenstracht der Nonnen besteht aus einem weißen Gewand mit schwarzem Schleier.

SCHON GEWUSST?

Die Bettelorden

Aus Protest gegen reiche ▶Geistliche, die verschwenderisch mit ihrem Besitz umgingen, entstanden im 13. Jh. mehrere neue Orden, die Armut von ihren Mönchen und Nonnen und Bescheidenheit von allen Menschen forderten. Sie waren vor allem in den Armenvierteln der ▶Städte tätig. Ihre Hauptaufgaben sahen sie im Predigen, in der Missionierung und in der Krankenpflege. Diese neuen Orden versorgten sich nicht selbst wie die Mönche der ländlichen Klöster, sondern sammelten Almosen und Spenden. Deshalb heißen sie Bettelorden. Zu ihnen gehörten z. B. die ▶Dominikaner und die ▶Franziskaner.

Das Leben der Ritter

1 Ausbildung
Fehde
2 Kampf- und Feiertage
3 Krieger
Lösegeld
4 Ministerialen
Raubritter
5 Ritter
6 Ritterschlag
Rittertugenden
7 Rüstung
8 Streitross
9 Treue
Turniere
10 Waffen
11 Wappen

Glänzende Rüstungen, mutige Heldentaten und romantische Liebesgeschichten – so stellen sich viele das abenteuerliche Leben der Ritter im Mittelalter vor. Doch im Alltag waren die Ritter nicht viel mehr als adlige Großbauern, die sich um ihren Besitz kümmerten, ihre Bauern beaufsichtigen und ab und zu für ihren Fürst in den Kampf zogen. Dabei zählten für einen echten Ritter aber auch innere Werte und Tugenden: Viele Menschen sahen in den Rittern Vorbilder, denn sie versuchten, stets mutig, hilfsbereit und gute Christen zu sein.

Die meisten Ritter lebten im Hochmittelalter, zur Zeit der Kreuzzüge. Doch viele der Burgen und Wappen, die großen Schaukämpfe und auch die prachtvollen Rüstungen entstanden erst im Spätmittelalter. Vor allem die Ritter in ihren schimmernden Rüstungen prägen bis heute unser Bild vom Mittelalter.

Zur Ausbildung eines Ritters gehörte die Pflege der Pferde. Zunächst versorgte der **Page** das Pferd seines Herrn, später lernte er auch Reiten.

Ausbildung

Vom Pagen zum Ritter. 14 Jahre dauerte es, bis aus einem Jungen ein echter ▶ Ritter wurde. Viele Kinder träumten von einem Leben als tapferer Ritter, doch oft durfte nur der erstgeborene Sohn einer adligen Familie die Ausbildung durchlaufen. Er wurde mit sieben Jahren von seinen Eltern auf die ▶ Burg eines befreundeten Ritters geschickt. Dort lernte der Junge alles, was zum Ritterleben dazugehörte: Gehorsam, Tapferkeit, später auch Reiten und Kämpfen. Das Erlernen von guten Manieren, Gesellschaftsspielen wie Schach und Tanzschritten gehörte ebenfalls zur Ausbildung, damit er sich später am ▶ Hof des ▶ Königs oder ▶ Fürsten zu benehmen wusste.

Zunächst war der Junge ein Page, das war eine Art Diener. Als Page versorgte er die Pferde, half dem ▶ Burgherrn beim Anlegen seiner ▶ Rüstung und bediente ihn bei Tisch. Außerdem standen jeden Tag viele sportliche Übungen auf dem Stundenplan. Das Kämpfen übte der Page allerdings erst einmal nur mit ▶ Waffen aus Holz.

Wenn er alle seine Aufgaben gewissenhaft erfüllte, konnte der Page mit 14 Jahren Knappe werden. Dann durfte er seinen Ritter auf ein ▶ Turnier und manchmal sogar zu einem Kampf begleiten. Ein Schwert besaß ein Knappe aber noch nicht. Erst allmählich lernte er, mit scharfen Waffen zu kämpfen und sich zu verteidigen. Die ▶ höfische Bildung wurde verfeinert und z. B. Musizieren oder Französisch gelernt, denn die adlige Gesellschaft unterhielt sich gerne in dieser Sprache.

Nach sieben Jahren als Knappe war die Ausbildung abgeschlossen und der nunmehr 21-jährige junge Mann wurde feierlich zum Ritter ernannt (▶ Ritterschlag). ■

WOHER KOMMT'S?

Sich goldene Sporen verdienen

Neben einem Schwert erhielt jeder Knappe, wenn er zum Ritter geschlagen wurde, auch ein Paar Sporen. Mit den Metallbügeln, die am Stiefel befestigt wurden, trieb man das ▶ Streitross an. Hatte der Knappe im Turnier oder in einer Schlacht besonders mutig und ritterlich gekämpft, bekam er sogar goldene Sporen geschenkt. Der Burgherr, der die jahrelange Ausbildung des Knappen geleitet hatte, schnallte sie dem jungen Ritter um. Noch heute sagt man, dass sich jemand gol-dene Sporen verdient hat, wenn er etwas besonders gut gemacht hat.

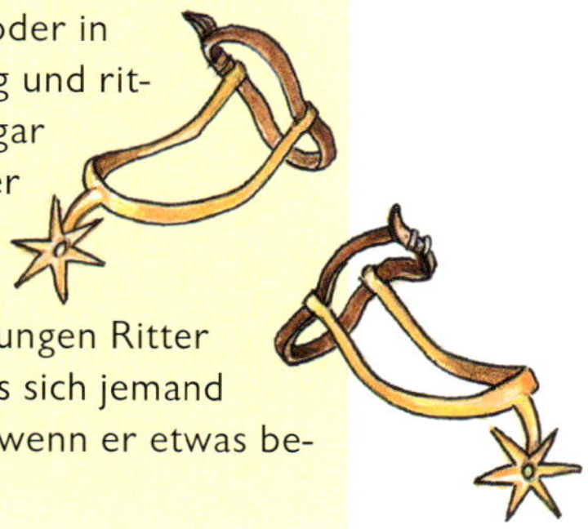

Wer ein Ritter werden will, muss viel üben! Bei historischen Ritterspielen können Kinder vieles von dem lernen, was ein **Knappe** können musste. Dazu gehört auch der geschickte Umgang mit Messern oder Lanzen.

Früher wurden Streitigkeiten oft in einem Kampf ausgetragen: Die Ritter griffen bei einer **Fehde** schnell zu ihren Waffen.

Fehde

Kleine Kämpfe unter Rittern. Fehden waren Kleinkriege zwischen ▸Rittern. Meistens ging es dabei um Grenzstreitigkeiten, Rache oder Eifersucht. Weil es im Mittelalter noch keine Polizei gab, die darauf achtete, dass die Gesetze von allen eingehalten wurden, rächten sich Ritter mit einer Fehde für erlittenes Unrecht.

Doch dabei gab es Regeln: So musste man z. B. eine Fehde dem Gegner vor dem Angriff schriftlich ankündigen. Auch töteten sich Ritter normalerweise nicht. Sie versuchten nur, einander möglichst viel Schaden zuzufügen. Das Nachsehen hatten dabei zumeist die ▸Bauern: Um den Gegner zu ärgern, wurden ▸Dörfer angezündet, Vieh entführt oder Felder niedergetrampelt.

RATE MAL!

Was bedeutet »Gottesfriede«?

1. So nennt man besonders freundliche Mönche.
2. Wer an einem Sonntag stirbt, ruht im ewigen Frieden, dem Gottesfrieden.
3. Bestimmte Personen dürfen nicht angegriffen werden.

Antwort 3: ▸Geistliche, Bauern, Frauen, Waisen, ▸Pilger und alle anderen Unbewaffneten durften nicht angegriffen werden. Sie standen unter einem besonderen Schutz, dem Gottesfrieden.

Kampf- und Feiertage

Ferien vom Kämpfen. Die kämpferischen ▸Ritter nutzten jede Gelegenheit, um in den ▸Krieg zu ziehen. Doch die Kirche sah es gar nicht gern, wenn nur aus Ruhmsucht und Abenteuerlust gekämpft wurde. Im Hochmittelalter beschlossen daher einige ▸Bischöfe, dass nur noch an Wochentagen gekämpft werden durfte. Am Wochenende, an ▸Kirchenfeiertagen sowie in der Fasten- und Adventszeit waren ▸Fehden und Kriege grundsätzlich verboten, d. h., in diesen Zeiten herrschte Waffenruhe. Wer sich nicht daran hielt, wurde aus der Kirche ausgeschlossen, was im Mittelalter eine harte Strafe bedeutete (▸Macht der Kirche). Deshalb befolgten auch fast alle Ritter diese Regeln, mit Ausnahme der kriegerischen ▸Raubritter.

Im Winter wurde wegen der Kälte nicht gekämpft, und im Sommer war es unter der schweren eisernen ▸Rüstung oft zu heiß. Die beste Zeit, um in den Krieg zu ziehen, war daher im Frühjahr und Herbst.

Nur an **Feiertagen** wurde gebadet. Das war ein echter Luxus, bei dem der Ritter sogar von seiner Burgdame und ihren Dienerinnen bewirtet wurde.

Alle **Krieger** mussten ihre Ausrüstung und ihre Waffen selbst bezahlen. Wer sich kein Pferd leisten konnte, zog zu Fuß in die Schlacht.

Krieger

Kämpfer ohne Ausbildung. Es gab viele ▶Kriege, Schlachten und ▶Fehden im Mittelalter, aber zunächst keine bezahlten Berufssoldaten wie in den heutigen Armeen. Im Frühmittelalter waren deshalb die ▶Untertanen verpflichtet, im Kriegsfall mit ihrem Herrn zu ziehen, sogar die ▶Bauern. Doch hatten sie weder eine Kampfausbildung noch geeignete ▶Waffen und wegen der Feldarbeit kaum Zeit. Im Hochmittelalter übernahmen deshalb die ▶Ritter das Kämpfen. Sie waren ausgebildet und hatten wirksame Waffen. Die Ritter zogen aber nicht alleine in die Schlacht, sondern wurden von Kriegern zu Fuß begleitet. Solche Kriegsknechte bewachten auch die ▶Ritterburg.

Doch gab es bei Weitem nicht genug Ritter und freiwillige Kämpfer, um alle Schlachten zu schlagen. Im Spätmittelalter heuerten viele ▶Könige daher Söldner an, bezahlten sie fürs Kämpfen und rüsteten sie mit Waffen aus. Kämpfen wurde nun zum Beruf. Auch die Waffen änderten sich. Statt mit Schwertern kämpften die Krieger mit Pfeil und Bogen, mit der Armbrust, mit langen Spießen und seit dem 15. Jh. auch mit ▶Feuerwaffen. ■

Feindliche Burgen und Städte wurden von **Rittern und Kriegern** mithilfe von großen Steinschleudern eingenommen.

SCHON GEWUSST?

Unfaire Kampfmethoden

Ein guter Ritter hielt sich an die ▶Rittertugenden: Er kämpfte nie feige aus dem Hinterhalt, sondern immer Mann gegen Mann, am liebsten mit Schwert und Schild. Unehrenhafte Krieger dagegen kämpften mit Fernwaffen: Mit dem Langbogen und Pfeilen konnte man einen Feind aus großer Entfernung treffen und sogar töten. Das Gleiche war mit der Armbrust, einer Schusswaffe, möglich. Damit flog ein Pfeil oder Bolzen fast 100 Meter weit. Ritter nutzten diese unritterlichen Waffen nur zur ▶Jagd, nicht bei ▶Turnieren oder ▶Kriegen.

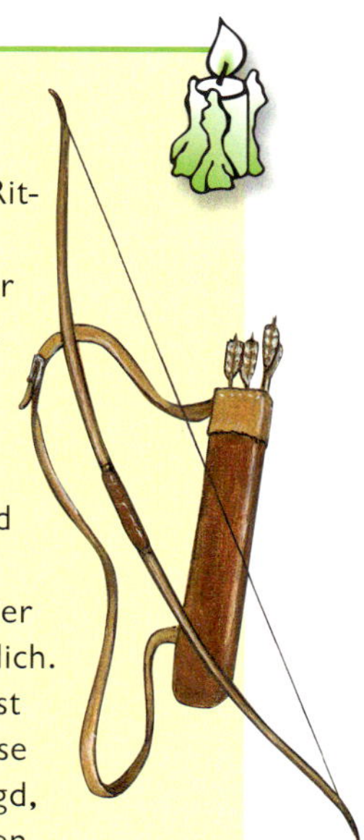

Viele Ritter kehrten von Kriegszügen wie dieser Stadtbelagerung als reiche Helden heim, wenn es ihnen gelang, wohlhabende Gefangene zu machen und diese gegen hohes **Lösegeld** freizulassen.

Lösegeld

Wie viel kostete die Freiheit? Wenn ▶Ritter, insbesondere ▶Raubritter, in den Kampf zogen, ging es ihnen meist nicht darum, den Gegner zu töten. Sie hatten mehr Vorteile, wenn sie den Feind festhielten und gegen ein hohes Lösegeld wieder freiließen. Je reicher dieser war, umso mehr lohnte sich die Festnahme. Deshalb verzichteten viele wohlhabende ▶Fürsten auf ihren Reisen manchmal sogar auf ihr ▶Wappen, um nicht sofort erkannt und erpresst zu werden. Im ▶Hundertjährigen Krieg machten die Engländer viele französische Kriegsgefangene. Gegen ihr Ehrenwort ließen sie die Franzosen frei, die dann oft für den Rest ihres Lebens die hohen Lösegeldforderungen abbezahlten. ■

ES WAR EINMAL …

Richard Löwenherz

Die berühmteste Geisel im Mittelalter war der tapfere englische König Richard I., genannt Löwenherz (auf dem Bild sieht man sein steinernes Grabmal). Auf dem Rückweg von einem ▶Kreuzzug wurde er 1192 in Österreich gefangen genommen und in einem Verlies festgehalten. Kaiser Heinrich VI. forderte für seine Freilassung ein enorm hohes Lösegeld. Richards Bruder weigerte sich schlichtweg, so viel Geld zu zahlen. Seine Mutter verkaufte jedoch alle wertvollen Gegenstände, Tafelsilber und Gemälde, um die Summe zusammenzusammeln und Richard Löwenherz freizukaufen. Nach über einem Jahr kam der englische König wieder frei.

Ministerialen

Beamte im Dienst des Königs. Das lateinische Wort »ministerium« bedeutet Dienst. Die Ministerialen dienten ▶Königen oder ▶Bischöfen, indem sie wichtige Aufgaben übernahmen. Sie halfen z. B. bei der Eintreibung von Steuern, bewachten die ▶Burg des Königs oder überbrachten wichtige Nachrichten. Als Lohn für ihren Dienst bekamen die Ministerialen ▶Landbesitz geschenkt. Die ▶Bauern, die darauf arbeiteten, mussten ihnen ▶Abgaben und Steuern zahlen. So verdienten die Ministerialen ▶Geld.

Ministerialen waren keine ▶Leibeigenen, aber auch nicht richtig frei. Sie hatten eine bedeutende Stellung inne, gehörten aber nicht zum ▶Adel: Sie standen also zwischen Dienern und Adligen. Viele Könige vertrauten den Ministerialen mehr als den adligen ▶Fürsten, da diese sich manchmal gegen ihren Herrscher stellten.

Manche Ministerialen wurden so reich, dass sie sich eine eigene Burg leisten konnten. Mit der Zeit wurden sie selbst zu niedrigen Adligen. ■

Ministerialen trieben im Namen des Königs von den Untertanen Steuern und Abgaben ein.

Raubritter

Ritter ohne Regeln. Raubritter hielten sich nicht an die strengen Regeln der ▶Ritter, sondern raubten, mordeten, brandschatzten oder stellten hohe Lösegeldforderungen. Das widersprach jedoch den Lehren der christlichen Kirche, nach denen Ritter nur zur Verteidigung des ▶Glaubens und zum Schutz von Schwächeren kämpfen sollten.

Im Spätmittelalter hatten es Ritter, die sich an die ▶Rittertugenden hielten, schwer. Immer öfter übernahmen bezahlte ▶Krieger, die Söldner, das Kämpfen. Zur gleichen Zeit entstanden immer mehr ▶Städte, deren ▶Bürger sich selbst verwalteten und verteidigten. Ritter wurden dort nicht gebraucht. Und konnte man früher oft auch mit Waffengewalt sein Recht durchsetzen, so bedeutete jetzt mehr Reichtum auch mehr Einfluss. Deshalb wurden nun gebildete bürgerliche ▶Kaufleute, Händler und ▶Gelehrte immer öfter von den Herrschern um Rat gefragt.

Der Stolz der adligen Ritter war verletzt, und viele zogen sich auf ihre ▶Burg zurück. Auch wussten einige nicht mehr, wie sie ihren Lebensunterhalt finanzieren sollten. Weil sie von den ▶Bauern immer weniger ▶Steuern und Abgaben erhielten, versuchten sie, ihren Besitz durch Raub, ▶Fehden oder Erpressungen zu vergrößern.

Fehden wurden jedoch verboten, als Kaiser ▶Maximilian I. den Ewigen Landfrieden 1495 verkündete. Streitigkeiten durften nun nicht mehr mit Waffen ausgetragen werden. Als Raubritter verschafften sich die verarmten Ritter auf andere Art und Weise Geld: In ihrer Not überfielen sie reiche Händler und Reisende und raubten sie aus. Einige Raubritter schlossen sich sogar zu Banden zusammen und unternahmen Raubzüge gegen Städte oder ▶Adlige.

Raubritter waren kampferprobt und flößten Furcht ein. Deshalb wurden ihre Forderungen meist erfüllt.

Um ihre Opfer in Schrecken zu versetzen, benutzten Raubritter oft **gefährliche Waffen** wie scharfe Äxte.

ES WAR EINMAL ...

Ritter Eppelein von Gailingen

Der Raubritter Eppelein von Gailingen machte im 14. Jh. die Handelswege um Nürnberg unsicher. Er war neidisch auf den Reichtum der Nürnberger Bürger und bedrohte jeden ▶Kaufmann, der in die Stadt hinein- oder aus ihr herausfuhr. Diesen Überfällen wollten die Nürnberger 1372 ein Ende bereiten. Sie belagerten die Burg des Raubritters und nahmen ihn gefangen. Doch Eppelein gelang mit einem beherzten Sprung auf sein Pferd die Flucht durch den Burggraben. Einige Jahre später wurde er dann allerdings verraten. Man nahm in fest, er wurde eingesperrt, auf das Rad gebunden und erlitt einen qualvollen Tod.

Ritter

Bewaffnete Reiter mit Gottes Segen. Ritter zogen für ihren ▶Fürsten oder ▶König in die Schlacht oder kämpften, um ihren ▶Glauben zu verteidigen und die ▶Macht der Kirche zu festigen.

Jeder Ritter besaß ▶Waffen, nämlich ein Schwert und eine Lanze, sowie eine ▶Rüstung, ein ▶Streitross und wenn er es sich leisten konnte, eine ▶Burg. Da die Ausrüstung und Pferde teuer waren, mussten Ritter also wohlhabend sein. Nur der älteste Sohn eines Ritters konnte die ▶Ausbildung als Page und Knappe absolvieren und selbst Ritter werden.

Etwa 500 Jahre lang, von 1000 bis etwa 1500, schützten Ritter die Menschen und ihr Land. Als im frühen Mittelalter fremde ▶Krieger in Europa einfielen, sammelten die Herrscher bewaffnete Reiter zusammen. Diese trugen eine Rüstung und statteten ihre Pferde mit festen Sätteln und den neu erfundenen Steigbügeln aus. So konnten sie sich mit beiden Füßen abstützen, während sie mit dem Schwert zum Schlag ausholten oder mit der Lanze zustießen. Diese Reiter waren aber noch keine echten Ritter. Sie kämpften wie später die ▶Raubritter, ohne sich an bestimmte Regeln zu halten, und überfielen manchmal auch unschuldige ▶Bauern, um sich zu bereichern. Das missfiel vor allem der Kirche, (▶Macht der Kirche). Sie stellte deshalb Re-

Weil dieser **Ritter** so mutig war, wurde er nach seinem Tode zum Heiligen erklärt.

Bis heute faszinieren Ritter und locken viele Zuschauer bei nachgestellten **Ritterspielen** an.

SCHON GEWUSST?

Ritter des Fernen Ostens – die Samurai

Ritter gab es nicht nur in Europa, sondern auch in Japan. Dort nannte man sie Samurai. Sie waren hervorragende Kämpfer in aufwendigen Rüstungen. Vom Pferd aus schossen sie mit Pfeil und Bogen (siehe Bild), zu Fuß kämpften sie mit dem Schwert. Bis ins 19. Jh. waren sie angesehene Krieger.

Wie die Ritter hielten auch sie sich streng an eiserne Regeln: Sie waren ihrem Herrn immer treu, beschützten Schwache und kämpften nicht aus Habgier. Dabei waren sie so stolz, dass sie sich selbst töteten, wenn sie einen Fehler machten oder ihre Ehre verletzt war.

ES WAR EINMAL …

König Artus und die Tafelrunde

Zahlreiche Geschichten und Legenden ranken sich um den sagenhaften König Artus von England. Die edelsten Ritter seines Reiches zogen für ihn in den Kampf, unterstützten und berieten ihn. Zur Tafelrunde kamen alle zusammen. An diesem runden Tisch sollte sich keiner wichtiger fühlen als der andere, alle saßen gleichberechtigt nebeneinander. Die Abenteuer, die die Ritter der Tafelrunde erlebten, erfreuten die Zuhörer seit dem Hochmittelalter. In den Geschichten kommen herzzerreißende Liebesgeschichten vor, gefährliche Drachen, Zauberer mit magischen Kräften und zahlreiche Heldentaten. Doch nicht alle Edelleute waren König Artus so treu, wie es ein Ritter sein sollte: Lanzelot verliebte sich in die Frau von Artus, Ginevra. Als das Liebespaar erwischt wurde, musste Lanzelot die Tafelrunde verlassen und aus England fliehen.

geln auf, nach denen sich die Ritter zu richten hatten. Ein ▸Bischof beschrieb im 11. Jh. die Aufgaben eines Ritters so: »Es ist die besondere Sache der Ritter, ihren Herren ergeben zu sein, nicht nach Beute zu streben, zum Schutz des Lebens ihres Herrn das eigene Leben nicht zu schonen, für das Wohl des Staates bis zum Tode zu kämpfen, Glaubensfeinde und ▸Ketzer zu bekriegen, Arme, Witwen und Waisen zu verteidigen, die gelobte ▸Treue nicht zu brechen und ihrem Herrn nicht meineidig zu werden.«

Die Herren der Ritter waren Fürsten und Könige, ihnen mussten sie gehorchen, Treue schwören und stets zu Diensten sein. Dafür erhielten die Ritter ▸Landbesitz. Sie bauten darauf ihre ▸Ritterburg und lebten dort mit ihrer Familie. Von den Bauern, die auf ihrem Land lebten und arbeiteten, erhoben die Ritter ▸Steuern und Abgaben.

Als die Herrscher im Spätmittelalter Heere mit Berufssoldaten aufstellten und neue Waffen mit Schießpulver einsetzten, die auch die stärkste Ritterrüstung zerstörten, verloren die Ritter an Bedeutung. Viele Ritter verarmten oder wurden Raubritter. Ihre Söhne wurden nicht mehr alle zu Rittern ausgebildet, sondern ergriffen auch andere ▸Berufe. ■

Auf ihren prachtvollen Streitrössern stürmten die **Ritter** mit angelegter Lanze auf den Feind zu. Von edlen Damen wurden sie für ihren Mut von der Mauer aus bewundert.

Ritterschlag

Gespannt erwartet der kniende Adlige den **Ritterschlag**. An der feierlichen Zeremonie nahmen nicht nur die Familie des Ritters, sondern auch viele Geistliche teil.

Mit einem Schlag zum Ritter. Nur einmal im Leben ließ sich ein junger ▶Adliger freiwillig schlagen: Bei der Ernennung zum ▶Ritter. In einer feierlichen ▶Zeremonie schlug im Spätmittelalter der Ausbilder den Knappen, wenn er seine 14-jährige ▶Ausbildung abgeschlossen hatte, mit der flachen Hand auf den Nacken. Mit diesem Schlag, dem Ritterschlag, war aus dem Knappen ein Ritter geworden. Üblich war auch eine kurze Berührung der linken Schulter mit der flachen Schwertklinge. Im Hochmittelalter bekam der Knappe von seinem Herrn ein Schwert und Sporen überreicht. Bei dieser wichtigen Zeremonie waren viele Ehrengäste anwesend. Dieses Ereignis nennt man Schwertleite.

Aus französischen Überlieferungen wissen wir, wie sich so eine Schwertleite abspielte: Am Vortag wurde gründlich gebadet, um Dreck und Sünden abzuwaschen. Die Nacht verbrachte der Knappe, wie ein ▶Mönch gekleidet, betend in der Kirche. Am nächsten Morgen zog er sich um: Ein rotes Hemd zeigte an, dass er Blut zukünftig nur noch für die Verteidigung seines ▶Glaubens vergießen würde, schwarze Strümpfe erinnerten an den Tod, und ein weißer Gürtel versinnbildlichte seine Reinheit. So gekleidet ging er in die große Halle der ▶Burg, wo er kniend von seinem ▶Burgherrn Schwert und Sporen erhielt. Nach der Schwertleite ging die Gesellschaft in die ▶Burgkapelle, wo ein Priester den jungen Ritter und sein Schwert segnete. Anschließend gab es ein großes Fest (▶Burgfeste) mit gutem Essen, ▶Musik und Tanz. Und auf dem nächsten ▶Turnier konnte der neue Ritter seinen ganzen Mut, seine Tapferkeit und seine Geschicklichkeit unter Beweis stellen. ■

SCHON GEWUSST?

Gibt es heute noch Ritter?

In England gibt es auch im 21. Jh. noch echte Ritter. Dort nennt man sie »Knight«. Sie werden von der Königin persönlich aufgrund besonderer Verdienste für Krone und Vaterland geehrt, erhalten einen Adelstitel und werden mit einem Schwert feierlich zum Ritter geschlagen (siehe Bild). Dann dürfen sie sich »Sir« nennen. Heute werden auch Frauen manchmal zum Ritter geschlagen, sie heißen dann »Dame«. Berühmte moderne Ritter sind z. B. der Musiker Sir Elton John, der Schauspieler Sir Sean Connery oder die Schriftstellerin Dame Agatha Christie.

Den Damen zu gefallen, war eines der Ziele **tugendhafter Ritter**. Sie hofften auf ein Geschenk nach dem Turnier (Bild links) oder ließen sich die Waffen reichen (Bild rechts).

Rittertugenden

Strenge Regeln für Ritter. Tugendhaft ist, wer eine gute Erziehung genossen hat und sich folglich moralisch untadelig zu benehmen weiß. Ein tugendhafter ▶Ritter hielt sich also stets an die Ritterregeln: Er bekämpfte ▶Ungläubige und ▶Ketzer, zeigte großen Mut, hielt seine Versprechen, half Wehrlosen und Schwachen, beschützte Witwen und Waisen, ging nicht verschwenderisch mit seinem Besitz um, behandelte Frauen höflich und war nicht geizig. Die wichtigsten Rittertugenden waren Mut, Gehorsam und ▶Treue. Wer sich nicht an die Regeln hielt, verlor sein Ansehen unter den anderen Rittern. Dann durfte er z. B. nicht mehr an ▶Turnieren teilnehmen und wurde unter Umständen von der Kirche ausgeschlossen, wie die ▶Raubritter.

Die Reiterheere des Frühmittelalters bestanden noch nicht aus echten Rittern. Diese ▶Krieger kannten noch keine Rittertugenden, sondern nutzten ihre Stärke brutal aus, indem sie raubten und mordeten. Erst im Hochmittelalter, etwa um 1100, als die Kirche zum ersten ▶Kreuzzug aufrief, stellte sie Regeln auf und schuf so das Ideal des tugendhaften Ritters. ■

ES WAR EINMAL ...

So mutig wie ein Drachentöter

Neben Treue war Mut eine der wichtigsten Rittertugenden: Ein Ritter sollte übermächtige Feinde besiegen oder wehrlose Frauen beschützen. Es gab Geschichten von Rittern, die sogar Feuer speiende Drachen getötet haben sollen.
Der heilige Georg z. B. besiegte der Legende nach einen Drachen und rettete eine Prinzessin (siehe Bild). Die Ritter erkoren ihn deshalb zu ihrem Schutzheiligen und beteten zu ihm, wenn ihr Mut sie einmal verließ. Ein anderer berühmter Drachentöter war Siegfried, ein Held aus dem Nibelungenlied, einer alten germanischen Sage, die im Mittelalter besonders beliebt war. In dieser Legende heißt es, dass das Blut des Drachens magische Kräfte habe und unverwundbar mache. Als Siegfried darin badete, blieb durch ein Blatt nur eine kleine Stelle an der Schulter unbedeckt. Doch genau dort traf ihn ein tödlicher Speer.

Rüstung

Ein Schutzanzug aus Eisen. So mutig ▶ Ritter auch waren, ohne Rüstung zogen sie niemals in den Kampf! Die Rüstungen veränderten sich im Laufe der Zeit: Am Anfang des Hochmittelalters trug man Kettenhemden, das waren aus kleinen Eisenringen »gestrickte« Hemden, die scharfe Schwerthiebe abhielten. Kopf und Nase waren mit einem Helm geschützt, das übrige Gesicht blieb frei. Das wurde den Rittern bald zu gefährlich. Im 13. und 14. Jh. war der Helm geschlossen und sah aus wie ein Topf. Außerdem trug man nun auch Strümpfe und Handschuhe aus Eisenringen. Im 15. Jh. wollten sich die Ritter noch besser schützen und ersetzten ihr Kettenhemd durch einen Panzer aus Eisenplatten. Diese Rüstung heißt Harnisch. Der Helm bekam ein Visier, das man hochklappen konnte.

Die Rüstung war aus Eisen und sehr schwer: Ein Kettenhemd wog mehr als zehn Kilo, die ganze Rüstung mit den ▶ Waffen sogar 25 bis 50 Kilo. Beim An- und Ausziehen musste deshalb der Knappe dem Ritter helfen. Manche Rüstungen waren so schwer, dass der Ritter nicht mehr alleine aufs Pferd kam, sondern mit einem Kran hochgehievt werden musste. Die Rüstung musste sich jeder Ritter selbst kaufen, und sie war sehr teuer. Sie kostete etwa so viel wie 45 Kühe, das entsprach dem Rinderbestand eines ▶ Dorfes und hätte heute den Gegenwert eines großen Mittelklassewagens.

Den besten **Schutz** für das Gesicht bot solch ein Helm mit schmalen Augenschlitzen und vielen Luftlöchern.

SCHON GEWUSST?

Wie wurde eine Rüstung angelegt?

Unter ihrer schweren Rüstung waren Ritter nicht nackt, das wäre bei all dem Eisen unbequem gewesen. Unterwäsche und gepolsterte Kleidung aus Leinen schützten die Haut.

Die Unterhose hieß Bruche. Wie eine Windel wickelte man sie sich um den Unterleib.

Das Gambeson, eine gut gepolsterte Steppjacke, schützte Arme und Oberschenkel vor Knochenbrüchen.

Das Kettenhemd hielt Schwertschläge ab. Darüber trug der Ritter den farbigen Waffenrock, an dem er leicht zu erkennen war.

Über das Kettenhemd schnallte man sich im 13. Jh. an Schultern, Armen und Beinen Schutzplatten. Mitsamt seiner Rüstung war der Ritter so schwer, dass der Knappe ihm beim Aufsteigen helfen muste.

Damit das **Streitross** geschützt war, erhielt es im Spätmittelalter manchmal eine Rüstung. Diese Schmuckrüstung aus dem 16. Jh. diente nur der Präsentation, gekämpft wurde in ihr nicht.

Streitross

Kampfpferd der Ritter. In einer Schlacht hing das Leben eines Ritters oft von seinem Streitross ab. Die Pferde der Ritter waren kräftig, aber recht klein. Ihre Schulterhöhe, also das Stockmaß, lag zwischen 120 und 140 cm. Sie sind in etwa mit einem Haflinger vergleichbar.

Jeder Ritter hatte mindestens ein Pferd für den Kampf. Diese Pferde waren teuer, denn sie mussten besonders ausgebildet sein. Sie durften vor allem in der Schlacht keine Angst haben oder gar weglaufen, wenn Kriegshörner laut trompeteten oder der Reiter verwundet oder herabgefallen war. Ein zweites Pferd diente dem Ritter als Reitpferd auf dem Weg zum Kampfplatz, außerdem brauchte er noch Transportpferde und Pferde für seine Diener. Für die Pflege der Pferde waren die Knappen zuständig.

Zu Fuß hatten angreifende Krieger kaum eine Chance gegen einen Ritter auf seinem Streitross. Manche Fußsoldaten zielten daher absichtlich auf die Pferde. Waren diese verletzt, mussten die Ritter zu Fuß weiterkämpfen. ■

Treue

Vertrauensvolle Untertanen. Alle Ritter mussten ihrem Herrn in einer feierlichen Zeremonie unbedingte Treue schwören. Sie versprachen ihm mit einem Treueid, ihn stets zu unterstützen, seine Burg zu verteidigen oder für ihn in den Kampf zu ziehen. Als Gegenleistung für ihre Hilfe bekamen die Ritter ein Stück Land geschenkt, das sogenannte Lehen, auf dem sie ihre Burg bauen konnten. Neben dem Kriegsdienst begleiteten die Ritter ihren Herrn auf Reisen oder erledigten Botengänge für ihn. Jeder Ritter schwor einem Fürsten Treue, der wiederum einem höherstehenden Herrn zu Diensten war. Der oberste Lehnsherr war der König.

Treue war die wichtigste aller Rittertugenden. Beim Ritterschlag, der Übergabe eines Lehens oder wenn der Herrscher seine Untertanen und Vasallen besuchte, wurde der Treueid geschworen. Manchmal wurde er auch erneuert: In einer feierlichen Zeremonie kniete der unbewaffnete Ritter nieder und versprach seinem Herrn Treue und Schutz. Die Bibel und Reliquien sollten den Schwur bekräftigen. Und als Zeuge wurde Gott angesehen. ■

Kniend schwor ein Ritter dem englischen König Wilhelm im 11. Jh. den **Treueid**. Damit gelobte er, ihm stets zu Diensten zu sein.

Turniere

Sportliche Wettkämpfe für mutige Ritter. Ritterturniere waren im Mittelalter ebenso beliebt wie Fußballspiele heute. Für die besten Kämpfer war es eine große Ehre, an einem wichtigen Wettkampf teilzunehmen, aber vor allem wollten sie gewinnen, denn dem Sieger winkten Ruhm und Anerkennung.

Turniere entwickelten sich im 12. Jh. in Frankreich. Diese Schaukämpfe waren für die ▶Ritter eine gute Übung für echte Schlachten. In England waren Turniere zu dieser Zeit noch nicht erlaubt, denn die Kirche wollte nicht, dass die Ritter ihr Blut für Geld, Ruhm und Ehre vergossen. Auch in Deutschland versuchten ▶Bischöfe mehrmals, Turniere zu verbieten, doch die Ritter hielten sich nicht an die Verbote. Wo sonst konnten sie ihren ganzen Mut und ihr Geschick zeigen, über den Gegner triumphieren und die Herzen der schönen Edeldamen erobern? Im Laufe der Zeit änderten sich die Regeln, und die einzelnen Kampfübungen entwickelten sich immer mehr zu Sportveranstaltungen.

Nur echte Ritter durften bei einem Turnier kämpfen. Anhand der ▶Wappen wurde überprüft, wer zur Teilnahme berechtigt war.

Beide Lanzen berühren bei diesem **Turnierkampf** die Rüstung des Gegners, doch kein Ritter fällt vom Pferd: unentschieden.

▶Raubritter waren vom Turnier ausgeschlossen. Von nah und fern reisten Kämpfer und Zuschauer an, denn ein Turnier war ein großes gesellschaftliches Ereignis. Um den Turnierplatz herum waren Zuschauerbänke, Festzelte und Verkaufsbuden aufgebaut. Die vornehmen Adligen (▶Adel) schauten von erhobenen Tribünen aus zu und feierten den Sieg anschließend mit einem großen ▶Burgfest. ▶Für Bürger, ▶Bauern und Gäste aus anderen ▶Städten wurde ein Volksfest veranstaltet: Händler boten Süßigkeiten und An-

WOHER KOMMT'S?

Für jemanden eine Lanze brechen

Die Turnierlanzen waren aus Holz und zersplitterten, wenn man sie allzu heftig gegen eine ▶Rüstung schlug. Mit der Wucht eines Lanzenstoßes konnte man den Gegner aus dem Sattel heben, nicht jedoch die eiserne Rüstung durchbohren. Die kampflustigen Ritter wollten ihren Sieg der Dame ihres Herzens widmen. Für sie gaben sie sich besondere Mühe und kämpften deshalb oft so heftig, dass ihre Lanze am Gegner zerbrach. Noch heute sagt man, wenn sich jemand ganz besonders einsetzt: »Er hat eine Lanze für dich gebrochen.«

Turnierlanzen waren anders als die Kriegswaffen stumpf und ohne Metallspitze. Man konnte einander dennoch gefährlich verletzten.

RATE MAL!

Was konnte ein Ritter beim Turnier gewinnen?

1. Der Sieger bekam einen besonders schönen Blumentopf mit roten Rosen.
2. In wichtigen Turnieren konnte man ein Königreich gewinnen.
3. Ritter kämpften nur um Ruhm und Ehre.

Antwort 3: Geldpreise wurden selten vergeben. Es gab zwar auch Sachpreise wie z. B. einen Gürtel, einen edlen Falken oder einen kostbaren Jagdhund, entscheidend waren für die ▶ Ritter aber Ruhm und Ehre. Sie ließen sich gern bejubeln und für ihren Sieg feiern.

Jeder Ritter präsentierte vor dem **Turnier** sein farbenprächtiges Wappen. Schon von Weitem konnte man daran die Kämpfer erkennen.

denken an, es gab ▶ Musik und Tanz, und man erzählte sich die neuesten Nachrichten. Das größte Turnier fand 1184 in Mainz statt und wurde von Kaiser Friedrich I. ▶ Barbarossa veranstaltet. An den zweitägigen Schaukämpfen nahmen angeblich 20 000 Kämpfer teil.

Ein Turnier begann meist mit einem Mannschaftskampf, dem Buhurt: Viele Ritter in voller Montur, mit ▶ Rüstung und ▶ Waffen, stießen in zwei Gruppen aufeinander und kämpften erst vom Pferd aus mit der Lanze, dann zu Fuß mit dem Schwert gegeneinander. Anschließend fand der beliebte Tjost oder das Stechen, ein Zweikampf zwischen Rittern, statt. Diese ritten mit angelegter Lanze in vollem Galopp aufeinander zu und versuchten, den Gegner aus dem Sattel zu heben. Die Wappen der Kämpfer waren weithin sichtbar, und die zuschauenden Damen wussten genau, welchem Ritter sie den Sieg gönnten.

Die Turnierwaffen waren zwar stumpfer als Kriegswaffen, tödliche Unfälle und Verletzte gab es dennoch. Turniere fanden meistens im Sommer statt. Unter der schweren Rüstung wurde es sehr heiß, und in dem engen Helm bekam man kaum Luft. Daher fiel so mancher Ritter in Ohnmacht. Auch wer einen gut gezielten Lanzenstoß abbekam und vom Pferd fiel, konnte sich schwer verletzen. Im Jahr 1241 starben bei einem Turnier in Köln sogar rund 60 Kämpfer. ■

Ganz gleich, ob mit Streitäxten zu Fuß (Bild links) oder mit Lanzen zu Pferd (Bild rechts) gekämpft wurde: **Schiedsrichter** achteten genau auf die Einhaltung der Turnierregeln.

ES WAR EINMAL ...

Artus und sein magisches Schwert

Vor rund 1500 Jahren wurde England von wilden ▶Kriegern angegriffen. Sie plünderten ▶Dörfer, raubten Vieh und töteten die Bewohner. Niemand konnte sie aufhalten. Einer Legende nach konnte dies nur demjenigen gelingen, der das Schwert Excalibur aus einem Stein zu ziehen vermochte (siehe Bild). König Artus, so sagt man, gelang dies. Mithilfe des magischen Schwertes besiegte er die Feinde und vertrieb sie aus England. Nun herrschte Frieden im ganzen Land. Nach seinem Tod trauerte das Volk lange um Artus und hoffte, dass ein so guter ▶König wie er eines Tages wieder zurückkehren und sie beschützen würde.

Waffen

Schutz, Verteidigung und Angriff. Ein ▶Ritter schützte sich nicht nur durch seine ▶Rüstung vor feindlichen Angriffen, sondern er brauchte auch Waffen, um sich zu verteidigen oder um selbst anzugreifen. Bei einem Angriff versuchte er als Erstes, mit einer langen hölzernen Lanze den Gegner vom Pferd zu stoßen. Gelang ihm dies, kämpfte er mit dem Schwert, der wichtigsten Ritterwaffe, weiter. Es war nicht zum Stechen gedacht, sondern hauptsächlich zum Schlagen. In der Mitte hatte die eiserne Klinge eine Rille. Diese heißt zwar Blutrinne, doch sollte daran nicht das Blut der Feinde ablaufen, sondern man sparte dadurch Eisen und das Schwert wurde leichter. Im Spätmittelalter gab es auch Schwerter mit einer Länge von einem Meter, die so schwer waren, dass sie mit beiden Händen geführt werden mussten: die »Bidenhänder«.

Hatten die Ritter ihr Schwert verloren, kämpften sie mit dem Dolch, einem kurzen Messer, weiter. Um die Rüstung eines feindlichen Ritters zu durchbrechen, griffen sie hingegen zur Axt oder zum Streitkolben, einer Keule mit spitzen Metallzacken. Auch der stumpfe Streithammer konnte dem Gegner gefährliche Wunden zufügen. Zu ihrer Verteidigung trugen Ritter einen Schild. Damit konnten sie gegnerische Angriffe abwehren. Im Frühmittelalter waren die Schilde noch mannshoch, im Spätmittelalter eher klein und rund.

Fast alle Waffen waren aus Eisen und wurden von ausgebildeten ▶Handwerkern in der ▶Schmiede hergestellt. Gute Waffen waren kostbar, doch wenn man sie gründlich pflegte, hielten sie ein Leben lang.

Zu den **Waffen eines Ritters** gehörten:
Lanze (1)
Schwert (2)
Schild (3)
Dolch (4)
Axt (5)
Streitkolben (6)
Kriegshammer (7)

SCHON GEWUSST?

Woher kamen die Wappen?

Einige Ritter übernahmen die Wappenbilder ihrer ▶ Fürsten oder ▶ Könige. Sie veränderten die Farbe oder die Aufteilung und gestalteten sich so ein eigenes Wappen. Andere Adelsfamilien bildeten ihren Namen oder ihre Burg ab.

1. Wappen von Kaiser Heinrich VI. (12. Jh.). Der Königsadler wurde zum Bundesadler und ist heute das offizielle Wappentier von Deutschland und Österreich.

2. Wappen des Burggrafen von Regensburg (12. Jh.). Die beiden Schlüssel sind Zeichen des heiligen Petrus, des Schutzheiligen des Grafen.

3. Wappen der Herren von Burg Rabenstein in Österreich (12. Jh.). Der schwarze Rabe auf dem Stein verweist auf den Familiennamen »Rabenstein«.

4. Wappen des Landgrafen Hermann I. von Thüringen (13. Jh.). Der Löwe ist der König der Tiere. Ein sitzender oder stehender Löwe ziert in verschiedenen Farben auch andere Wappen, z. B. das von Hessen.

5. Das »Sachsenross« (14. Jh.) ist das Wappentier für das Volk der Sachsen, es ist heute z. B. im Wappen von Niedersachsen zu finden.

Wappen

Erkennungszeichen der Ritter. In ihren ▶ Rüstungen waren die ▶ Ritter kaum voneinander zu unterscheiden. Um einander in der Schlacht zu erkennen, malten die Ritter Wappen auf ihre Schilde. Das sind eine Art Familienzeichen, die von Generation zu Generation weitergegeben wurden.

Später war es vor allem beim ▶ Turnier wichtig, dass man die Teilnehmer nicht verwechselte. Die Ritter trugen ihr Wappen jetzt überall dort, wo Platz war: Nicht nur auf dem Schild, sondern auch am Helm, als Wimpel an der Lanze, auf der Pferdedecke oder dem Waffenrock, einem Gewand, das man über der Rüstung trug.

Ein Wappen konnte gestreift oder halbiert sein, es konnte ein buntes Muster tragen oder ein Wappenbild, z. B. eine ▶ Burg. Verwenden durfte man nur die Metalle oder Farben Gold, Silber, Blau, Rot, Schwarz, Grün und Lila. Es gab jedes Wappen nur einmal. Herolde überprüften die Wappen der Ritter und schlugen dazu die Zeichen in ▶ Büchern nach. Wer ein Wappen fälschte oder zu Unrecht trug, wurde vom Turnier ausgeschlossen.

Im Spätmittelalter begannen auch ▶ Städte, sich Wappen zuzulegen. Einige herrschaftliche Wappenzeichen haben sich bis heute erhalten, z. B. der Löwe oder der Adler. ■

Vor dem Turnier stellten sich die Ritter auf. Der Herold las die Namen der Teilnehmer vor. Die Zuschauer erkannten sie an ihren farbenprächtigen **Wappen**.

Das Leben auf der Ritterburg

1
2
3
4
5
6
7
8

Im Mittelalter gab es weit mehr Burgen als Ritter. Denn auch Fürsten und Könige lebten gern auf Burgen, wo sie Feste feiern und Turniere abhalten konnten. Außerdem dienten die Burgen stets auch als Zufluchtsorte. Hinter den Burgmauern fanden die adligen Bewohner und die Bauern einst Schutz vor Angreifern. Das Wichtigste an einer Burg waren daher ein wehrhafter Turm und eine starke Mauer. Dafür ließ die Bequemlichkeit zu wünschen übrig: Es gab weder Zentralheizungen noch fließendes Wasser, keine Kühlschränke und kein WC mit Wasserspülung.

Viele Burgen blieben über Generationen hinweg in Familienbesitz und wurden immer wieder umgebaut, vergrößert und verschönert. Reiche Ritter besaßen manchmal sogar mehrere Burgen und ließen sich eine neue bauen, wenn es ihnen an einem Ort besonders gut gefiel.

Alltag auf der Burg

Kalte Winter in feuchten Gemäuern. Viele stellen sich das Leben auf einer ▶Ritterburg romantisch vor. Doch in Wirklichkeit war der Alltag auf einer ▶Burg meist ungemütlich und kalt. So gab es z. B. kein fließendes Wasser für die ▶Körperpflege und keine Heizung. Meist hatte nur ein einziger Raum in der ganzen Burg einen Kamin. Das war die Kemenate, das Wohnzimmer der ▶Burgdame. Der Wind zog durch alle Ritzen und Öffnungen. ▶Glasfenster, die den Wind abhielten, gab es nur in ganz großen Burgen und auch da meist nur in der ▶Burgkapelle.

Die Bewohner der Burg versuchten trotzdem, es sich so gemütlich wie möglich zu machen. So hängten sie Wandteppiche auf oder streuten Stroh auf den Fußboden. Auch heiße Ziegelsteine oder Wärmflaschen halfen gegen die Kälte im Winter.

SCHON GEWUSST?

Wer lebte auf der Burg?

Neben der Familie des ▶Ritters und etlichen ▶Kriegern lebten viele Mägde und Knechte mit ihren Familien auf der Burg. Diese ▶Diener kümmerten sich darum, dass das Essen rechtzeitig auf dem Tisch stand, die Pferde versorgt waren und die Wäsche sauber war. Geschirr, Werkzeuge oder Körbe (im Bild eine Korbflechterin) stellte man auf der Burg in Handarbeit selbst her. Außerdem gab es einen Schmied, einen Koch und meist noch mehrere ▶Handwerker.

Wenn es dunkel wurde, zündete man Talglichter, Öllampen oder Fackeln an, denn Wachskerzen waren teuer. Da die Lampen nicht gut rochen, qualmten und die Wände mit Ruß verdreckten, ließen die Burgbewohner das Licht nicht allzu lange brennen. Sie gingen lieber ins Bett, wenn es dunkel wurde, und standen beim ersten Morgengrauen auf. Nachts schliefen mehrere Familienmitglieder zusammen auf einer Matratze aus Stroh und wärmten sich gegenseitig. ■

Einen Großteil des Tages verbrachten die **Bewohner der Burg** im Freien. Die Männer gingen auf die Jagd und die Frauen und Kinder erledigten die alltägliche Hausarbeit.

Die Blide war eine **große Steinschleuder** und funktionierte wie eine Wippe: An einem Ende war ein Gewicht, am anderen Ende eine Schlinge mit einem Geschoss, das in hohem Bogen gegen die Burg geschleudert wurde.

Angriff und Belagerung

Kampf um die Burg. Die ▶Burg war der Mittelpunkt des Machtbereichs eines ▶Ritters, ▶Fürsten oder ▶Königs. Von hier aus bereitete der Herrscher seine Kriegszüge vor, hier befanden sich der Goldschatz, die ▶Waffen und die besten Pferde. Wem es gelang, eine ▶Ritterburg einzunehmen, der vergrößerte damit seinen Reichtum, Einfluss und ▶Landbesitz. Es war jedoch nicht leicht, eine gut befestigte Burg zu erobern. Die Angreifer mussten die ▶Verteidigungsanlagen überwinden und die ▶Krieger auf der Burg besiegen, die sich heftig wehrten.

Am einfachsten war es, einen Burgbewohner mit Geld zu bestechen, damit er nachts das Tor öffnete. Dann schlichen die Feinde in die Anlage und überwältigten die Burgbewohner im Schlaf. Wenn die Angreifer keinen Verbündeten fanden, legten sie nachts Leitern an die Mauern, kletterten heimlich darüber und öffneten ihren Kameraden das Tor. Meist misslang diese Taktik jedoch, denn Wächter hielten Tag und Nacht von den

ES WAR EINMAL …

Wie die treuen Weiber ihren Männern das Leben retteten

Die Burg Weinsberg wurde im 12. Jh. bei einem erbitterten Fürstenstreit angegriffen. Zunächst hielten die Burgbewohner der Belagerung tapfer stand, doch als die zu Hilfe eilenden Ritter besiegt wurden und der Winter anbrach, ergaben sie sich. Unter den Belagerern war König Konrad. Er hatte Mitleid mit den Frauen und versprach ihnen die Freiheit. Außerdem durften sie alles mitnehmen, was sie selbst tragen konnten. Die Männer dagegen sollten getötet werden. Daraufhin packte jede der schlauen Frauen ihren Ehemann Huckepack und trug ihn den Burgberg hinab. So retteten die treuen Weiber ihren Männern das Leben, und die Burg erhielt den Namen »Burg Weibertreu«.

Wenn die **Angreifer** die Burgmauern nicht mit Leitern überwinden konnten (Bild links), gruben sie einen Stollen, um die Mauern zum Einsturz zu bringen (Bild rechts).

Bei einem Angriff wurden schwere **Belagerungsmaschinen** eingesetzt. Die Geräte transportierte man in Einzelteilen und baute sie vor der Burg zusammen.

Burgtürmen Ausschau und schlugen sofort Alarm, wenn sie Feinde erspähten.

Dann fuhren die angreifenden Krieger schwere Geschütze auf. Mit einer Steinschleuder versuchten sie, die Burgmauern zu zerstören oder sie mit einem Belagerungsturm zu überwinden. Oben an diesem hölzernen Turm gab es eine Brücke. Langsam rückte man den Turm an die Burgmauern heran, und wenn er nah genug daran stand, konnten die Angreifer über die Brücke in die Burg laufen.

Gelang auch dies nicht, war das Burgtor Ziel des Angriffes. Mit einem schweren Rammbock oder »Mauerbrecher« stießen die Krieger immer wieder mit aller Kraft gegen das Tor. Irgendwann splitterte die Holztür und gab den Weg frei.

Es passierte jedoch nur selten, dass eine ▶Ritterburg im schnellen Kampf erobert wurde. Meist dauerte die Belagerung monatelang, bis die Bewohner von Hunger geplagt aufgaben. Sie wurden dann aus der Burg vertrieben oder mussten den Eroberern dienen. ■

Im Spätmittelalter schoss man mit **Kanonen** auf die Mauern oder setzte die Burg in Brand. Dann warteten die Angreifer, bis sich die Bewohner ergaben.

SCHON GEWUSST?

Hunger war der ärgste Feind

»Es gibt drei Arten, Befestigungen und Burgen einzunehmen: durch Durst, durch Hunger, durch Kampf«, schrieb ein ▶Geistlicher im 13. Jh. Etwas zu essen zu haben war noch wichtiger, als scharfe ▶Waffen zu besitzen. Während die Angreifer sich jederzeit mit frischem Proviant von den umliegenden ▶Bauernhöfen versorgen konnten, waren die Burgbewohner bei einer Belagerung monatelang in der Burg eingeschlossen. Nun zeigte sich, wer in Friedenszeiten genügend Vorräte angelegt und seinen ▶Burggarten gepflegt hatte. Zwar verhungert man nicht gleich, wenn man ein paar Tage nichts oder wenig isst, aber nach einiger Zeit lassen die Kräfte nach und man kann nicht mehr gut kämpfen.

Noch wichtiger als Nahrung war frisches Wasser, denn das braucht man jeden Tag. Daher hatte jede Burg einen eigenen Brunnen, der tief in die Erde bis zum Grundwasser oder zu einer Quelle reichte.

Menschen und Tiere teilten sich die Nahrungsvorräte sorgfältig, denn sie mussten möglichst lange damit auskommen. War die Speisekammer leer und der Hunger zu groß, mussten sich die Burgbewohner ergeben – die Angreifer hatten dann ohne Kampf gesiegt.

Burgdame und Burgherr

Hausherren der Burg. Die Burgdame und der Burgherr waren miteinander verheiratet. Gemeinsam bewohnten und leiteten sie die ▶Burg, wobei jeder bestimmte Aufgaben zu erfüllen hatte. Der adlige Burgherr, meist ein ▶Ritter, sorgte für Frieden in seinem Herrschaftsgebiet und verteidigte im Kriegsfall die Burg und deren Bewohner. Außerdem nahm er ▶Steuern und Abgaben von den ▶Bauern ein und kümmerte sich um seinen ▶Landbesitz, der zur Burg gehörte. Er ging zur ▶Jagd, und manchmal empfing er andere Adlige (▶Adel) zu Besuch oder lud sie zu großen ▶Festbanketten ein.

Allerdings war der Burgherr selten zu Hause. Er nahm an vielen ▶Turnieren teil oder besuchte seinen Lehnsherrn. Das war ein höherstehender ▶Fürst oder der ▶König, dem er ▶Treue geschworen hatte. Während seiner Abwesenheit leitete seine Frau die Burg. Die Burgdame beaufsichtigte die ▶Diener, Mägde und Knechte und verwaltete die Familienkasse. Deshalb konnte sie oft besser rechnen als ihr Ehemann. Ihre Freizeit vertrieb sie sich gern mit Sticken, Tanzen oder Schachspielen. Ihre Hauptaufgabe bestand aber darin, möglichst viele Kinder zu kriegen, um das Fortbestehen der Familie zu sichern: Oft brachte sie 15 Kinder, manchmal sogar noch mehr, zur Welt. Sie kümmerte sich um ihre Erziehung und brachte ihren Söhnen und Töchtern gute Manieren und Höflichkeit bei, damit sie sich als spätere Burgherren und Burgdamen zu benehmen wussten. ■

Junge **Burgherren** waren auf der Suche nach einer Braut. Bei Turnieren konnten sie geeignete Damen kennenlernen.

Ihre **kostbaren Gewänder** trugen Burgdame und Burgherr nur, wenn sie hohen Besuch empfingen. Im Alltag musste die Kleidung praktisch sein.

RATE MAL!

Welche Aufgabe hatte die Zofe?

1. Damit es auf der Burg nicht langweilig wurde, sorgte sie regelmäßig für Zoff.
2. Sie bediente die Burgdame und begleitete sie auf Reisen.
3. Sie flocht der jüngsten Tochter der Burgdame jeden Tag die langen Zöpfe.

Antwort 2: Die Töchter von adligen Rittern wurden zur ▶Ausbildung auf die Burg einer befreundeten Familie geschickt. Während ihr älterer Bruder beim Burgherrn lernte, ein Ritter zu werden, standen Zofen im Dienst der Burgdame. Von ihr lernten sie alles, was sie wissen mussten, um den vornehmen Haushalt einer großen Burg führen zu können.

Burgen

Bester Schutz bei Angriffen. Alle Burgen dienten zwei wichtigen Zwecken: Der ▶Burgherr wohnte mit seinem Gefolge darin, und bei einem feindlichen ▶Angriff suchten die Menschen aus der Umgebung hinter ihren Mauern Schutz. Historiker gehen davon aus, dass es im Mittelalter in Deutschland, Österreich und der Schweiz weit über 20 000 Burgen gab, in Frankreich sogar noch mehr. Alle sahen unterschiedlich aus, je nachdem, wann, wo und von wem sie gebaut wurden. Es gab große und kleine ▶Ritterburgen, ▶Kreuzritterburgen, Grafenburgen oder Königsburgen. Einige ▶Klöster und ▶Pfalzen sahen aus wie Burgen und selbst ▶Bischöfe, ▶Ministerialen oder ▶Raubritter bauten sich Burgen, wenn sie genügend ▶Landbesitz und Geld hatten.

Die ersten Burgen entstanden im 9. Jh., als die Wikinger, wilde ▶Krieger aus dem Norden, die ▶Städte und ▶Dörfer überfielen. Die Bewohner bauten sich daraufhin kleine Burgen aus Holz, die sogenannten Motten. In ihnen suchten sie Deckung, doch bei einer Belagerung wurden sie meist schnell erobert. Seit etwa 1150 baute man daher größere Burgen aus Stein, die besseren Schutz boten. Die letzten echten Burgen entstanden im 15. Jh. Dann wurden die ▶Feuerwaffen erfunden, denen die Burgmauern nicht standhalten konnten. Gebäude mit vielen Türmchen und Mauern, die später gebaut wurden, sahen manchmal noch aus wie eine Burg, waren aber Schlösser. Sie dienten mehr der Repräsentation als dem Schutz vor Angriffen. ■

Burgen aus Holz fingen leicht Feuer, wenn sie mit Brandpfeilen beschossen wurden. Sicherer waren deshalb Mauern und Türme aus Stein.

Um Feinden den Zugang zu verwehren, wurden Burgen meist an schwer zugänglichen Stellen errichtet: **Wasserburgen** im Wasser, Höhenburgen auf Bergen und Felsenburgen im Fels.

So macht Mittelalter Spaß: Kostümierte Musikanten und Burgbewohner treten auf den vielen **Burgfesten** auf und feiern genau wie früher.

Burgfeste

Rauschende Feste auf der Burg. ▸Ritter feierten gern und oft. Obwohl die Kirche von den adligen Kriegern gutes Benehmen forderte, waren die Burgfeste nicht ganz so vornehm wie die ▸höfischen Feste, denn die Ritter wollten Spaß haben.

Zu besonderen Anlässen, etwa einer Hochzeit oder der Ernennung des ältesten Sohns zum Ritter (▸Ritterschlag), lud der ▸Burgherr Freunde, benachbarte Ritter, ▸Fürsten und manchmal sogar den ▸König zum Burgfest ein. Zuerst besuchten alle Gäste gemeinsam den ▸Gottesdienst in der ▸Burgkapelle. Den Höhepunkt des Festes bildete dann ein großes ▸Turnier mit Schaukämpfen, bei denen junge Ritter ihr Können zeigten. Beim anschließenden ▸Festbankett genossen die Kämpfer und Zuschauer erlesene Speisen, wie z. B. Fasan oder süße Kuchen. Auch alle anderen Burgbewohner und die Bediensteten (▸Diener) erhielten ihren Anteil an dem guten Essen. Bei dem anschließenden Spieleabend vertrieben sich die adligen ▸Damen und Herren die Zeit mit Brettspielen wie Schach, Dame oder Backgammon. Zum Abschluss spielten Musikanten zum Tanz auf, und es wurde gesungen, Gaukler und Akrobaten zeigten ihre Kunststücke. Oft reichte ein einziger Tag nicht für alle Vergnügungen. Dann blieben die Gäste über Nacht und feierten am nächsten Tag weiter. ■

SCHON GEWUSST?

Feiern wie im Mittelalter

Noch heute gibt es viele Burgfeste und Märkte, bei denen man sich in die Zeit des Mittelalters zurückversetzt fühlt (siehe Bild). Jedes Jahr im Mai kann man z. B. auf der Burg Spangenberg in der Pfalz mittelalterliches Gebäck probieren oder Schnabelschuhe testen. Händler in historischen Kostümen bieten hölzerne Schwerter oder Ledertaschen zum Kauf an. Außerdem werden vor der beeindruckenden Kulisse der Burgen immer wieder auch Konzerte oder Theaterstücke aufgeführt.

Auf Burgfesten werden auch **Turniere** nachgespielt. Wie im Mittelalter sind die Teilnehmer durch eine Rüstung geschützt und zeigen ihr Wappen.

Burggarten

Vorräte für schlechte Zeiten. Bei einer ▶Belagerung mussten sich die Burgbewohner manchmal monatelang selbst versorgen, denn niemand konnte die ▶Burg verlassen und frische Lebensmittel holen. Als sehr nützlich erwies sich dann ein kleiner Garten im Schutz der Burgmauern. Dieser wurde sorgfältig von der ▶Burgdame und ihren ▶Dienerinnen gepflegt. In Gemüsebeeten wuchsen vor allem Rüben, Kohl und Zwiebeln. Kräuter zum Würzen und für ▶Medizin holte man aus dem Kräutergarten. Auch Obstbäume standen im Burggarten, an denen z. B. Äpfel, Birnen und Quitten wuchsen. Die aß man frisch oder machte daraus Kompott. In der ▶Burgküche lagerte man haltbare Vorräte, z. B. ▶Getreide. Zusammen mit den Tieren, die in Ställen auf der Burg untergebracht waren und in Notzeiten geschlachtet wurden, gab es so genügend Lebensmittel, um alle Burgbewohner eine Zeit lang ernähren zu können. ■

In einem Teil des **Burggartens** wurden bunte Blumen gepflanzt. Hier trafen sich manchmal Verliebte, um heimlich spazieren zu gehen.

SCHON GEWUSST?

Auch im Tod noch ein Ritter

Ritter verbrachten nicht nur ihr ganzes Leben auf der Burg, sondern wurden nach ihrem Tod auch dort begraben. In der Burgkapelle erhielten sie die letzte Ruhestätte. Das Grab war mit einer großen steinernen Platte geschmückt, in die ein Steinmetz ein Bild des toten Ritters in seiner ▶Rüstung meißelte.

Burgkapelle

Eine kleine Kirche in der Burg. ▶Ritter hatten es nicht weit zur nächsten Kirche. Selbst in kleinen ▶Burgen gab es zumindest eine Nische, in der ein Altar stand und wo ein ▶Geistlicher, der Kaplan, den ▶Gottesdienst abhielt. Er war oft der Einzige in der ganzen ▶Burg, der lesen und schreiben konnte. Daher unterrichtete er die Kinder und las abends manchmal Geschichten vor.

In größeren Burgen war die Burgkapelle in einem eigenen Gebäude untergebracht. Vom Rittersaal gab es einen Verbindungsgang zur Kapelle. So konnte die Ritterfamilie bei jedem Wetter geschützt dorthin gehen. Zum Gottesdienst kamen auch die ▶Diener, Knappen, ▶Handwerker und alle anderen Burgbewohner und Gäste in die Burgkapelle. ■

Die **Burgkapelle** war oft der schönste Raum in der Burg. Wandmalereien und Gemälde zeigten Geschichten aus der Bibel, und durch die Glasfenster schien viel Licht hinein.

Der Herd in der **Burgküche** war groß genug, um ein ganzes Ferkel darauf zu grillen (Bild links). Während der Koch die Speisen prüfte, schälte und schnitt die Magd Obst und Gemüse (Bild rechts).

Burgküche

Was gab es auf der Burg zu essen? Auf der ▶Burg aß man oft Eintopf. Wenn der ▶Burgherr auf der ▶Jagd erfolgreich war, gab es dazu Fleisch. Alle Zutaten wurden in einem großen Topf über dem offenen Feuer gekocht. Da leicht ein Feuer ausbrechen konnte, war die Küche in einem eigenen Gebäude untergebracht. Die Köche waren meist Männer, Mägde halfen ihnen bei der Arbeit.

Zur Burgküche gehörten Vorratsräume und Speisekammern, die mit Wurst, ▶Getreide und Kräutern gefüllt waren. Frische Lebensmitteln wurden aus dem ▶Burggarten geholt oder auf dem ▶Markt gekauft. ■

WOHER KOMMT'S?

Einen Zahn zulegen

Im Mittelalter gab es noch keine Herde mit Kochplatten, an denen man die Temperatur mit einem Schalter regeln konnte. Die Kochtöpfe hingen an langen Ketten mit eisernen Zähnen über dem Feuer. Wenn ein Gericht schneller heiß werden sollte, hängte man den Topf einen Zahn tiefer und damit näher ans Feuer. Man legte also einen Zahn zu. Wenn man sagt »Leg mal einen Zahn zu!«, ist das eine Aufforderung, schneller zu werden.

Festbankett

Schlemmen an Festtagen. Die wichtigste Mahlzeit am Tag war das Abendessen. Lud der ▶Ritter dazu Gäste ein, wurde daraus schnell ein Festbankett mit mehreren Gängen. Nach der Suppe wurde der Hauptgang serviert, meist Wild oder Geflügel, das der ▶Burgherr auf der ▶Jagd erlegt hatte. Zum Nachtisch gab es süßen Pudding oder Gebäck. Gabeln kannte man nicht. Die Ritter aßen mit Löffeln, einem Messer, das sich jeder Gast selbst mitbrachte, und mit den Fingern. Bei ärmeren Leuten aßen alle aus einer Schüssel, aber an der Rittertafel hatte jeder einen eigenen Teller. ■

Zu einem **Festbankett** gehörten neben erlesenen Speisen und Getränken auch Musik.

Körperpflege

Waschen ohne Seife und warmes Wasser. Tägliches Duschen und Zähneputzen ist für uns heute selbstverständlich, im Mittelalter dagegen hielt man wenig von Sauberkeit und Körperpflege. Das lag u. a. daran, dass man das Wasser für ein Bad erst mühsam mit Eimern vom Brunnen holen und über dem offenen Feuer erhitzen musste. Einmal in der Woche zu baden genügte den ▸Burgdamen und Burgherren völlig. Morgens wuschen sie sich mit einer Hand voll kaltem Wasser, das ihnen ein ▸Diener in einem Krug ins Zimmer brachte. Seife war in Europa lange Zeit unbekannt. Erst auf den ▸Kreuzzügen in den ▸Orient lernten die ▸Kreuzritter Waschmittel für Haut und Haare kennen.

Kein Wunder also, dass viele Burgbewohner juckende Flöhe und Läuse auf dem Kopf hatten. Dass diese Tiere auch ▸Krankheiten übertragen und Sauberkeit wichtig für die Gesundheit ist, wussten die ▸Ritter damals noch nicht.

Die Toilette war in einem kleinen Erker an der Burgmauer untergebracht. Durch ein Loch fiel der gemachte Unrat in den Burggraben oder eine Jauchegrube. Diener mussten die Grube regelmäßig leeren und säubern. Als Klopapier nahm man Laub oder Moos. Niemand hielt sich gern lange auf dem Plumpsklo auf, denn dort war es ungemütlich, zugig und kalt. An einigen Burgen baute man das Klo deshalb an die Außenmauer des Kamins, dann wärmte die Heizungsluft die Wände etwas. ■

Das **Klo der Burg** hieß auch »stilles Örtchen« oder »heimliches Gemach«. Im Winter war es in dem steinernen Anbau eisig kalt.

SCHON GEWUSST?

Wäsche waschen ohne Waschmaschine

Wäsche waschen war im Mittelalter Frauenarbeit. Man brauchte einen ganzen Tag und viel Kraft, um die Kleidung sauber zu bekommen. Deshalb wurde meist nur die Unterwäsche regelmäßig gewaschen. Um das Trinkwasser nicht zu verschmutzen, war es verboten, Wäsche im Brunnen oder im Fluss zu waschen. Die Frauen gossen kochend heißes Wasser auf die dreckige Wäsche. Dann wurde sie gerieben, geklatscht und mit der Hand ausgewrungen. Statt Seife nahm man Holzasche zum Reinigen, Lavendelblüten sorgten für frischen Duft. Bei der großen Wäsche, die meist nur zwei Mal im Jahr stattfand, wurden Bettwäsche, Tischtücher und Oberbekleidung gewaschen. Dabei mussten alle Dienerinnen helfen.

Manchmal machten die Ritter aus dem **Badetag** ein fröhliches Fest: Männer und Frauen badeten zusammen, dabei aßen sie und ließen sich Musik vorspielen.

Die Kemenate, das Wohnzimmer der Burgdame, hatte oft als einziger Raum in der ganzen **Ritterburg** einen Kamin (Bild links). Die Wände waren geschmückt, entweder mit Wandteppichen (Bild rechts) oder mit Wandmalereien.

Ritterburgen

Ein ganzes Dorf in einer Burg. Eine große Burganlage war fast wie eine kleine ▶Stadt. Es gab Häuser für die Burgbewohner, Ställe für die Tiere sowie Schuppen für ▶Werkzeuge und Geräte. Neben der Ritterfamilie lebten auch ▶Krieger, ▶Diener und ▶Handwerker auf der ▶Burg. Das konnten leicht 100 Personen sein. Auch eine ▶Burgkapelle, ein ▶Burggarten, ein Brunnen und mehrere Türme gehörten dazu. Wie bei einer Stadt umgab eine Mauer die gesamte Anlage.

Doch die Burgen waren nicht von Anfang an so geräumig. Im 12. Jh. wohnten die ▶Ritter noch in einem Turm mit besonders dicken Mauern, dem Bergfried. Diesen Turm errichteten sie auf einem Berg. Daneben gruben sie einen Brunnen und bauten einen Stall sowie eine Mauer. Das war schon die ganze Anlage.

Im 13. Jh. wurden die Burgen größer. Die steinerne Mauer umgab jetzt mehrere Gebäude sowie den Burghof mit Turnierplatz und kleinem Burggarten. Die Ritter zogen in ein rechteckiges Wohnhaus, den Palas. Den Bergfried gab es aber immer noch. In ihn zogen sich die Burgbewohner zurück, wenn die Burg angegriffen wurde (▶Angriff und Belagerung).

Die **Marksburg** über der Stadt Braubach gehört zu den wenigen Burgen, die fast vollständig erhalten geblieben sind. Sie steht auf einem hohen Plateau und war für Angreifer sehr schwer einzunehmen.

SCHON GEWUSST?

Woher stammt unser Wissen über Ritter und Burgen?

Es gibt keine Ritter mehr, die erzählen könnten, wie sie damals lebten. Auch die meisten Burgen sind nur noch Ruinen, denn selbst die stärksten Burgmauern halten nicht ewig. Kriege, Erdbeben, Feuer, Wettereinflüsse und 1000 Jahre Zeit ließen sie zerfallen.
Historiker, also Wissenschaftler, die sich mit der Geschichte beschäftigen, lesen in alten Schriften, Urkunden und Dokumenten über den ▶Alltag auf der Burg oder studieren alte Malereien.
Und Archäologen graben nach Resten aus der Ritterzeit: Sie finden z. B. Mauern, Küchengeschirr oder Pfeilspitzen, die ihnen verraten, dass um diese Burg einmal gekämpft wurde. Aus all diesen Informationen, den Texten wie den Funden, setzt sich unser heutiges Wissen über das Mittelalter zusammen.

Der Palas war das größte Gebäude in der Burg und wohnlich eingerichtet. Im Erdgeschoss befanden sich Vorratsräume und manchmal auch die ▶Burgküche. Im ersten Stock waren Wohnräume für die Familie und die große Halle untergebracht. Hier versammelten sich die Ritter, empfingen Gäste und veranstalteten ▶Burgfeste. Zu den Mahlzeiten wurden lange Tische und Bänke hereingetragen, nach dem Essen saß man auf bequemen Klapphockern. Der Platz des ▶Burgherrn war etwas erhöht. So hatte er seine Gäste gut im Blick. Geheizt wurden nur die wichtigsten Räume mit einem Kamin, und die Wände waren oft mit Bildern oder Teppichen geschmückt.

Die Diener und Handwerker wohnten nicht so bequem. In ihren Unterkünften gab es keine Heizung. Mehrere Burgbewohner teilten sich einen kleinen Raum, in dem es nur wenige Möbel gab. Strohsäcke dienten als Betten, und die Kleider wurden in hölzernen Truhen aufbewahrt.

Im 14. Jh. vergrößerten reiche Burgherren ihre Ritterburg noch mehr. An den Palas wurden weitere Wohngebäude angebaut. Die ▶Burgdame erhielt ein eigenes Zimmer, die Kemenate, und manchmal sogar ein eigenes Haus. Es gab außerdem Gästezimmer, eine Badestube, Lagerräume, Werkstätten wie die ▶Schmiede, Waffenkammern, Wachstuben für die Krieger und viele andere Nebengebäude. Einige Burgen waren über 1000 Meter lang, das war so groß wie zehn Fußballfelder.

Um so große Burgen zu bauen, brauchte man viele Handwerker und einen erfahrenen Baumeister. Hatte ein Ritter es sehr eilig, ließ er seine Burg in einem Jahr errichten, normalerweise dauerte es fünf bis zehn Jahre. ■

Die meisten Burganlangen bestanden aus einer **Vorburg** (1) und einer **Hauptburg** (2). Die Vorburg war groß genug, sodass sich auch die Bauern aus der Umgebung bei Gefahr hinter die Mauern (3) zurückziehen konnten. In der Hauptburg gab es den Palas (4), das Wohnhaus der Ritter, den Bergfried (5), einen Turm mit besonders starken Mauern, und weitere Gebäude für Menschen und Tiere.

Mit einem großen Blasebalg, den ein Gehilfe bediente, wurde das Feuer in der **Schmiede** erhitzt. Da der Ofen fast immer brannte, war es in dem Raum sehr heiß.

Schmiede

Harte Arbeit in glühender Hitze. Der Schmied war der wichtigste ▶Handwerker auf der ▶Burg. Er reparierte die ▶Waffen, besserte ▶Rüstungen aus und stellte Werkzeuge und Hufeisen her. Dazu erhitzte er das Eisen über einem Feuer, bis es glühte und weich wurde. Anschließend bearbeitete er es mit Hammer und Zange.

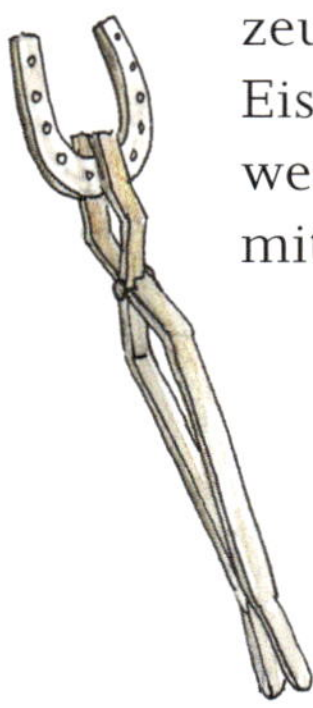

Nur die besten Waffenschmiede fertigten Schwerter an. War ein Stück besonders gut gelungen, signierte es der Schmied mit seinem Zeichen. Wenn ein ▶Ritter im Spätmittelalter eine neue Rüstung brauchte, ging er meistens in die ▶Stadt. Dort fertigten Spezialisten, die Plattner, die maßgeschneiderte Eisenrüstungen an. Stundenlang hämmerten sie ein Eisenblech in die gewünschte Form zu einem Helm oder einem Brustpanzer. ■

Der Schmied reparierte alles, was aus Eisen war. Auf dem **Amboss**, einer Unterlage aus besonders hartem Stahl, hämmerte er die Werkstücke in Form.

SCHON GEWUSST?

Wie bekam man ein Geständnis?

Bevor ein Gefangener zum Tod verurteilt werden konnte, brauchte man ein Geständnis von ihm. Gab der Verbrecher seine Taten nicht freiwillig zu, half man mit Gewalt nach: Man ließ ihn hungern, hielt ihn vom Schlafen ab, hängte ihn kopfüber an den Füßen auf, legte schmerzhafte Daumenschrauben an, die immer fester zugezogen wurden, oder setzten ihn auf einen Stuhl mit spitzen Nägeln (siehe Bild). Die meisten Gefolterten gestanden nach dieser Behandlung alles, was die Richter hören wollten – selbst wenn sie eigentlich unschuldig waren. Viele Gefangene überlebten die grausame Folter nicht.

Verlies

Eingesperrt im Turm. Das Gefängnis einer ▶Burg nennt man auch Kerker oder Verlies. Es lag meist im fensterlosen Untergeschoss eines Turms, wo es dunkel und feucht war. Gefangene wurden durch ein Loch in der Decke über eine Strickleiter in das Verlies hinabgelassen. War die Leiter eingezogen, war Flucht unmöglich.

Die Gefangenen warteten im Verlies auf ihr Urteil und die Strafen, die ihnen der ▶Burgherr auferlegte. Mörder wurden meist zum Tod durch Verbrennen, Vierteilen oder Köpfen verurteilt. Dieben hackte man die Hand ab, auch wenn sie nur eine Kleinigkeit oder etwas zu essen gestohlen hatten. Auch Kriegsgefangene wurden ins Verlies gebracht, wo sie so lange bei Wasser und Brot ausharren mussten, bis ein ▶Lösegeld für sie bezahlt wurde. Andere Gefangene waren ▶Ketzer und später auch Hexen, denen vorgeworfen wurde, mit dem Teufel im Bunde zu stehen. Den meisten von ihnen drohte der Tod auf dem Scheiterhaufen. ■

Verteidigungsanlagen

Die Burgbewohner wehren sich. Die ▸Burg war nicht nur der Wohnort der ▸Ritter, sondern sie sollte die Bewohner vor allem bei Belagerungen schützen. Dazu baute man starke Verteidigungsanlagen.

Bei einem ▸Angriff mussten Feinde zunächst einen Wassergraben und einen Erdwall überwinden, um an die Burg heranzukommen. Dann standen sie vor den Burgmauern. Diese waren mehrere Meter dick und so hoch, dass man ohne Hilfsmittel nicht darüberklettern konnte. Auf der Mauer verlief der Wehrgang. Von dort hielten Wächter Tag und Nacht Ausschau, und ▸Krieger schossen Pfeile und warfen Steine auf die Angreifer.

Die empfindlichste Stelle einer Burg war das Burgtor. Näherten sich Feinde, zog man die Zugbrücke rasch hoch und ließ ein eisernes Fallgitter hinab. Dann schloss man die hölzernen Türen, von denen es mehrere hintereinander gab, und hielt sich auf den Türmen, die rechts und links vom Burgtor standen, bereit. Gelang es den Feinden trotz aller Verteidigungsanlagen, über die Mauer oder durch das Tor ins Innere der Burg zu gelangen, standen sie in der verlassenen Vorburg. Die Burgbewohner hatten sich durch geheime unterirdische Gänge in die Schutzräume der Hauptburg zurückgezogen oder waren in den Bergfried geklettert. Dessen Eingang lag im ersten Stock und war nur über eine Leiter erreichbar. Waren sie im Turm, zogen die Burgbewohner die Leiter hinter sich hoch. ■

Mit allen Mitteln versuchten die Burgbewohner, bei Angriffen ihre **Burg zu verteidigen**. Dabei kam es zu heftigen Kämpfen.

SCHON GEWUSST?

Wirksame Verteidigung

Fußangeln
Um für Pferde und Ritter den Weg zur Burg zu versperren, warf man Nägel auf den Weg.

Pechnase und Mordlöcher
Der kleine Erker über der Mauer war unten offen. Wenn sich die Angreifer darunter befanden, schütteten die Burgbewohner heißes Pech oder stinkende Jauche herunter oder warfen schwere Steine hinab.

Geheimgänge
Manche Burgen hatten lange unterirdische Geheimgänge. Selbst wenn der Feind schon in der Burg war, konnten sich die Bewohner unbemerkt in Sicherheit bringen.

Wehrtürme
Der Eingang eines Wehrturms war nur über Leitern zu erreichen. Hatten die Burgbewohner diese hinter sich hochgezogen, konnten ihnen die Angreifer nicht folgen.

Wendeltreppen
Enge Wendeltreppen führten im Uhrzeigersinn die Türme hinauf. Rechtshänder konnten beim Hochstürmen nicht mit dem Schwert ausholen. Die Verteidiger, die oben standen, hatten dagegen mehr Platz, um ihre ▸Waffen zu gebrauchen.

Auf Kreuzzug Richtung Orient

1
2
3
8
5
6

Während der Kreuzzüge stießen zwei große Religionen aufeinander: das Christentum und der Islam. Als der Papst im 11. Jh. zum Kampf der Christen gegen die Ungläubigen im Orient aufrief, folgten ihm Hunderttausende. In erbitterten Kämpfen versuchten Christen wie Muslime, die anderen zu besiegen und den eigenen Glauben noch weiter zu verbreiten sowie die in beiden Religionen als heilig angesehene Stadt Jerusalem zu erobern.
Damals wie heute brachte der Kontakt zu anderen Völkern und Religionen Konflikte. Doch es gab nicht nur Streitigkeiten und Meinungsverschiedenheiten zwischen den Gläubigen. Wissenschaftler und Gelehrte aus den verschiedenen Kulturkreisen lernten voneinander und tauschten Informationen über ihre Länder und ihre Lebensweisen aus.

Abendland und Morgenland

Wo die Sonne auf- und wo sie untergeht. Als Martin Luther (▶Reformation) das Neue Testament der ▶Bibel 1522 ins Deutsche übersetzte, suchte er einen Namen für jenes Gebiet, das östlich von Konstantinopel liegt. Da die Sonne morgens im Osten aufgeht, nannte er es einfach »Morgenland«. Westeuropa liegt im Westen, also dort, wo die Sonne abends untergeht. Deshalb heißt es »Abendland«. Die Fachbegriffe für Morgenland und Abendland sind ▶Orient und Okzident.

Für die Europäer war das Morgenland ein märchenhaftes Land. Dort gab es vielerlei, was im Abendland zunächst unbekannt war. Dazu gehörten exotische Nahrungsmittel, Gewürze und scharfe Schwerter sowie Kleiderstoffe, wie z. B. Seide. Von großem Wert waren aber auch wissenschaftliche Kenntnisse, z. B. über die ▶Seefahrt, ▶Astronomie oder ▶Medizin, die im 8. Jh. durch den ▶Arabersturm über Spanien, aus dem ▶Byzantinischen Reich und seit dem 12. Jh. durch die ▶Kreuzzüge nach Europa gebracht wurden. Viele arabische Bücher wurden ins Griechische und Lateinische übersetzt. Die aus den arabischen Texten gewonnen Informationen nutzten sogar die Herrscher: So schrieb z. B. der staufische Kaiser ▶Friedrich II., der die arabische Sprache beherrschte, ein berühmtes Buch über »Die Kunst, mit Vögeln zu jagen«, das auf arabischen Quellen beruhte.

RATE MAL!

Was ist ein Harem?

1. Eine im Morgenland verbreitete Süßspeise aus Zucker, Honig und Sesam.
2. Ein abgeschlossener Bereich in einem muslimischen Haushalt.
3. Die arabische Bezeichnung für eine Frau ohne Haare.

Antwort 2: In wohlhabenden muslimischen Häusern und Palästen gab es einen abgetrennten Bereich, in dem alle Frauen des Haushalts zusammen lebten. Dazu gehörten die bis zu vier rechtmäßigen Ehegattinnen des Hausherrn, außerdem seine Freundinnen, Töchter und Dienerinnen. Zu diesem Bereich hatte niemand, der nicht zum Haus gehörte, Zutritt.

Ein Christ aus dem **Abendland** spielt mit einem bärtigen Muslim aus dem **Morgenland** Schach. Das Strategiespiel kam mit den Arabern nach Europa.

Arabersturm

Europa unter arabischer Herrschaft. Die Bewohner der arabischen Halbinsel, die Araber, waren Muslime, und die ▶Religion, an die sie glaubten, war der Islam. Ähnlich wie die christlichen ▶Kreuzritter wollten auch die Araber ihren ▶Glauben, den sie für den einzig richtigen hielten, in der ganzen Welt verbreiten und bekämpften alle ▶Ungläubigen. Deshalb begannen sie im 7. Jh. viele Kriege mit ihren Nachbarländern. Sie waren erfolgreich und breiteten sich im 8. Jh. in Syrien, Palästina, Ägypten, im Zweistromland, in der Türkei, im Iran und in Nordafrika aus. Und sie eroberten sogar die Iberische Halbinsel, also das heutige Spanien und Portugal. Fast 800 Jahre lang herrschten die Araber dort, wo man sie auch »Mauren« oder »Sarazenen« nannte. Unter ihrer Herrschaft blühten Handel und ▶Städte auf.

Die Christen versuchten unaufhörlich, die Gebiete zurückzuerobern. Diese »Rückeroberung«, die ebenfalls im 8. Jh. begann, nennt man auf Spanisch »Reconquista«. 1492 wurde Granada, die letzte besetzte Stadt in Spanien, gestürmt und die Araber wurden vertrieben.

Doch Christen und Araber bekämpften einander nicht nur, man lernte auch viel voneinander. So brachten die Araber z. B. medizinische Lehrbücher, Nahrungsmittel wie Zucker und Kaffee, Musikinstrumente wie die Laute, die Falkenjagd (▶Jagd) und die arabischen Zahlen (▶Zahlen und Ziffern) nach Europa, die Araber lernten von den Europäern z. B. den ▶Buchdruck. ■

ES WAR EINMAL ...

El Cid: Raufbold oder Ehrenmann?

Der spanische Ritter Rodrigo Diaz de Vivar machte keinen Unterschied zwischen muslimischen und christlichen Feinden: Er diente sowohl einem christlichen König als auch einem arabischen Fürsten. Deshalb hatte er auf beiden Seiten Freunde und Feinde und wurde von den einen als Raufbold angesehen, von den anderen als Held verehrt. Von seinen muslimischen Kameraden wurde er »Mein Herr« genannt, was auf Arabisch Sidi heißt. Davon leitete sich der Spitzname El Cid ab. Nach seinem Tod im Jahr 1099 wurde El Cid als spanischer Nationalheld verehrt. Man errichtete ihm zu Ehren sogar eine Statue (siehe Bild).

In ungeordnetem Kampfgetümmel bekriegen sich Christen und **Araber**. Mittendrin kämpft der König, zu erkennen an seiner Krone. Er hat schon viele Feinde erschlagen.

Die Hagia Sophia (Bild links) war die wichtigste Kirche des **Byzantinischen Reiches**. Nach der **Eroberung von Konstantinopel** (Bild rechts) wurde sie eine Moschee.

Byzantinisches Reich

Ein riesiges Reich im Osten. Im Jahr 395 wurde das riesige Römische Reich in eine weströmische und eine oströmische Hälfte aufgeteilt. Aus dem oströmischen Gebiet wurde das Byzantinische Reich. Dazu gehörten u. a. das heutige Griechenland, die Türkei, Syrien, Palästina und Ägypten. Im Byzantinischen Reich herrschte ein Kaiser. Die Hauptstadt Konstantinopel teilte eine Meerenge, der Bosporus. Der größere Teil lag in Europa, der kleinere in Asien.

Während das Weströmische Reich in Einzelteile zerfiel und im 5. Jh. keinen Kaiser mehr hatte, blieb das Byzantinische Reich bestehen und konnte seine Macht noch ausweiten: Kaiser Justinian eroberte im 6. Jh. Teile von Nordafrika, Italien und Spanien. Wie im Westen war auch in Byzanz das Christentum die wichtigste ▸Religion.

Im Jahr 800 ließ sich ▸Karl der Große in Rom zum neuen weströmischen Kaiser krönen. Nun gab es zwei christliche Herrscher und zwei »Römische Reiche«, die sich um die Vorherrschaft stritten. Zunächst blieb der Osten stärker als der Westen. Doch im Mittelalter griffen verschiedene Völker das Byzantinische Reich an. Dadurch verlor das einstmals starke Reich an Macht und Landbesitz. Statt sich mit dem westlichen Europa zu verbünden, bekämpften sich die beiden Reiche sogar. So eroberten 1204 ▸Kreuzritter auf dem Weg ins Heilige Land Konstantinopel.

Im 14. Jh. dehnte sich das benachbarte ▸Osmanische Reich aus und bedrohte das Byzantinische Reich. 1453 wurde Konstantinopel von den Osmanen, den späteren Türken, erobert und zur Hauptstadt ihres Reiches erklärt. Noch heute ist die Stadt unter dem Namen Istanbul die Hauptstadt der Türkei. ■

ES WAR EINMAL …

Konstantin der Große

Der römische Kaiser Konstantin zog von Rom nach Byzanz und machte aus dem kleinen Ort eine prächtige Großstadt. Am 11. Mai 330 benannte er die Stadt in Konstantinopel um und erklärte sie feierlich als »neues Rom« zur zweiten Hauptstadt des Römischen Reiches. Konstantin war der erste römische Kaiser, der sich offen zum Christentum bekannte und somit half, dass sich diese Religion im frühen Mittelalter rasch verbreitete.

Die beeindruckende Kreuzfahrerburg **Marienburg** im heutigen Polen war von 1309 bis ins 15. Jh. Hauptsitz des Deutschen Ordens.

Deutscher Orden

Ritter auf Eroberungskurs. Der Deutsche Orden wurde während des 3. ▸Kreuzzuges, der von 1189 bis 1192 stattfand, von Kaufleuten im ▸Orient gegründet. Zunächst war seine Hauptaufgabe die Krankenpflege. Wenig später wurde der ▸Orden in einen christlichen ▸Ritterorden umgewandelt, in dem ▸Ritter, Priester sowie ▸Mönche und Nonnen Mitglied werden konnten. Die Frauen kümmerten sich um die Kranken und Verletzten, während die Männer in den Kampf zogen. So eilten sie dem ungarischen König und einem polnischen ▸Herzog an der Ostseeküste zu Hilfe, um ▸Ungläubige zu bekämpfen. Dort blieben sie dann und eroberten immer mehr Gebiete, bis nach Lettland und Estland. Dabei gründeten sie auch neue Städte wie Riga, Danzig oder Königsberg. ■

Ritter des **Deutschen Ordens** in ihrer Ordenstracht: Über der Rüstung trugen sie einen weißen Mantel mit einem gelben Kreuz mit schwarzem Rand.

Glaubenskrieg

Der Kampf um den wahren Glauben. Wer glaubte an den »richtigen« Gott – Christen, Juden oder Muslime? Alle waren fest überzeugt, dass nur ihre ▸Religion die einzig wahre sei. In Glaubenskriegen wollten die Anhänger der verschiedenen Religionen ihre Meinung mit Gewalt durchsetzen. So kämpften die islamischen Araber in Spanien und Portugal gegen die Christen (▸Arabersturm). Die Christen dagegen wollten auf den ▸Kreuzzügen Jerusalem von den Arabern erorbern. Und die Juden wurden wiederholt von den Christen angegriffen und verfolgt (▸Judenverfolgung). In den sogenannten Heiligen Kriegen ging es aber nicht nur um die Bekämpfung von ▸Ungläubigen und die Verbreitung von religiösen Ideen, sondern auch um politische Macht und wirtschaftlichen Einfluss, also um Geld. So gründeten die ▸Kreuzritter im muslimischen ▸Orient neue ▸Städte, und etliche ▸Kaufleute kamen mit den ▸Handelsgütern aus diesen ▸Kreuzfahrerstaaten zu großem Reichtum. Auch die Juden wurden nicht nur vertrieben. Man nahm ihnen außerdem ihren Besitz weg, um sich zu bereichern.

Doch zogen nicht nur Gläubige verschiedener Religionen gegeneinander zu Felde. Seit der ▸Reformation stritten auch Strömungen innerhalb des Christentums, nämlich die Protestanten und Katholiken, aufgrund ihrer unterschiedlichen Ansichten. ■

SCHON GEWUSST?

»Heilige Kriege« heute

Nicht nur im Mittelalter, sondern auch heute noch werden Kriege aus religiösen Gründen geführt. So streiten sich im Nahostkonflikt islamische Palästinenser mit jüdischen Israelis um Land und politische Macht. Und selbst in Europa bekriegte man sich noch bis vor Kurzem: In Nordirland, das im Gegensatz zur Republik Irland zum Vereinigten Königreich von Großbritannien und Nordirland gehört, kämpfte die katholische Minderheit gegen eine protestantische Mehrheit.
In vielen Gesellschaften, in denen Menschen verschiedener Kulturen und Glaubensrichtungen zusammen leben, kommt es zu Konflikten. Meist können sich aber Christen, Juden, Muslime oder Andersgläubige friedlich einigen.

Judenverfolgung

Fremdenhass im Mittelalter. Schon in der Antike eroberten verschiedene Herrscher das jüdische Reich, das das heutige Israel, Palästina, Westjordanland und den Gazasreifen umfasste. Im 1. Jh. zerstörten die Römer die jüdischen Städte und vertrieben die Einwohner. Auf der Suche nach einer neuen Heimat verstreuten sich die Juden im Römischen Reich, viele ließen sich z.B. in Spanien nieder, andere kamen an den Rhein.

Im Mittelalter war das Christentum die wichtigste ▸Religion in Europa. Die Juden dagegen bildeten eine religiöse Minderheit. Lange Zeit lebten Christen und Juden friedlich nebeneinander. Manchmal kam es jedoch zu Streit: Die Juden fühlten sich als das von Gott auserwählte Volk und glaubten nicht an Jesus Christus. Das nahmen die Christen ihnen übel, manche meinten sogar, die Juden hätten Jesus ermordet. Deshalb wollten sich die Christen an ihnen rächen: Man jagte die Juden aus ihren Häusern, stahl ihr Geld oder tötete sie. Besonders viele Juden wurden während der ▸Kreuzzüge im 11. Jh. verfolgt, als die christliche Kirche zur Bekämpfung von ▸Ungläubigen aufrief. Als im 14. Jh. die Pest ausbrach, kam es erneut zur Vertreibung von Juden. Da niemand erklären konnte, woher die ▸Krankheit kam, suchte man einen Schuldigen. Irgendwann kam das Gerücht auf, die Juden hätten die Brunnen vergiftet. Sie mussten die Städte verlassen oder in eigene Viertel, die Gettos, umziehen. So gab es z.B. in Frankfurt eine Judengasse, in der nur Juden wohnten. ■

SCHON GEWUSST?

Jüdisches Leben

Juden gehen zum ▸Gottesdienst in die Synagoge. Das ist ihr Gotteshaus wie die Kirche für die Christen. Dort beten sie auf Hebräisch, ihre ▸heilige Schrift heißt Thora. Ihren Wochenfeiertag begehen Juden am Samstag, den sie Sabbat nennen. Außerdem haben sie spezielle Essensvorschriften, so dürfen sie z.B. kein Schweinefleisch essen. In vielen Gemeinden wurden Juden im Mittelalter diskriminiert: Sie mussten als Kennzeichen einen gelben Kreis auf der Kleidung tragen. Die Kennzeichnungspflicht wurde von den Nationalsozialisten im Dritten Reich mit einem gelben Stern wieder eingeführt.

Nur jüdische Männer nehmen am Gottesdienst in der **Synagoge** teil (Bild links).
Erboste Bauern brannten einen Turm nieder, in den sich **Juden** geflüchtet hatten (Bild rechts).

Ein christlicher König kämpft mit angelegter Lanze gegen einen arabischen Herrscher. So geordnet wie bei diesem **Zweikampf** ging es jedoch selten zu.

WOHER KOMMT'S?

Seine sieben Sachen packen

Noch heute sagt man, dass man seine sieben Sachen packen muss, wenn man auf Reisen geht. Diese Redewendung stammt von jenen Rittern, die sich im Spätmittelalter auf einen Kreuzzug begaben, denn sieben Sachen brauchten sie unbedingt: Helm und Kettenhemd, Brustpanzer, zwei Armschützer und zwei Beinschützer. Natürlich nahmen Ritter meist noch mehr mit, aber diese Dinge waren besonders wichtig.

Kampftechniken

Ritterschwert gegen Krummsäbel. Als die ersten christlichen ▸Kreuzritter im 11. Jh. im ▸Orient ankamen, stürzten sie sich oftmals mit lautem Gebrüll und ohne genaue Regeln oder Heerordnung auf die überraschten Araber. Viele ▸Ritter vergaßen die ▸Rittertugenden, zückten ihr Schwert und töteten so viele Gegner wie möglich. Erst bei den späteren Kreuzzügen führten ▸Könige die Heere an und versuchten, Ordnung in das Schlachtgetümmel zu bringen. Jetzt gab es manchmal organisierte Zweikämpfe, die eine ganze Schlacht entschieden oder sogar Friedensverhandlungen, bei denen gar kein Blut vergossen wurde. Die Araber kämpften mit ganz ähnlichen ▸Waffen wie die christlichen Ritter und schützten sich wie diese mit eisernen ▸Rüstungen. Statt eines Schwertes führten sie jedoch meist den Krummsäbel, ein gebogenes Schwert. ■

Kinderkreuzzug

Kinder auf dem Weg ins Morgenland. Mittelalterliche Quellen berichten von einem Kinderkreuzzug, aber man weiß nicht sicher, ob es tatsächlich stimmt: Als es den ▸Kreuzrittern auf den ersten ▸Kreuzzügen nicht gelang, Jerusalem von den islamischen Arabern zurückzuerobern, glaubten einige ▸Geistliche, unschuldigen und unbewaffneten Kindern könne dies gelingen. Im Jahr 1212 sammelten sich deshalb in Köln und in dem französischen Orleans Tausende fromme und abenteuerlustige Kinder. Völlig unorganisiert wanderten sie Richtung ▸Orient. Allerdings kamen die meisten dort nie an. Viele starben, andere verliefen sich oder kehrten enttäuscht um. Einige wurden auch in Italien als Mägde und Knechte behalten oder als Sklaven nach Ägypten verkauft. ■

Der lange Weg in den Orient war für jene Kinder, die sich zum **Kinderkreuzzug** aufmachten, furchtbar anstrengend: Sie litten Hunger, froren, und viele wollten wieder nach Hause.

Die Kreuzfahrerburg **Krak des Chevaliers** steht scheinbar uneinnehmbar auf einem Berg in Syrien. Trotzdem gelang es den Muslimen 1271, sie zu erobern.

Kreuzfahrerburg

Starke Mauern und Türme mit Aussicht. Während der ersten ▸Kreuzzüge im 11. und 12. Jh. errichteten die ▸Kreuzritter im muslimischen ▸Orient christliche ▸Kreuzfahrerstaaten. Um diese zu schützen, bauten sie wehrhafte ▸Burgen. Zusammen mit Wachtürmen und kleineren Kastellen in der näheren Umgebung bildeten sie eine starke Verteidigungsanlage. Die meisten Kreuzfahrerburgen befanden sich an den Küsten des östlichen Mittelmeeres und im Hinterland. Die Kreuzfahrer bauten ihre Burgen gern auf steilen Bergen oder Felsen. So waren sie nur schwer einnehmbar, da man keine Belagerungsmaschinen (▸Angriff und Verteidigung) an die Mauern bringen konnte. Oder man errichtete die Burgen an einer Straße. Reisende und Händler brauchten dann die Erlaubnis des ▸Burgherrn, um den Weg zu passieren, und dieser konnte so den Verkehr kontrollieren.

Die Kreuzfahrerburgen hatten noch stärkere Mauern als die ▸Ritterburgen in Europa. Denn um sie wurde heiß gekämpft: Islamische Araber griffen an, eroberten und zerstörten sie; christliche Kreuzritter eroberten sie zurück und bauten sie wieder auf. ■

RATE MAL!

Gab es auch Burgdamen auf Kreuzfahrerburgen?

1. Ja, aber nicht nur eine: Die Ritter im Orient heirateten stets mehrere Frauen.
2. Nein, die Burgdame blieb zu Hause.
3. Ja, denn ohne Burgdame ist eine Burg keine Burg.

Antwort 2: Wenn ein verheirateter Kreuzritter sich einem Kreuzzug anschloss, blieb seine Frau in der Regel zu Hause und kümmerte sich dort um Familie und Burg. Doch ganz ohne Frauen lebte man auch in den Kreuzfahrerburgen nicht: Oft reisten ▸Dienerinnen mit, die dann den Haushalt führten. Wenn der Kreuzritter im Heiligen Land blieb und eine neue Burg baute, ließ er seine Frau nachkommen.

Der Eingang von **Kreuzfahrerburgen** wurde durch starke Mauern und Wehranlagen geschützt. Dennoch wurde auch die Burg Nimrud im Kreuzfahrerstaat Jerusalem eingenommen.

Der **Kreuzfahrerstaat** »Königreich Jerusalem« bestand 1099 bis 1291. Heute ist Jerusalem die Hauptstadt des Staates Israel.

Kreuzfahrerstaaten

Christliche Länder im Orient. Auf ihrem Weg nach Jerusalem eroberten die ▶Kreuzritter während des ersten ▶Kreuzzuges einige muslimische Städte und richteten an der Ostküste des Mittelmeeres eigene Kreuzfahrerstaaten ein. Mitten in den arabischen Gebieten entstanden so kleine christliche Staaten. Dies waren die Grafschaft Edessa, das Fürstentum Antiochia, die Grafschaft Tripolis und das Königreich Jerusalem.

Kaum erobert, waren die christlichen Gebiete schon wieder in Gefahr. Sie wurden von Arabern bedroht, die sie zurückerobern und die Christen vertreiben wollten. Als Edessa 1144 fiel, rief der ▶Papst zum zweiten Kreuzzug auf, um die Kämpfer im Heiligen Land zu unterstützen.

Die Kreuzritter waren vor allem auf den Nachschub von ▶Waffen, Geld, Nahrung und kampfwilligen ▶Rittern aus Europa angewiesen. Da der Landweg sehr weit und gefährlich war, wollte man über den Seeweg reisen. Also baten die Kreuzfahrer die italienische Seestadt Venedig um Hilfe. Gemeinsam eroberten Kreuzfahrer und italienische ▶Kaufleute während des dritten (1189 bis 1192) und während des vierten (1202 bis 1204) Kreuzzuges weitere Küstenstädte am Mittelmeer. Auch Konstantinopel, die christliche Hauptstadt des ▶Byzantinischen Reiches, wurde 1204 eingenommen, und die Eroberer teilten sich die erbeuteten Schätze.

Im 13. Jh. war die Herrschaft der Kreuzfahrer im ▶Orient jedoch endgültig vorbei: Die wichtigste Hafenstadt, Akko, wurde 1291 von den Arabern zurückerobert. In Europa rief man immer wieder zur Rückeroberung der verlorenen Gebiete auf, doch es gelang nicht, die Kreuzfahrerstaaten wiederherzustellen. ■

Auf dem Weg ins Heilige Land wurde im Jahr 1098 die Stadt Antiochia von **Kreuzrittern** eingenommen. Sie gründeten hier einen Kreuzfahrerstaat.

Zu Hunderten stürmten die kampflustigen **Kreuzritter** in die Schlacht. Mit Lanzen und Schwertern wollten sie das Heilige Land von den Ungläubigen befreien.

Kreuzritter

Kämpfer im Namen der Kirche. ▶Ritter, die dem Aufruf des ▶Papstes zum ▶Kreuzzug folgten, hefteten sich vor ihrer Reise in den ▶Orient ein Kreuz ans Gewand, weshalb man sie Kreuzritter nennt. Eigentlich sollten nur ▶Ritter und Adlige an den Kreuzzügen teilnehmen. Aber auch ▶Bauern, ▶Bürger und arme Leute folgten der päpstlichen Aufforderung begeistert. Diese Kämpfer wurden Kreuzfahrer genannt. Für jene, die am Kreuzzug teilnahmen, lockten der Erlass der Sünden und die Mär von sagenhaften Reichtümern. Außerdem mussten die Ritter während ihrer Abwesenheit keine Steuern zahlen, und niemand durfte eine ▶Fehde gegen die heimische ▶Burg eines Kreuzritters führen. Manche verkauften sogar ihr gesamtes Hab und Gut für die Reise, denn ein Kreuzzug kostete viel Geld. Reich wurden allerdings nur wenige Kreuzfahrer. Viele erreichten ihr Ziel gar nicht. Krank und erschöpft von der langen Reise kehrten vor allem die unorganisierten Bauern schnell um. Obwohl die Ritter im Namen des Kreuzes kämpften, kannten sie keine Gnade gegenüber ▶Ungläubigen: Sie töteten und beraubten ihre Feinde. ■

Auch einige **Geistliche** hätten am liebsten mitgekämpft, durften aber nicht. Sie zeigten den Kreuzrittern den Weg und beteten für sie.

ES WAR EINMAL …

Die Legende von der heiligen Lanze

Als die Kreuzritter nach vielen Kämpfen von den Arabern in der Stadt Antiochia in Syrien festgehalten wurden, Hunger litten, erschöpft waren und nicht wussten, ob sie je wieder nach Hause zurückkehren würden, wollten die meisten von ihnen aufgeben. Da berichtete jemand, jene Lanze, mit der Jesus einst am Kreuz in die Seite gestochen wurde, sei gefunden worden. Das ermutigte die Kreuzritter so sehr, dass sie glaubten, mit dieser Wunderwaffe könne ihnen alles gelingen. Und tatsächlich besiegten sie die Araber.

Mit einem **Nasalhelm**, der mit einem Steg die Nase schützte, zogen die Kreuzritter gut gerüstet in den Kampf.

Kreuzzug

Kämpfen im Auftrag des Papstes. Im Zeichen des Kreuzes, des christlichen Symbols, zogen fromme ▶Krieger und ▶Ritter gegen muslimische Araber in den Kampf. Die christliche ▶Religion verbietet zwar eigentlich Waffengewalt, denn das fünfte der zehn Gebote lautet: »Du sollst nicht töten!« Doch war dafür schnell eine Lösung gefunden: Der Kampf gegen ▶Ungläubige wurde von der Kirche für gerecht und heilig erklärt, denn es hieß, dass der christliche ▶Glaube verteidigt werden musste.

Die im ▶Orient lebenden Christen fühlten sich bedroht, als die muslimischen Völker das ▶Byzantinische Reich angriffen. Der byzantinische Kaiser bat daher den ▶Papst in Rom um Hilfe. Dieser, Papst Urban II., schickte im Jahr 1095 Ritter in den Orient, um der östlichen Christenheit gegen die Muslime zu helfen und Jerusalem zu erobern. Man vermutet, dass über 100 000 Ritter, Krieger und ▶Bauern dem päpstlichen Aufruf zum ersten Kreuzzug folgten. Sie machten sich, geführt von einigen Grafen und höheren ▶Adligen, auf den langen Weg. Da Jerusalem von der Bischofsstadt Köln über 3000 Kilometer entfernt liegt, waren die Kreuzfahrer zu Fuß, mit Pferden oder auf Schiffen viele Monate unterwegs. Nicht alle überlebten die beschwerliche Reise. Doch die Kreuzfahrer hofften, nach ihrem Tod ins himmlische Paradies zu kommen. Außerdem wurden diejenigen, die bei der Verteidigung des Glaubens im Kampf starben, oft als ▶Heilige und Märtyrer verehrt.

Jene Kreuzfahrer, die lebend im Orient ankamen, überraschten die Muslime so sehr, dass es ihnen beim ersten Versuch gelang,

SCHON GEWUSST?

Gott will es!

Am 27. November 1095 rief Papst Urban II. (siehe Bild) auf einer kirchlichen Versammlung im französischen Clermont zur Befreiung von Jerusalem auf. In einer flammenden Rede forderte der Papst, dass die Ritter ihr Schwert nicht länger gegeneinander erheben, sondern es gegen die Feinde der Christen einsetzen sollten. Jedem, der am Kreuzzug teilnahm, versprach er die Vergebung aller Sünden.

Mit den Worten »Deus lo vult!« – »Gott will es!« – schloss Papst Urban II. seine Predigt. »Gott will es!« wurde zum Schlachtruf der Kreuzritter, die sofort nach diesem Aufruf zum ersten Kreuzzug nach Jerusalem aufbrachen.

Die **Kreuzfahrer**, unter ihnen ein König, brechen auf. Die Geistlichen blieben zurück und segneten die mutigen Kämpfer.

SCHON GEWUSST?

Jerusalem – Heilige Stadt für Juden, Christen und Muslime

In Jerusalem, der Hauptstadt des heutigen Israel, liegen dicht nebeneinander die wichtigsten Heiligtümer der Juden, Christen und Muslime: Von dem jüdischen Tempel aus der Römerzeit steht nur noch die »Klagemauer«. Hier beten Juden und gedenken der Zerstörung des Tempels. Die Klagemauer ist gleichzeitig Teil des Felsendomes. Dieser muslimische Kirchenbau wurde über jenem Felsen errichtet, von dem aus Mohammed, der wichtigste Prophet des Islam, in den Himmel aufgestiegen sein soll. Und schließlich steht in Jerusalem die christliche Grabeskirche. Unter ihren Fundamenten vermutet man das Grab von Jesus Christus.

Gespannt erwarten diese **Kreuzritter** ihre erste Schlacht mit den gefürchteten Muslimen.

Jerusalem zu erobern. Doch einige Jahrzehnte später schlugen die Muslime zurück und nahmen ihre Städte wieder ein. Daraufhin machten sich noch mehr Kreuzfahrer auf den Weg in den Orient. Selbst ▸Kaiser und Könige folgten den Aufforderungen des Papstes zum zweiten, dritten und vierten Kreuzzug. Auf dem Weg dahin gründeten einige ▸Fürsten christliche ▸Kreuzfahrerstaaten an der Küste des östlichen Mittelmeeres. Es ging ihnen dabei nicht allein um die Verteidigung ihres Glaubens, sondern vor allem um Beute und Besitz: Mit dem ▸Fernhandel kostbarer Waren gelangten sie zu großem Reichtum.

Im 13. Jh. wurde es zunehmend schwieriger, die eroberten Gebiete zu verteidigen. Vergeblich versuchten bis ins 15. Jh. Kreuzfahrer, die Muslime aus den für die Christen heiligen Gebieten im Orient und aus Jerusalem zu vertreiben, doch es gelang ihnen nicht. ■

Im Laufe der Zeit fanden die Kreuzritter **unterschiedliche Routen**, um nach Jerusalem zu reisen. Am Anfang nutzten sie die Landwege, später segelten sie übers Meer.

Ägypten, die arabische Halbinsel, Israel, Syrien, Irak, Iran, die Türkei und noch einige kleinere Länder liegen im **Orient**. Konstantinopel bildete die Grenze zu Europa.

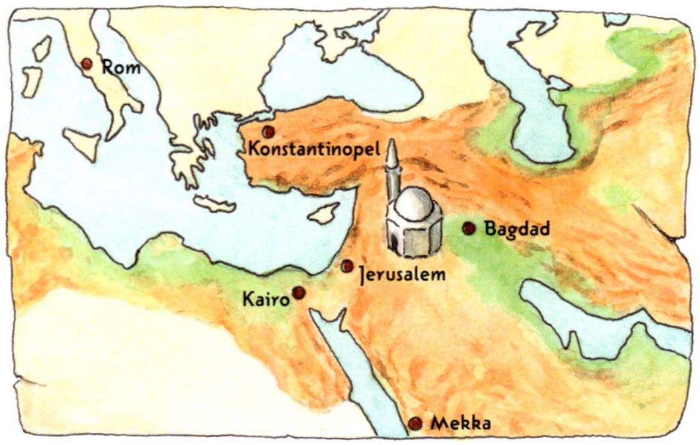

Orient

Fremde Welt im Osten. Der Orient, auch ▸Morgenland genannt, liegt von Europa aus gesehen im Osten, also dort, wo die Sonne aufgeht. Man nennt diese Gebiete auch Naher Osten, Westasien oder ▸Osmanisches Reich und meint damit die Länder rund um das östliche Mittelmeer. Dort lebten Araber und Türken. Sie waren Muslime, also Anhänger des Islam (▸Religionen). Um die ungläubigen Araber zu bekämpfen, zogen die ▸Kreuzritter während der ▸Kreuzzüge in den Orient. Als sie dort ankamen, staunten sie über die fremden Krieger, die Turbane trugen, mit Krummsäbeln kämpften und mit mehreren Frauen verheiratet sein konnten.

Trotz aller Feindseligkeiten und Kriege wurden wertvolles Wissen und kostbare Waren zwischen den Kulturen ausgetauscht. Besonders beliebt waren z. B. schon im Mittelalter die aus Wolle oder Seide kunstvoll geknüpften Orientteppiche. ■

Osmanisches Reich

Großmacht am Mittelmeer. Gegen Ende des Mittelalters, im 15. Jh., war das Osmanische Reich zu einer Großmacht im östlichen Mittelmeerraum angewachsen. Das Zentrum dieses Reiches lag in der heutigen Türkei mit Bursa am Marmarameer als Hauptstadt. Seinen Namen erhielt das Osmanische Reich von seinem ersten Herrscher, Sultan Osman I.

Die Osmanen hatten das einst mächtige christliche ▸Byzantinische Reich besiegt und 1453 die Hauptstadt Konstantinopel eingenommen. Sie wollten ihre ▸Religion, den Islam, verbreiten und vergrößerten dafür ihr Reich immer mehr, auch in Richtung Ungarn und Österreich: Zwei Mal belagerte ein türkisches Heer im 16. und 17. Jh. Wien. Dabei begegneten die Osmanen den Europäern nicht nur im Kampf, sondern brachten z. B. auch ihre Lebensgewohnheiten und Genussmittel, wie Kaffee, mit nach Europa und vermittelten ihnen Zugang zu neuen wissenschaftlichen Ideen in ▸Astronomie, ▸Medizin oder der ▸Navigation von Schiffen. ■

Sultan Süleiman, Herrscher des **Osmanischen Reiches**, hatte als Feldherr großen Erfolg: Er belagerte sogar Wien.

SCHON GEWUSST?

Die Eroberung von Konstantinopel

Konstantinopel, ursprünglich unter dem Namen Byzanz gegründet und Hauptstadt des ▸Byzantinischen Reiches, hatte eine sehr wechselhafte Geschichte. So kam z. B. Sultan Mehmed, »der Eroberer«, mit 80 000 Soldaten, um die Stadt zu erobern. Als seine Flotte die Gewässer um die Stadt kontrollierte, stand nur noch die ▸Stadtmauer zwischen ihm und dem Reichtum der Stadt. Am 29. Mai 1453 nahmen die Osmanen die Stadt ein. Konstantinopel war fortan die Hauptstadt des Osmanischen Reiches und ist heute unter dem Namen Istanbul Hauptstadt der Türkei.

Zwei Kämpfer eines **Ritterordens** ziehen in den Kampf, um christliche Städte gegen die Araber zu verteidigen (Bild links).
Einige **Kreuzritterburgen** waren mit Skulpturen von Kreuzrittern geschmückt (Bild rechts).

Ritterorden

Mönche in Ritterrüstung. Manche ▶Kreuzritter waren so sehr von der Wichtigkeit der ▶Kreuzzüge überzeugt, dass es ihnen nicht genügte, die heilige Stadt Jerusalem von den Muslimen zu befreien. Anstatt nach Hause zurückzukehren, blieben sie im ▶Orient: Dort wollten sie das Christentum nachhaltig schützen, kranke Gläubige pflegen, sich um ▶Pilger kümmern und vor allem jederzeit einsatzbereit sein, wenn das Christentum wieder verteidigt werden musste. Deshalb gründeten einige Kreuzfahrer im 12. Jh. religiöse ▶Orden. Wie die ▶Mönche und Nonnen in Europa legten auch sie ein Gelübde ab und schworen u. a. Armut, Gehorsam und Keuschheit. Anders als bei den Mönchen im ▶Kloster war es in den Ritterorden jedoch erlaubt, ▶Waffen zu tragen und diese auch einzusetzen, jedoch nur im Kampf gegen ▶Ungläubige.

Der erste Ritterorden war der Templerorden, der 1119 in Jerusalem gegründet wurde. Sein Hauptsitz befand sich in einem Teil des alten Tempels von Jerusalem, daher stammt der Name Templer. Wie die ▶Zisterzienser trugen die Templer einen weißen Mantel, darauf hefteten sie ein rotes oder gelbes Kreuz als Erkennungszeichen.

Auch die ▶Johanniter waren ursprünglich ein Ritterorden. Sie widmeten sich der ▶Krankenpflege im Heiligen Land, später aber auch dem Schutz der Pilger, die Jerusalem besuchten. Der ▶Deutsche Orden sah seine Hauptaufgabe in der Verteidigung des Christentums, ging oft auf Eroberungszüge und baute starke ▶Kreuzfahrerburgen. ■

SCHON GEWUSST?

Moderne Kreuzritter

Heute gibt es noch zwei vom ▶Papst anerkannte Ritterorden: die Malteser und den Ritterorden zum Heiligen Grab. Deren Mitglieder (siehe Bild) kämpfen nicht mehr gegen Ungläubige, sondern wollen mit friedlichen Mitteln Christen in aller Welt unterstützen. Sie organisieren z. B. Pilgerreisen ins Heilige Land.

Die Bauern im Mittelalter

7
6
11
3

Das Mittelalter hat viele Gesichter. Die Geschichte der Bauern zeigt die Seite der Armen und Unterdrückten im Gegensatz zum prunkvollen Leben am Hof. Bis ins Hochmittelalter spielte sich fast alles auf dem Land ab: Mönche, Ritter, Adlige, Könige – alle lebten auf dem Land.

Die harte Arbeit auf den Feldern und in den Ställen verrichteten jedoch hauptsächlich Bauern. Von früh bis spät bearbeiteten sie das Ackerland und kümmerten sich um das Vieh. Sie rodeten das Land oder legten Sümpfe trocken und schufen so neue nutzbare Flächen. Mit ihren Erträgen versorgten sie sich und die übrige Bevölkerung. Alle waren auf sie angewiesen, doch ihre Arbeit zählte wenig. Die Bauern selbst lebten in Abhängigkeit und Armut.

Ackerbau

Zum **Ackerbau** gehörte auch der Anbau von Futter. Das Gras wurde von den Männern mit Sensen gemäht, Frauen rechten es zusammen und stellen es zum Trocknen auf. So wurde daraus Heu.

Harte Arbeit auf dem Land. Die meisten ▸Bauern im Mittelalter waren Ackerbauern. Sie pflanzten ▸Getreide, Obst und Gemüse an. Anders als heute, wo es zu jeder Jahreszeit eine große Auswahl an Lebensmitteln gibt, war das Angebot im Mittelalter überschaubar: Es gab vor allem Getreide, Kohl und Rüben, Karotten, Linsen oder Salat. In den Obstgärten wuchsen Äpfel, Birnen, Pflaumen, Kirschen und Beeren.

Doch auch für Tiere musste Nahrung angebaut werden. Klee und Gras wuchsen auf Weiden, Futterwicke und Rüben auf Feldern. Ackerbau und ▸Viehzucht ergänzten sich: Die Tiere düngten mit ihrem Mist den Boden, wenn sie weideten. So konnten die Pflanzen gut wachsen, vorausgesetzt, es gab keine Trockenzeiten oder Überschwemmungen.

Vor der Aussaat im Frühjahr wurde der Ackerboden mit dem Pflug (▸Geräte) bearbeitet. Anschließend zerkleinerte man mit der Egge, einem Holzgitter mit Eisenzähnen, die Erde zu kleinen Krümeln. In diesen lockeren Boden säten die Bauern die Samen. Danach zogen sie erneut die Egge über das Feld, um die Samenkörner mit Erde zu bedecken, sodass die Vögel sie nicht fressen konnten. Die Pflanzen wuchsen dann zwar von alleine, doch musste ständig Unkraut gejätet, gegossen sowie das Vieh versorgt oder Geräte repariert werden. Am meisten zu tun gab es während der ▸Ernte im Spätsommer und Herbst. Bei dieser Arbeit half die ganze Familie mit, auch die Kinder. ■

SCHON GEWUSST?

Wie kann man am meisten ernten?

Natürlich wollten alle Bauern auf ihren Feldern möglichst viel ernten. Aber wenn sie dem Boden keine Zeit gaben, um sich zu erholen, war er ausgelaugt und die Ernte fiel mager aus. Im Hochmittelalter hatten die Bauern deshalb eine gute Idee: Sie teilten ihre Felder in drei Teile. In einem Teil säten sie im Frühjahr Sommergetreide wie Gerste oder Hafer, im zweiten Teil wuchs im Herbst Wintergetreide wie Roggen, Weizen und Dinkel, und den dritten Teil ließen sie unbearbeitet brachliegen. Dort weidete das Vieh.

Im nächsten Jahr wechselte die Bebauung, und ein anderer Teil lag brach. In dieser Zeit erholte sich der Boden und sammelte neue Nährstoffe. In einigen Gegenden wurden die Äcker bis ins 19. Jh. im System der Dreifelderwirtschaft bearbeitet. Heute erzielt man reiche Ernten durch besseres Saatgut und künstliche Düngemittel.

Bauern

Viel Arbeit für wenig Lohn. Schon seit vielen Tausend Jahren betreiben die Menschen ▶Ackerbau und ▶Viehzucht. Im Mittelalter arbeiteten fast 90 Prozent der Bevölkerung als Bauern. Obwohl sie Nahrung für alle produzierten, hatten sie die wenigste Macht. Die meisten Bauern lebten nicht einmal als freie Menschen, sondern waren ▶Leibeigene. Das Land, das sie bearbeiteten, gehörte den Grundherren (▶Grundherrschaft).

Das Leben der Bauern und ihrer Familien wurde von den Jahreszeiten bestimmt: Im Herbst ernteten sie Gemüse, Getreide und Heu und legten Vorräte für den Winter an. Sie schlachteten Tiere und verarbeiteten das Fleisch zu Wurst oder Schinken. Der Boden wurde gepflügt und das Wintergetreide ausgesät. Im Winter war Zeit für Arbeiten im Haus: Es wurde Wolle versponnen und Kleidung genäht oder ausgebessert. Im Frühjahr begann erneut die Feldarbeit. Die Bauern pflügten den Boden und säten Getreide aus. Im Sommer schoren sie die Schafe, ernteten das Obst und Gemüse und verarbeiteten es. Während das Korn wuchs, musste Unkraut gezupft und Pflanzen gegossen sowie die Tiere versorgt werden. Jeden Tag, außer an Sonn- und Feiertagen, arbeiteten die Bauern von Sonnenaufgang bis Sonnenuntergang. Frauen und Kinder halfen

SCHON GEWUSST?

Wie verbrachte man den Winter?

In der kalten Winterzeit blieben Menschen und Tiere lieber in Haus und Stall. Man wärmte sich am Ofen und hatte endlich etwas Zeit zum Spielen und Geschichtenerzählen. Doch besonders angenehm war es im Winter nicht, denn es gab kein frisches Obst oder Gemüse, und man musste von den Vorräten zehren, die man im Herbst angelegt hatte: gepökeltes Fleisch, Sauerkraut, Gurken, Nüsse oder Brot. War der Winter lang oder die Ernte schlecht gewesen, reichten die Vorräte nicht, und die Bauern hungerten im Frühjahr.

Als Leibeigene mussten die **Bauern** nicht nur die Felder bearbeiten, sondern auch Dienste für den Grundherrn verrichten. Dazu zählte u. a., dessen Grundstück einzuzäunen.

Nur wenige **Bauern** konnten sich Pferde für die Feldarbeit leisten. Oft zogen sie Pflug oder Egge selbst über das Feld.

ihnen dabei. Das Leben war so hart, die Arbeit so anstrengend und die Ernährung so mangelhaft, dass um 1300 ein Bauer nur etwa 30 Jahre alt wurde.

Wenn die ▶Ernte reichlich ausfiel, verkauften die Bauern die Überschüsse auf dem ▶Bauernmarkt und verdienten sich so etwas Geld hinzu. In regenarmen Zeiten hatten die Bauern selbst kaum genug, um ihre Familie zu ernähren und konnten nichts verkaufen. Weil sie ihrem Grundherrn aber dennoch ▶Steuern und Abgaben zahlen mussten, litten sie dann unter Geldsorgen.

Das ganze Mittelalter hindurch gehörten die Bauern zur unteren Bevölkerungsschicht. Erst in der Neuzeit besserte sich ihre Lage; gegen Ende des 18. Jh. wurde die Leibeigenschaft aufgehoben. Auch im 21. Jh. gibt es noch Bauern in Mitteleuropa, aber deutlich weniger als früher. Sie bearbeiten viel größere Flächen Land, und die meisten beschränken sich auf ein einziges landwirtschaftliches Produkt: Einige halten Tausende von Milchkühen, andere besitzen riesige Hühnerfarmen, wieder andere bauen ein bestimmtes Getreide an. ■

Brot war eines der wichtigsten Nahrungsmittel. Die Bauern buken es selbst. Da das Mehl in den Mühlen nicht so fein gemahlen werden konnte, gab es nur Vollkornbrot.

ES WAR EINMAL …

Ein Rächer der Unterdrückten: Robin Hood

Robin Hood war ein ausgezeichneter Bogenschütze und ging als Rächer der Enterbten und als in Ungnade gefallener Sohn eines ▶Adligen in viele englische Erzählungen und Dichtungen seit dem 13. Jh. ein. Robin Hood lebte frei und wild im Wald von Sherwood Forest bei Nottingham. Mit seinen Anhängern kämpfte er gegen die willkürliche Herrschaft der englischen Adligen. Sein Erzfeind war der Sheriff von Nottingham, mit dem er immer wieder aneinandergeriet. Mit Mut und List überstand Robin außerdem zahlreiche Abenteuer, so überfiel er z. B. reiche Reisende, raubte deren Geld und Schmuck und verteilte es an die hungernden Bauern.
Die Person Robin Hood gab es wahrscheinlich nicht, aber die Geschichte zeigt deutlich den Wunsch der armen Bauern, vor den herrschsüchtigen Adligen beschützt zu werden.

Bauernhaus

Wohnung und Stall in einem. In den meisten Bauernhäusern wohnten Menschen und Tiere unter einem Dach zusammen. Eine Wand unterteilte das Haus in den Wohn- und den Stallbereich. Der Wohnbereich bestand häufig nur aus einem einzigen Raum, in dem gekocht, gearbeitet und geschlafen wurde. Es gab kaum Möbelstücke, und mehrere Personen teilten sich ein Bett. Kleine Fensterluken ließen nur wenig Licht und Luft in das Haus. Der Fußboden bestand aus festgetretenem Lehm, auf den etwas Stroh gestreut war. Zum Haus gehörte ein Garten, in dem das Vieh lebte und Obst und Gemüse angebaut wurden. In felsenreichen Gegenden wurden die Bauernhäuser aus Stein gebaut; wo es viel Wald gab, in Fachwerkbauweise. Dabei wurde ein Gerüst aus Holzbalken mit Wänden aus Lehm und Stroh gefüllt. Nur der Kamin war aus Steinen zusammengesetzt. Das Dach war mit Stroh oder Schilf gedeckt. Unter dem Dach lagerten die Vorräte, wie Heu und ▸Getreide, getrocknete Früchte oder geräuchertes Fleisch. ■

Die Dächer von **Bauernhäusern** waren mit Stroh oder Schilf gedeckt. Solche Reetdächer hielten den Regen gut ab, fingen aber auch leicht Feuer.

Reiche Bauernfamilien hatten einen großen **Bauernhof**. Die meiste Zeit des Tages verbrachten die Bewohner jedoch draußen bei der Arbeit.

Bauernkleidung

Braune Kittel für die Arbeit. Die Bauern im Mittelalter trugen vor allem praktische Kleidung. Doch durften sie nicht einfach anziehen, was sie wollten, denn die ▸Adligen erließen Kleidervorschriften: So durften Bauern vielerorts keine bunten und kostbaren Gewänder besitzen. Kaiser ▸Karl der Große befahl z. B. im 9. Jh., dass hörige Bauern (▸Leibeigene) nur einen kurzen Kittel und Beinkleider tragen durften. Sie liefen barfuß oder trugen derbe Schuhe aus Rindsleder. Wenn es kalt war, durften sie auch einen Mantel, Handschuhe und ein Kopftuch, die sogenannte Gugel, tragen. Später wurden Bauern außerdem bestimmte Farben vorgeschrieben, nämlich Blau-, Braun- und Grautöne.

Die Kleidung stellten die Bauersfrauen selbst her, indem sie Wolle spannen oder Leinen aus Flachs herstellten und zu Stoff webten. Die Unterwäsche war aus Leinen. Nur sie wurde regelmäßig gewaschen. Über der Unterhose trugen die Männer Beinlinge aus Wolle, die wie lange Strümpfe aussahen. War es warm, konnten sie sie hinunterrollen, war es kühler, wurden sie mit Bändern an das Wams, eine Art Unterjacke, geknüpft. Darüber trugen die Bauern eine Wolljacke. Knöpfe wurden erst im Spätmittelalter erfunden, vorher schloss man Kleidung mit Haken und Schnüren oder Fibeln, die ähnlich wie eine Sicherheitsnadel funktionierten. Statt einer Jacke trugen sie oft ein Schultertuch aus Wolle. Die Bauersfrauen trugen lange, weite Kleider, die sie mit einem Gürtel zubanden, die Kinder hatten nur einfache Kittel. ■

SCHON GEWUSST?

Aus Flachs wird Leinen

Damit die leinene Unterwäsche nicht kratzte, musste zunächst aus den groben und harten Fasern der Flachspflanze feines Leinen gemacht werden. Dafür ließen die Bauern den Flachs nach der ▸Ernte im Sommer auf den Feldern liegen und hofften, dass sich Regen und Sonne abwechselten. Denn nur, wenn die Pflanzen mehrmals nass wurden und wieder trockneten, wurden die Fasern weich. Die Bauersfrauen wendeten den Flachs regelmäßig mit dem Rechen und sammelten ihn nach ein paar Wochen ein. Dann wurde er »gehechelt«: Mit Holzbrettern brach man die Pflanzen, löste so die harte Rinde und kämmte die langen weichen Fasern heraus. Diese versponnen die Frauen zu Garn und webten daraus Bettwäsche, Tischdecken, Vorhänge, Handtücher und Unterwäsche. Die natürliche Farbe von Leinen war grau. Erst durch Bleichen in einer Aschenlauge und unter freiem Himmel wurde die Wäsche weiß. Man konnte sie aber auch mit Pflanzenfarbe färben.

Die tanzenden Bauern auf diesem Volksfest hielten sich nicht an die Vorschriften für die **Bauernkleidung**. Ihre Gewänder sind so bunt wie die der Adligen, aber nicht so elegant und kostbar.

Bauernkriege

Aufstände der Bauern. Die ▶Bauern mussten ▶Steuern und Abgaben an die Grundherren zahlen. Diese waren manchmal so hoch, dass kaum genug zum Leben für die Bauern übrig blieb. Am Ende des Mittelalters, im 16. Jh., waren die Bauern so unzufrieden mit der Ausbeutung und Unterdrückung durch die ▶Adligen, dass einige beschlossen, dagegen zu rebellieren: 1524 zogen sie mit Mistgabeln, Spaten und Sensen bewaffnet auf die ▶Höfe, ▶Burgen und ▶Klöster ihrer Herren und wollten mit Gewalt auf ihre Not aufmerksam machen. Sie forderten weniger Abgaben, niedrigere Steuern, mehr Mitbestimmung in der Dorfgemeinschaft sowie die Abschaffung der Leibeigenschaft. Diese Bauernkriege dauerten bis 1526. Schnell wurden die aufständischen Bauern jedoch von kampferprobten und mit ▶Waffen ausgestatteten ▶Rittern besiegt. Die Lage der Bauern hatte sich danach kaum gebessert: Sie bearbeiteten weiter als ▶Leibeigene das Land der Grundherren. ■

Im Jahr 1525 zogen auch die **Bauern** aus Oberfranken bewaffnet zum Hof ihres Herrn. So wollten sie gegen die zu hohen Steuern protestieren. An diesen Aufstand wird noch heute mit einem Umzug erinnert.

Auf dem **Bauernmarkt** wurden Milch, Eier und Wolle, aber auch lebende Schafe verkauft.

Bauernmärkte

Töpfe, Pfannen und andere Alltagsdinge. Anders als auf den ▶Märkten in der ▶Stadt wurden auf den Bauernmärkten nur praktische Dinge wie Lebensmittel, Kleidung und Geschirr angeboten. Die ▶Bauern hatten kaum Geld, um sich etwas zu kaufen. Erst im Hochmittelalter verdienten sie sich ein paar Münzen hinzu, als sie durch bessere ▶Geräte und Neuerungen im ▶Ackerbau höhere Erträge erwirtschafteten, die sie auf den Märkten verkaufen konnten. Von dem eingenommenen Geld kauften sie Stoffe, Schuhe, Salz, Töpfe, Pfannen, Messer und andere Dinge des täglichen Lebens.

Bauernmärkte mit ihren wenigen Verkaufsbuden wurden meist auf dem Platz vor der ▶Dorfkirche abgehalten. Einige fanden einmal in der Woche, andere unregelmäßig statt. Wenn das eigene ▶Dorf keinen Markt hatte, reisten die Bauern in die nächste Stadt, um dort ihre Besorgungen zu machen. ■

RATE MAL!

Was konnte man nicht auf einem mittelalterlichen Markt kaufen?

1. Kartoffeln und Tomaten.
2. Unterwäsche.
3. Linsen und Bohnen.

Antwort 1: Kartoffeln und Tomaten waren im Mittelalter in Europa noch unbekannt. Kartoffeln wurden erst 1537 von den spanischen Seefahrern als Proviant entdeckt und mit nach Europa gebracht. Im 17. Jh. galten sie als kostbare Delikatesse, erst im 18. Jh. wurden sie vielerorts angebaut.

Dorf

Leben auf dem Land. Oft stand zunächst nur ein einzelnes ▶Bauernhaus an einem Weg. Wenn weitere ▶Bauern auf Einladung des adligen Grundherrn hinzuzogen und das Land bearbeiteten, entstand ein Weiler, also eine kleine Siedlung aus wenigen Häusern. Kamen noch mehr Häuser hinzu, entstand allmählich ein Dorf. Es wuchs meist entlang einer Straße oder wurde um einen zentralen Platz angelegt, auf dem die ▶Dorfkirche stand und der ▶Friedhof lag. Der Dorfplatz hatte einen Brunnen und diente als Versammlungsort. Hier standen auch das ▶Gasthaus und die Schmiede.

Die Dorfbewohner wählten einen Ortsvorstand, den Schultheiß, und verteidigten sich gemeinsam, wenn sie von ▶Kriegern, ▶Raubrittern oder fremden Völkerstämmen angegriffen wurden.

Alle Bauern mussten sich an die Regeln der Dorfgemeinschaft halten, die z. B. die Termine für Saat und ▶Ernte festlegte. Die Weiden für das Vieh und der Wald wurden von allen gemeinsam genutzt. Dieses Land nennt man Allmende.

SCHON GEWUSST?

Was verraten die Namen der Dörfer?

Dörfer, die im Mittelalter entstanden, erkennt man oft noch an ihrem Namen. Dörfer mit Endungen wie -rode, z. B. Wellerode, -roth, z. B. Ruppichteroth, oder -rath, wie Randerath, entstanden an Stellen, wo es vorher Wald gab, der gerodet wurde. Dörfer mit Endungen auf -hausen wie Sommerhausen gehen auf eine Gründung durch einen ▶Fürsten zurück. Dörfer mit -bach, z. B. Brodenbach, lagen zumindest zur Zeit ihrer Gründung an einem Gewässer. Auch bei einer ▶Burg entstanden Dörfer, etwa Rietburg.

Während der Zeiten des Bevölkerungswachstums im Hochmittelalter vergrößerten sich die meisten Dörfer. Da Deutschland fast überall mit Wald oder Sumpf bedeckt war, musste man das Land erst einmal durch ▶Rodungen oder das Trockenlegen der Sümpfe erschließen, bevor man neue Bauernhäuser bauen oder das Land als Ackerland nutzen konnte.

Die meisten Dörfer blieben klein. Sie bestanden oft aus nicht mehr als zehn Bauernhöfen, in denen etwa 70 Menschen lebten. Noch um 1850 lebte der Großteil der Bevölkerung als Bauern in Dörfern auf dem Land. ■

In mittelalterlichen **Dörfern** standen die einzelnen Bauernhütten meist weit auseinander. Zwischen den Häusern war Platz für Felder und Vieh, wie in diesem nachgebauten Dorf.

WOHER KOMMT'S?

Die Kirche im Dorf lassen

Die Redewendung »Jetzt wollen wir aber mal die Kirche im Dorf lassen!« bedeutet, dass man nicht übertreiben soll. Die Dorfkirche war ein einfaches Gebäude und diente der bäuerlichen Gemeinde als Versammlungsort. Hier war weder Platz noch Geld für Pracht und Prunk wie in den städtischen Bischofskirchen. Und so wie die einfache Kirche ihren rechten Platz mitten im Dorf hat, so soll man auch mit seinen Forderungen angemessen und mit seinen Ansichten im Rahmen bleiben.

Dorfkirche

Mittelpunkt des Dorfes. Jedes größere Dorf hatte eine eigene Kirche. Hier traf sich die ▶Gemeinde jeden Tag, um gemeinsam den ▶Gottesdienst zu feiern, denn die ▶Bauern gingen nicht nur am Sonntag zur Predigt in die Kirche, sondern hörten die Andacht jeden Morgen.

Die Dorfkirchen waren im Gegensatz zu den großen Gotteshäusern in der ▶Stadt eher klein und schlicht. Sie bestanden meist nur aus einem einzigen großen Raum. Nur die wenigsten Gemeinden konnten es sich leisten, ihre Kirche aus Stein zu bauen, deshalb waren viele aus Holz errichtet. Um die Kirche herum lag der ▶Friedhof. Der Kirchplatz mit Kirche und Friedhof bildete häufig den Mittelpunkt des ▶Dorfes. Hier fanden auch der ▶Bauernmarkt und Dorffeiern wie Kirchweihfest oder Jahrmarkt statt.

Der Pfarrer der Gemeinde leitete den Gottesdienst in der Dorfkirche, sprach die Predigt, taufte die neugeborenen Kinder und beerdigte die Verstorbenen. Außerdem nahm er die ▶Steuern und Abgaben ein, die jeder Bauer an die Kirche zahlen musste, und gab sie an den ▶Bischof weiter. Der Pfarrer kümmerte sich um die Gemeinde, wenn jemand Sorgen hatte, und er achtete darauf, dass die oft abergläubischen Bauern die kirchlichen Regeln einhielten. Er war fast immer der einzige im Dorf, der lesen und schreiben konnte. ■

Dorfkirchen waren nur sehr wenig geschmückt, aber ein **Kruzifix** hing immer an der Wand: Die Holzfigur zeigt den gekreuzigten Jesus Christus.

Diese Dorfkirche ist eine der seltenen **Steinkirchen**. Der Turm wurde später angebaut.

Ernte

Wenn Getreide, Äpfel und Rüben reif sind. Während der Erntezeit gab es für die ▶Bauern viel zu tun: Das geschnittene Gras wurde eingefahren, das reife Obst und Gemüse geerntet und das ▶Getreide von den Feldern eingebracht und weiterverarbeitet. Bei der Ernte half die ganze Familie: Die Männer mähten das Getreide mit Sensen, die Frauen banden es zu Garben zusammen und stellten es zum Trocknen zu einer Hocke auf. Zum Dreschen wurde das Korn in die Scheune gefahren, gemahlen wurde es beim Müller. Fast die Hälfte des geernteten Getreides wurde für die nächste Aussaat zurückbehalten.

Nach der Ernte durften arme Dorfbewohner die übrig gebliebenen Ähren vom Feld einsammeln. Geerntet wurde von Sommer bis Herbst, je nachdem, wann das Obst oder Gemüse reif war. Gras wurde im Sommer geschnitten, und Getreide erntete man zweimal im Jahr: Im Früh- und im Spätsommer. Wenn die Ernte abgeschlossen war, feierten alle Dorfbewohner das Erntedankfest. ■

In den großen Speichern wurde die **Ernte** gelagert. Hier bewahrte man die Getreide- und Futtervorräte für das ganze Jahr auf.

Der Anbau von **Getreide** war früher harte Arbeit. Heute ernten die Bauern auf der gleichen Grundstücksgröße mehr als zehn Mal so viel Weizen wie im Mittelalter.

Getreide

Für Brei, Brot und Matratzenfüllung. Getreide war das Hauptnahrungsmittel im Mittelalter, denn es machte satt und war lange haltbar. Die ▶Bauern aßen es vor allem zerstampft als Brei, wie ein Müsli. Am längsten hielt sich das Korn als Brot, das in den meisten Gegenden aber erst im Hochmittelalter gebacken wurde. Die Bauern brachten das Getreide zu Mühlen, die oft von Grundherren betrieben wurden. Für das Mahlen mussten sie eine Gebühr zahlen.

Getreide brauchte man auch, um Bier zu brauen. Und mit dem Stroh wurden Dächer gedeckt, Fußböden bestreut, Matratzen gefüllt, Hüte geflochten und Vieh gefüttert. ■

SCHON GEWUSST?

Was bauten die Bauern an?

Auf den meisten Feldern wuchs Weizen. Alte Weizenarten waren z. B. Emmer oder Einkorn. Die Bauern bauten auch Gerste an, die man zum Bierbrauen benötigt, Hafer, der vor allem als Pferdefutter genutzt wurde, Hirse, aus der man Brei zubereitete, und Roggen zum Brotbacken. Roggen hatte allerdings einen Nachteil: Einige Körner konnten giftig sein und krank machen.

SCHON GEWUSST?

Wie geriet ein Bauer in Leibeigenschaft?

Im Frühmittelalter gab es noch freie Bauern. Ihnen gehörte das Land, das sie bewirtschafteten. Als Freie waren sie aber auch verpflichtet, in den ▶Krieg zu ziehen, wenn das Land verteidigt werden musste. Musste der Bauer jedoch während der ▶Ernte seinen Hof verlassen, konnte die Familie nicht genug ernten, um satt zu werden. In dieser schwierigen Situation verkaufte mancher Familienvater seine Freiheit an den Grundherrn: Nun musste er zwar keinen Kriegsdienst leisten und bearbeitete das gleiche Land wie vorher, er war jedoch fortan unfrei, und alle seine Nachkommen waren dem Grundherrn zu ▶Steuern und Abgaben verpflichtet.

Der strenge Grundherr beaufsichtigt seine **Leibeigenen** bei der Feldarbeit.

Landbesitz

Wem gehörte das Land? Ein Teil der ▶Bauern besaß kein eigenes Land. Sie bearbeiteten es zwar, das Land gehörte aber Klostergemeinschaften oder ▶Adligen. Diese gaben es an ihre Nachkommen und Familien weiter, sodass es immer in deren Besitz blieb.

Die Landbesitzer herrschten nicht nur über den Grund und Boden, sondern auch über die Menschen, die darauf lebten (▶Grundherrschaft). Sie liehen den Bauern ihr Land, damit sie dort siedelten, die Äcker bestellten (▶Ackerbau) und ▶Viehzucht betrieben. So konnten sich die Bauern ernähren, waren aber auch ständig abhängig von den Landbesitzern. Als Gegenleistung mussten die Bauern ihnen regelmäßig ▶Steuern und Abgaben zahlen. ■

Leibeigene

Unfreie Bauern. Die meisten ▶Bauern im Mittelalter waren Leibeigene oder Hörige. Das heißt, sie waren von ihrem Grundherrn abhängig: Ihm gehörte nicht nur das Land, auf dem sie arbeiteten, sondern auch die Bauern zählten zu seinem Besitz. Die Bauern mussten ▶Steuern und Abgaben zahlen. Das konnten ein Teil der ▶Ernte sein, Geld oder Arbeitsdienste. Außerdem sprachen die Grundherren Recht über die Bauern und mussten um Erlaubnis gebeten werden, wenn ein Leibeigener heiraten oder wegziehen wollte. Es gab für die Bauern fast keine Möglichkeit, dieser Abhängigkeit zu entrinnen, außer, sie zogen in die ▶Stadt. Auch ▶Handwerker sowie Knechte und Mägde (▶Diener) des Grundherrn waren Leibeigene. ■

Zwei vornehme Adlige beobachten die Bauern auf ihrem **Landbesitz**. Diese graben Weinstöcke ein und ernten Trauben.

Bei den Rodungen fiel eine große Menge Holz an. Aus einem Teil wurde **Holzkohle** hergestellt. Dazu verbrannte es der Köhler in einem Kohlenmeiler. Holzkohle brauchte man für die Glas- und Metallherstellung.

Rodungen

Wie gewann man Land für neue Felder? Holz war schon im Mittelalter ein wichtiger und wertvoller Rohstoff: Man nutzte es als Baumaterial, zum Heizen und für die Herstellung von ▶Werkzeugen und Geräten. Die Baumrinde wiederum benötigte man zum Gerben von Leder.

Als im Hochmittelalter die Bevölkerungsanzahl stieg, brauchte man nicht nur mehr Baumaterial, sondern auch mehr Platz für Felder, Weideflächen und Siedlungen. Deshalb legten die ▶Bauern auf Anordnung der Grundherren Sümpfe trocken und rodeten den Wald. Dazu fällten sie zunächst Bäume und Büsche mit der Axt oder brannten sie nieder. Anschließend wurden die Wurzeln entfernt und der Boden gepflügt. Nun konnte man ihn als Feld oder Weide nutzen.

Auch wenn eine ▶Burg gebaut wurde, ließ der Burgherr die umliegenden Hügel roden. So hatte er freie Sicht über das Land, und feindliche Angreifer konnten sich nicht im Wald verstecken.

Besonders viele Rodungen fanden vom 11. bis 13. Jh. statt, als viele neue ▶Städte entstanden, die Platz brauchten. Dabei wurden im Laufe der Jahrhunderte etwa zwei Drittel der gesamten Waldfläche vernichtet. Deshalb gab es bereits im Spätmittelalter in Deutschland nicht mehr genügend Holz zum Bauen und Heizen, weshalb man es aus anderen Gebieten, z. B. den Alpen, einführen musste. ■

SCHON GEWUSST?

Wozu brauchte man Wald?

Der Wald wurde vielfältig genutzt. Neben Holz sammelten die Bauern auch Früchte und Beeren, Pilze und Wildkräuter. Diese konnte man essen oder zu ▶Medizin verarbeiten. Im Wald wurden Kaninchen und Vögel gejagt, und die Schweine mit Eicheln, Bucheckern und Kastanien gemästet. Außerdem bauten hier Bienen ihre Nester und produzierten Honig. Deshalb fällte man meist nicht alle Bäume, sondern ließ etwas Wald übrig.

Bei einer **Brandrodung** (Bild links) legte man Feuer, um den Wald abzubrennen. Das ging schneller, war aber auch gefährlicher als die **Rodung** mit Axt und Säge (Bild rechts), bei der jeder einzelne Baum gefällt wurde.

Viele **Sitten und Bräuche** der Bauern richteten sich nach dem Jahresverlauf: Jeden Monat gab es bestimmte Arbeiten zu tun.

SCHON GEWUSST?

Erntedank

Im Herbst, wenn die ▸ Ernte eingefahren und die anstrengende Arbeit getan war, feierten die Dorfbewohner das Erntedankfest: Kinder schmückten die ▸ Dorfkirche mit Feldfrüchten, es gab Gesang, Tanz und anschließend ein gemeinsames Festessen. Bei den Römern, Germanen und auch noch im Frühmittelalter opferte man einen kleinen Teil der Ernte den alten heidnischen Göttern, um für ihren Beistand zu danken und um gute Erträge im nächsten Jahr zu bitten. In vielen Gemeinden feiert man noch heute Erntedank.

Sitten und Bräuche

So hat man es schon immer gemacht! Sitten und Bräuche entstanden aus überlieferten Regeln, an die sich jeder in der Dorfgemeinschaft zu halten versuchte. So war es z. B. Brauch, die Geburt eines Kindes am nächsten Tag allen Nachbarn zu erzählen oder an Ostern Eier zu färben. Sowohl im Alltag, z. B. bei den Tischsitten, als auch bei verschiedenen Festen beachtete man die überlieferten Sitten und Bräuche. Zu Taufen, Hochzeiten, Beerdigungen sowie zu Frühlingsfesten, Maifeiern und Erntedankfesten wurden alle Dorfbewohner eingeladen. Die Abläufe dieser Feste waren festgelegt: Man wusste, welche Geschenke passend waren, wer eine Rede hielt oder was es zu essen gab.

Die ▸ Bauern bewahrten zum Teil noch alte heidnische Traditionen mit Zaubersprüchen und Dämonenglauben. Und noch heute wird in manchen Gebieten die Walpurgisnacht gefeiert: In der Nacht auf den 1. Mai sollen sich die Hexen auf dem Brocken, dem höchsten Berg im Harz, treffen. Mit einem großen Feuer versucht man, die Geister und Hexen zu vertreiben.

Die Kirche sah solche abergläubischen Gebräuche (▸ Aberglaube) nicht gerne. Deshalb wandelte sie die heidnischen Naturfeste in christliche Feiertage wie Allerseelen und Allerheiligen um. Auch an ▸ Kirchenfeiertagen hielt man sich an alte Sitten und Bräuche. ■

Steuern und Abgaben

Bauern zahlen für Land. Das meiste Land gehörte den Grundherrn (▶Landbesitz). Die ▶Bauern durften es bearbeiten, mussten dafür jedoch Steuern und Abgaben zahlen. Wie hoch die Summe war, entschied der jeweilige Grundherr. Im Frühmittelalter zahlten die Bauern noch kein ▶Geld, sondern arbeiteten für ihren Herrn, das nannte man Frondienst. So bearbeiteten sie im Frühjahr und Herbst neben ihren eigenen Feldern die Äcker der Grundherren. Sie pflügten den Boden, fuhren Mist aus oder legten Zäune an. Außerdem mussten sie einen Teil ihrer Erträge abliefern. Das ▶Kloster St.-Germain bei Paris listete z. B. im 10. Jh. folgende Abgaben auf: Eine unfreie Bauernfamilie hatte 50 Hühner, 160 Eier, zwei Hammel oder 30 Ferkel und außerdem Getreide zu liefern. Manchmal kamen Baumaterialien oder Holz hinzu.

Seit dem Hochmittelalter arbeiteten die meisten Bauern nicht mehr für ihren Herrn, sondern bezahlten die Gebühren mit Geld. Neben den Grundabgaben forderten die Grundherren jetzt auch Sonderabgaben von den Familien, z. B. bei einer Hochzeit oder einem Todesfall. Denn dadurch fehlte eine Arbeitskraft. Auch für die Nutzung der Mühle, des Backhauses sowie für den Genuss von Bier mussten die Bauern bezahlen. Hinzu kamen die Steuern für die Kirche, an die jede Familie ein Zehntel ihrer Einkünfte zu zahlen hatte. Damit wurden u. a. Arme und Hilfsbedürftige unterstützt. Wenn eine neue Kirche gebaut werden sollte, wurde zusätzlich der Kirchenpfennig eingezogen, um den Neubau zu finanzieren. Alles zusammengenommen, mussten die Bauern rund ein Drittel ihrer jährlichen Erträge abgeben. ■

Der Bauer übergab seine **Abgaben** für die Kirche an einen Geistlichen. Zunächst waren das Geflügel, Eier, Brot oder Fleisch. Später zahlten die Bauern ihre Steuern mit Geld.

SCHON GEWUSST?

Wie half sich ein Bauer bei Geldsorgen?

Wenn die ▶Ernte schlecht ausfiel und die Erträge nicht für die eigene Familie reichten, mussten arme Bauern auf anderen Höfen aushelfen oder nach der Feldarbeit noch die ▶Werkzeuge der Nachbarn reparieren, um etwas hinzuzuverdienen. Nur im Notfall liehen sie sich Geld bei einem Geldverleiher in der ▶Stadt (siehe Bild). Denn deren Zinsen waren so hoch, dass die Bauernfamilie viele Jahre hart arbeiten musste, um die Schulden zurückzuzahlen.

Zu den Aufgaben der Bauersfrauen gehörte auch das Füttern der **Tiere**.

Viehzucht

Tiere auf dem Bauernhof. ▶Bauern hielten Tiere, um Fleisch, Milch, Eier oder Wolle zu gewinnen und um sie bei der Feldarbeit einzusetzen. Aus Kuh- und Ziegenmilch stellten die Bauern Käse her, Schafe gaben Wolle, Hunde halfen beim Hüten der Herden. Hühner brachten zartes Fleisch, Eier und Federn für Bettzeug. Die Bauern selbst aßen kaum Fleisch, da es zu teuer war, doch bei Adligen, ▶Rittern und ▶Geistlichen war es beliebt. Das meiste Fleisch lieferten Schweine.

Für die Feldarbeit wurden Rinder vor den Pflug gespannt, und die Lasten transportierte man mithilfe von Ochsen, Eseln oder Pferden. Pferde waren zwar stärker als Rinder, aber auch empfindlicher, und sie brauchten mehr Pflege. Sie wurden erst im Spätmittelalter vermehrt eingesetzt, um die schweren eisernen Pflüge zu ziehen.

Große Tiere waren jedoch sehr teuer, und nur die wenigsten Bauern konnten sie sich leisten. Die meisten hielten auf ihrem Hof nur Katzen und Hühner. Denn Rinder, Ziegen oder Schweine brachten nicht nur etwas ein, sondern mussten auch gepflegt und gefüttert werden. Oftmals reichten auch die Futtervorräte nicht, sodass man die Tiere im Herbst schlachten und zu Wurst und Schinken verarbeiten musste. ■

RATE MAL!

Wofür waren Kühe gut?

1. Die Kinder der Bauern spielten mit den jungen Kälbern.
2. Man konnte auf ihnen reiten.
3. Sie lieferten viele nützliche Produkte.

Antwort 3: Kühe waren die wichtigsten Nutztiere im Mittelalter. Aus der Milch wurden Quark, Joghurt, Sahne, Käse und Butter hergestellt. Das Rindfleisch verarbeitete der Metzger zu Braten und Wurst. Aus der Kuhhaut machte man Leder für Schuhe und Taschen, aus der Haut von Kälbern beschreibbares Pergament. Löffel und Kämme, später auch Knöpfe, fertigte man aus den Hörnern an, deren Asche auch gegen Husten helfen sollte. Sogar der Mist fand Verwendung, man nutzte ihn als Dünger und Brennmaterial.

Die **Schweine** der mittelalterlichen Bauern waren sehr robust (Bild links). Sie lieferten Fleisch für Wurst und Schinken, während **Schafe** (Bild rechts) Wolle gaben.

Bauern lenkten den **Pflug**, den die Ochsen zogen. Nach dem Pflügen säte man Samen in den lockeren Boden.

Werkzeuge

Was brauchte man zur Feldarbeit? Die meisten Werkzeuge der ▶Bauern bestanden aus Holz, z. B. Rechen, Heugabeln, Dreschflegel, Webrahmen oder Handkarren. Diese einfachen Geräte stellten die Bauern selbst her. Geräte aus Eisen waren zwar haltbarer, aber auch viel teurer. Sicheln, Scheren oder Äxte mussten die Bauern vom Schmied kaufen.

Viele Werkzeuge wurden im Laufe des Mittelalters deutlich verbessert, wie z. B. der Pflug, oder neu erfunden, wie Sense oder Spinnrad. Mit der großen scharfen Sense, die man mit beiden Händen führte, ernteten die Bauern schneller Gras und ▶Getreide als mit der vorher üblichen kleinen Sichel.

Als im 13. Jh. das Spinnrad erfunden wurde, konnten die Frauen leichter Garn spinnen als mit der Spindel. Das Rad drehte sich und zog dabei aus einem Wollknäuel gleichmäßig einen Faden. Dieser Faden verzwirbelte sich zu festem Garn.

Mehl wiederum mahlte man zunächst in Handmühlen, die aus zwei flachen Steinen bestanden, von denen der obere einen Griff hatte. Das war nicht nur mühsam, sondern von den Mahlsteinen rieben auch Splitter ab, sodass das Mehl Steinchen enthielt. Nur teure Basaltmühlen aus dem Rheinland mahlten feineres Mehl. Bald übernahmen Wind- und Wassermühlen einen Teil die Arbeit. ■

Werkzeuge erleichterten die Arbeit der Bauern: Mit ihnen gruben sie das Feld um, pflügten den Boden, mähten das Gras, hackten Holz oder schoren Schafe.

SCHON GEWUSST?

Was war das wichtigste Werkzeug der Bauern?

Das wichtigste landwirtschaftliche Gerät war der Pflug. Am hinteren Ende befand sich ein Haken, mit dem der Boden aufgelockert und umgewälzt wurde, sodass der Regen gut in die Erde eindringen und die Wurzeln erreichen konnte. Im Frühmittelalter bestand der Pflug noch aus Holz, und oft zog ihn der Bauer selbst über das Feld. Manchmal spannte er auch einen Ochsen davor. Im 11. Jh. wurde der Pflug erheblich verbessert. Der neue eiserne Beetpflug war schwerer, griff tiefer in den Boden ein und pflügte ihn gründlicher um als der alte Hakenpflug. Auf den so gepflügten Feldern wuchs dann mehr ▶Getreide. Als man das Kummet erfand, einen gepolsterten Halsbügel, konnten auch Pferde den Pflug ziehen.

Das Leben in der Stadt

12
9
11
4
3
8
7
5
1

Das Hoch- und Spätmittelalter war die Zeit der Stadtgründungen. Viele Städte entstanden, als im 11. Jh. die Ernten reichlich ausfielen und die Anzahl der Menschen zunahm. Zwischen 1000 und 1300 verdoppelte sich die Bevölkerung. Viele neue Siedlungen wurden gegründet, und aus großen Dörfern wuchsen Städte.
Anders als die Bauern stellten die Stadtbewohner ihre Lebensmittel nicht selbst her, sondern kauften und verkauften die Dinge, die sie brauchten. Es entstanden immer mehr Berufe, und die Handwerker schlossen sich zu Zünften zusammen. Außerdem brachten die Kaufleute nicht nur Waren, sondern auch Wissen aus anderen Ländern mit. Gebildete Leute gründeten in den Städten erste Universitäten, und mutige Kaufleute erkundeten die Welt.

In Kleidern im Stil des 15. Jhs. feiern **Bürgerinnen** ein Mittelalterfest in der Stadt Landshut, Bayern. Bürger gehörten zu den angesehenen und wohlhabenden Einwohnern einer Stadt.

Bürger

Stadtbewohner mit besonderen Rechten. Nicht jeder ▸Stadtbewohner war auch ein Bürger. Nur wer sich ein Grundstück oder ein Haus in der ▸Stadt leisten konnte, ein Aufnahmegeld bezahlte und schwor, sich dem ▸Stadtrecht zu unterwerfen, wurde auch eingebürgert. Außerdem musste man als Bürger Pflichten übernehmen. Die Bürger hielten Nachtwache, zahlten Steuern und verteidigten die Stadt während eines ▸Krieges. Die dafür nötige ▸Rüstung und die ▸Waffen musste jeder selbst zahlen. Neben den Pflichten hatten Bürger auch Rechte: Nur sie durften Handel treiben und sich zu Vereinen, wie etwa den ▸Zünften, zusammenschließen.

Im Frühmittelalter waren die Bürger vom ▸Stadtherrn, der die Stadt gegründet hatte (▸Stadtgründungen), abhängig. Im Laufe der Zeit erkämpften sie sich jedoch immer mehr Mitspracherechte, sie wählten einen Rat und einen Bürgermeister, der ihre Interessen vertrat. Keine Bürgerrechte hatten Juden, das Gesinde und ▸Geistliche. In der Stadt wohnen durften sie aber. ■

Berufe

Arbeiten, um zu überleben. Heute spricht man von Job und Karriere, früher übten die Menschen Berufe aus, mit denen sie das Geld für ihren Lebensunterhalt verdienten. Im Mittelalter lernte man in der Regel das Handwerk, das schon der Vater ausübte – oder die Mutter: In Frankfurt werden für das Mittelalter 65 Frauenberufe erwähnt, z. B. Hutmacherin oder Bürstenbinderin.

Die meisten Berufstätigen stellten Kleidung, Nahrung oder Gebrauchsgegenstände her und waren z. B. Schuster, Bäcker oder Zimmermann. Da an solchen Waren immer Bedarf herrschte, hatten ▸Handwerker meist Arbeit. Es hieß deshalb: »Handwerk hat goldenen Boden.« Es gab aber auch andere Berufe, z. B. den des Schultheißen. Er war der Gemeindevorsteher und verkündete u. a. das Gerichtsurteil über Straffällige. ■

WOHER KOMMT'S?

Frieren wie ein Schneider

Im Gegensatz zur Arbeit des Schmieds oder Maurers war die Arbeit des Schneiders nicht körperlich anstrengend. Er saß den ganzen Tag und nähte Wäsche. Deshalb übten diesen Beruf oft schwache oder ältere Menschen aus. Viel Geld verdienten sie damit nicht. Und hungrige, dünne Menschen frieren besonders leicht – daher stammt die Redewendung vom verfrorenen Schneider.

Das Färben von Stoffen in großen Bottichen (Bild links) war **Männerarbeit**, während die Frauen am Webstuhl Wolle zu Stoff verarbeiteten (Bild rechts).

Friedhof

Gräber und Knochenhäuser. Der Friedhof hieß früher auch Gottesacker oder Kirchhof, da er mitten im Ort direkt an der Kirche lag. Wichtige ▶ Geistliche und ▶ Adlige ließen sich direkt im Gotteshaus bestatten. Juden, Ungetaufte und Ausgestoßene wurden außerhalb der ▶ Stadt bzw. des ▶ Dorfes beigesetzt. Nach verheerenden ▶ Krankheiten wie der Pest mit vielen Toten wurden Friedhöfe auch am Rande der Städte angelegt. So wurden weniger Krankheiten übertragen. Besonders zahlreich waren die Kindergräber, denn jedes zweite Kind starb vor dem 14. Lebensjahr. Auf den Friedhöfen nutzte man die Grabstellen mehrmals. Vor einer neuen Bestattung wurden die Knochen des Vorgängers ausgegraben und im »Beinhaus« aufbewahrt. Auch viele Spukgeschichten haben ihren Ursprung im Mittelalter: Untote und Dämonen sollen nachts aus den Gräbern gestiegen sein, um die Lebenden heimzusuchen. Viele Menschen glaubten daran und versuchten sie mit Gebeten zu besänftigen oder zündeten Kerzen auf den Gräbern an. ■

Statt in einem Sarg begrub man den Leichnam nur in einem Tuch, dem Leichentuch. Geistliche sprachen bei der **Beerdigung** ein Gebet für den Toten.

Im **Gasthaus** wurde nicht nur gegessen und getrunken, sondern hier tauschte man auch Neuigkeiten aus.

Gasthäuser

Essen, Trinken und gute Unterhaltung. Schon früher bekam man in einem Gasthaus gegen Geld zu essen und zu trinken, ein Bett zum Schlafen und Unterhaltung. Im frühen Mittelalter waren nur wenige Reisende (▶ Reisen und Fernhandel) und ▶ Pilger unterwegs. Sie übernachteten in einfachen Herbergen auf dem Land oder in ▶ Klöstern. Städtische Restaurants und Gasthäuser, wie wir sie heute kennen, entwickelten sich erst im späten Mittelalter. Dort trafen sich die Männer gern zum Spielen und Feiern. Wer es freizügiger liebte, ging in ein Badehaus: Dort konnte man sich nicht nur waschen, sondern auch mit Prostituierten vergnügen – sehr zum Missfallen der Kirche. ■

SCHON GEWUSST?

Der tanzende Tod

Der Tod erscheint ohne Ausnahme allen – gleich ob sie arm oder reich, jung oder alt, König oder Bettelmann waren. Es scheint fast, als ob der Tod alle nach seiner Pfeife tanzen lässt. Solche »Totentänze«, bei denen der Tod als klapperndes Gerippe dargestellt wurde, waren ein beliebtes Motiv im Mittelalter und wurden häufig auf Friedhofsmauern oder in Kapellen gemalt sowie in Gedichten und Liedern beschrieben.

Handwerker

Harte Arbeit ohne Maschinen. Die meisten ▶Stadtbewohner arbeiteten im Mittelalter als Handwerker: Sie stellten in aufwendiger Handarbeit Kleidung, Nahrung, Werkzeuge und Waren her. Das war anstrengend, und geregelte Arbeitszeiten oder ein freies Wochenende gab es auch nicht. Handwerker arbeiteten an sechs Tagen in der Woche, solange es hell war, also etwa 12 bis 14 Stunden, in ihrer Werkstatt. Nur der Sonntag war frei. Frauen und Kinder halfen bei der Arbeit, belieferten die Kunden oder machten Besorgungen.

Seit dem 13. Jh. schlossen sich in den vielen ▶Städten selbstständige Handwerker zu einer Art Verein, den ▶Zünften, zusammen, um ihre Interessen besser vertreten zu können. Alle Meister einer Zunft sollten unter ähnlichen Bedingungen arbeiten. Trotzdem gab es viele Unterschiede: Flickschuster z. B. reparierten die alten Schuhe von ärmeren Leuten und verdienten wenig Geld. Andere Schuster stellten Maßanfertigungen aus feinstem Leder für reiche Kunden her und kamen so zu einem gewissen Wohlstand. Die meisten Werkstätten waren Kleinbetriebe. Der Meister arbeitete nur mit einem oder zwei Gesellen im Erdgeschoss seines Hauses (▶Stadthäuser) und verkaufte seine Produkte selbst im Laden. Nur wenige Handwerker kamen zu Reichtum und Ansehen. Das war jedoch eine Voraussetzung, um Mitglied im ▶Stadtrat zu werden, weshalb dort meist nur ▶Kaufleute vertreten waren.

In den Städten gab es Handwerkerviertel, in denen die Mitglieder einer Zunft jeweils ihre Geschäfte hatten. Färber benötigten z. B. viel Wasser, um die gefärbten Stoffe zu waschen, und arbeiteten daher meist in Flussnähe. Manchmal weisen noch heute die Straßennamen in alten Städten auf die früheren Handwerke hin, z. B. Färbergasse, Metzgergasse oder Webergasse. Handwerksberufe, die es heute kaum noch gibt, waren z. B. Seifensieder oder Böttcher, die Fässer herstellten. ■

Jeder **Handwerker** braucht spezielle Werkzeuge: Der Schneider arbeitet mit der Schere, der Zimmermann mit Axt und Säge und der Schmied mit Hammer und Zange.

SCHON GEWUSST?

Zünfte: Fürsorge und Feiern

»In der Gemeinschaft geht vieles besser«, dachten sich die Handwerksmeister in den Städten und gründeten Zünfte: Die Mitglieder kümmerten sich umeinander, z. B. wenn jemand krank wurde und nicht mehr arbeiten konnte. Die Zunftordnung regelte außerdem die Verkaufspreise, bestimmte die Arbeitszeiten oder die Anzahl der Gesellen in einer Werkstatt. Alle Handwerker mussten sich daran halten. Besonders beliebt waren die Feste der Zünfte, bei denen viel gegessen und getrunken wurde. Dann wurde auch der Zunftbaum aufgestellt (siehe Bild). Jede Zunft hatte ihr eigenes Zeichen: die Bäckerzunft z. B. eine Brezel, die Schneider eine Schere und Garnrolle.

Kaufleute

Ein Beruf für mutige Männer. Wer als Kaufmann reich werden wollte, lebte gefährlich: Auf ihren Reisen zu weit entfernten ▶ Märkten wurden sie oft überfallen und ausgeraubt, gingen mit ihrem Schiff unter oder verirrten sich in fremden Ländern. Doch das Risiko lohnte sich: Mit dem Verkauf von exotischen Gewürzen, kostbaren Stoffen oder anderen Spezialitäten aus dem ▶ Orient konnte man auf den Märkten der ▶ Städte ein Vermögen verdienen. Oft waren die Kaufleute monatelang mit dem Schiff (▶ Seefahrt) unterwegs. Dann führten während ihrer Abwesenheit nicht selten die Frauen das Geschäft weiter. Nebenbei betätigten sich reiche Kaufleute als Bankiers und Kreditgeber (▶ Geld und Banken) und vergrößerten so ihren Reichtum.

RATE MAL!

Was bezeichnete man im Mittelalter als »weißes Gold«?

1. Die kostbaren Stoßzähne von Elefanten, das sogenannte Elfenbein.
2. Die Tränen von Jungfrauen.
3. Salz aus Bergwerken.

Antwort 3: Mit Salz konnten Lebensmittel länger haltbar gemacht werden. In einer Zeit, in der es noch keine Kühlschränke gab, war das sehr wichtig und Salz daher fast so kostbar wie Gold. In Deutschland wurde es z. B. in Halle oder Bad Reichenhall hergestellt und von Händlern über die »Salzstraßen« in andere Gebiete verkauft.

Bei den ▶ Stadtbewohnern waren sie deshalb nicht immer gut angesehen: Sie galten als Wucherer, die zu viel Geld verlangten, oder gar als Betrüger. Mit ihrem Verdienst erwarben die Kaufleute Land, bauten Häuser und nahmen hohe Stellungen im ▶ Stadtrat an.

Es gab aber auch kleinere Händler. Sie versorgten das nächste ▶ Dorf mit Alltagsdingen wie Werkzeug oder Geschirr. Diese Krämer verkauften ihre Waren, wie z. B. Schuhsenkel, Nähgarne oder Talglichter, in kleinen Läden und Buden. ■

Mit dem Schiff wurden kostbare Waren aus fernen Ländern transportiert. Noch im Hafen prüften die **Kaufleute** die Waren. Die edlen Damen waren die Ersten, die die neuen Stoffe kaufen wollten.

WOHER KOMMT'S?

Den Kürzeren ziehen

Glücksspiele waren schon immer sehr beliebt. Neben dem Würfeln konnte man auch eine Münze werfen oder einen Halm ziehen. Dabei hielt ein Spielleiter mehrere scheinbar gleich lange Gras- oder Strohhalme in der Faust. Ein Halm war jedoch kürzer, und wer diesen zog, hatte verloren. Das Ergebnis wurde als Gottesurteil angesehen: Gott hatte entschieden, wer den Kürzeren ziehen sollte. Und das musste man akzeptieren. Wenn also jemand Pech hat, sagt man noch heute: »Er hat den Kürzeren gezogen.«

Kinderspiele

Fußball oder Puppenspiel? Wer glaubt, dass Fußball eine moderne Erfindung ist, liegt völlig falsch: Schon seit fast 1000 Jahren spielt man es in Deutschland! Die Regeln waren früher etwas anders, aber Ball und Tore gab es schon.

Kinder hatten kaum Zeit zum Spielen, denn sie mussten ihren Eltern bei der Hausarbeit oder in den Werkstätten helfen. Ihre wenige Freizeit verbrachten Mädchen und Jungen meist im Freien und ohne aufwendiges Spielzeug: Seilspringen, Tauziehen oder Murmelspiele wurden auf der Straße oder in den engen Höfen gespielt. Im Winter gab es wilde Schneeballschlachten. Jungen übten sich früh im Wettrennen oder Verstecken. Mädchen spielten auch damals schon gern mit selbst gebastelten Puppen. ■

Mit diesen **Holzfiguren** spielte man Szenen aus der Bibel nach.

Schon an der **Kleidung** war der jeweilige Stand zu erkennen: Ritter (oben) trugen Rüstungen, edle Damen (Mitte) bunte Gewänder, Geistliche (unten) lange Umhänge.

Kleiderordnung

Strenge Regeln für jeden Stand. Im Mittelalter durfte man nicht einfach anziehen, was einem gefiel: Es gab feste Regeln, wie sich ▸Bauern, ▸Handwerker und ▸Bürger kleiden durften. Die Herrscher legten Kleiderordnungen fest und bestimmten, was ihre ▸Untertanen tragen mussten. So waren ▸Schmuck, bunte Farben, kostbare Stoffe oder Pelze allein den reichen Adligen (▸Adel) und hohen ▸Geistlichen vorbehalten. Der ▸Stadtrat von Speyer erließ z. B. im Jahr 1356 folgende Kleiderordnung für Bürger: »Kein Mann soll Bart noch Scheitel tragen. Auch sei der Zipfel seiner Gugel (eine Art Mütze) weder gewunden noch geschnitten, noch länger als höchstens anderthalb Ellen ... Niemand soll an seinen Schuhen oder an seinen ledernen Hosen lange spitzige Schnäbel tragen.«

Ihr Haar durften nur unverheiratete Mädchen zeigen. Nach ihrer Hochzeit mussten Frauen ihren Kopf in der Öffentlichkeit immer mit einer Haube oder einem Schleier bedecken. Daher stammt auch die Redewendung »sie ist unter die Haube gekommen« für eine frisch verheiratete Frau. ■

Krankheiten

Heilen mit Kräutern und Salben. Schnupfen oder Knochenbrüche heilten meist von alleine, viele andere Erkrankungen konnten im Mittelalter jedoch nicht ausreichend behandelt werden: Fast alle Menschen starben an einer Krankheit oder Verletzung, nur wenige wurden älter als 50 Jahre.

Krankheiten haben verschiedene Ursachen: Man kann sich bei jemandem anstecken, sich verletzen oder eine Störung im Körper haben. Früher wusste man noch nicht, woher Entzündungen oder Infektionen kamen. Außerdem gab es nur wenige wirksame Medikamente (▶Medizin). Oft half man den Kranken mit Kräutern oder schnitt eine Ader auf. Man dachte damals, die Krankheit stecke im Blut und sie würde so herausfließen. Gesund machte diese Behandlung jedoch selten. Und man wusste noch nicht, wie wichtig Sauberkeit ist. In der ▶Stadt wurden Abfall und sogar der Kot oft einfach auf der Straße entsorgt oder im Garten vergraben. Über das Grundwasser gelangten krank machende Bakterien in die Brunnen. So konnten sich Krankheiten zu Seuchen ausweiten und große Teile der Bevölkerung befallen. Die schlimmsten Seuchen waren Pest und Pocken. Auch die Lepra war weit verbreitet. Man erkannte sie an Hautveränderungen: Der Kranke bekam Knoten im Gesicht; später wurden Finger und Zehen schwarz und konnten abfallen. Weil die Krankheit als sehr ansteckend galt, wurden Leprakranke aus der Stadt verwiesen.

Eine andere häufig auftretende Krankheit war das »Antoniusfeuer«, eine Lebensmittelvergiftung: Ein gefährlicher Pilz auf Roggenkörnern löste Krämpfe, Wahnvorstellungen und Schwindel aus.

Leprakranke mussten mit einer Glocke auf sich aufmerksam machen, denn die **Krankheit** galt als sehr ansteckend.

SCHON GEWUSST?

Eine todbringende Krankheit: Die Pest

»Der Schwarze Tod«, die Pest, war die schlimmste aller Seuchen im Mittelalter. Niemand konnte sich erklären, warum die Krankheit ausbrach, und keiner wusste, wie man sie heilen konnte. Die Menschen glaubten, sie sei eine Strafe Gottes. In wenigen Tagen, manchmal nur Stunden, nachdem man sich angesteckt hatte, konnte man an der Pest sterben. Wer erkrankte, bekam hohes Fieber, musste erbrechen und husten und am ganzen Körper erschienen schwarze Beulen.

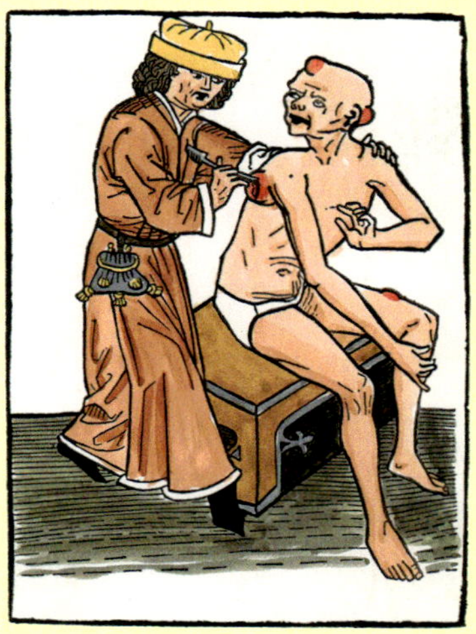

1347 brachten reisende ▶Kaufleute die tödliche Krankheit von Asien über die Seidenstraße und Italien nach Westeuropa, wo sie sich schnell ausbreitete. Innerhalb weniger Jahre starb etwa ein Drittel aller Menschen an der Krankheit, in dicht besiedelten Städten waren es sogar noch mehr.

Erst im 19. Jh. fand man heraus, dass die Pest von Bakterien und vor allem über Ratten übertragen wird. Mit Antibiotika behandelte man die Krankheit so erfolgreich, dass es sie heute in Europa nicht mehr gibt.

Nur selten konnten sich Städter teure Süßigkeiten leisten. Meist kaufte man auf den **Märkten** praktische Dinge.

Märkte

Einkaufen im Mittelalter. Was machte man, wenn man neue Schuhe brauchte, einen Mantel für den Winter oder Suppentöpfe? Man ging auf den Markt. Ein gemischter Markt mit Lebensmitteln, Kleidung, Geschirr und anderen nützlichen Dingen fand im Zentrum der ▶Stadt meistens einmal in der Woche statt. Das Angebot des städtischen Marktes war wesentlich größer als das des bescheidenen ▶Dorfmarktes. So boten hier ▶Kaufleute auch bunte Bänder, ▶Schmuck oder wohlriechende Salben für Damen an, die über genügend Geld verfügten. Außerdem gab es spezielle Märkte, z. B. für Holz, Fisch oder andere lebende Tiere.

An Markttagen herrschten besondere Regeln: Die ▶Stadtherren mussten für Frieden in der Stadt sorgen, damit die Händler unbeschadet anreisen konnten. Auf dem Markt selbst sorgte dann eine Art Marktpolizei für Recht und Ordnung.

Besonders beliebt waren Jahrmärkte, die im Sommer an ▶Kirchenfeiertagen stattfanden. Dann tummelten sich zahlreiche Besucher auf dem Marktplatz, begutachteten die Waren oder schauten den Gauklern und Feuerspuckern bei ihren Kunststücken zu.

Der Marktplatz war die beste Adresse in der Stadt. Hier errichteten vor allem wohlhabende Kaufleute und ▶Bürger ihre reich verzierten Häuser. Im 13. Jh. baute man die ersten Kaufhäuser, in denen Waren gelagert und verkauft wurden. Außerdem entstanden neben den Wochenmärkten, Jahrmärkten und Kaufhäusern erste Großhandelsmärkte: In den »Tuchhallen« orderten z. B. Händler in großen Mengen Stoffe, um sie dann weiterzuverkaufen. In einigen großen Hafenstädten oder an Fernhandelsstraßen, wie z. B. in Leipzig oder Frankfurt, entstanden auch Messen. Dort boten Großkaufleute zweimal im Jahr ihre kostbaren Waren an. ■

WOHER KOMMT'S?

Die Katze im Sack kaufen

Trickreiche Verkäufer täuschten schon im Mittelalter ihre Kunden: Auf den Märkten wurden auch lebende Tiere wie Kaninchen, Hasen oder Ferkel verkauft. Für den Transport bekam man ein Säckchen, in dem der Käufer sein teuer bezahltes Stück wie in einer Tüte mit nach Hause nehmen konnte. Manch einer stellte später jedoch fest, dass statt des bezahlten fetten Ferkels eine fauchende, dürre Katze in dem Sack steckte! Er hatte auf dem Markt nicht nachgeguckt, ob der Händler auch wirklich die richtige Ware in den Beutel packte und so »die Katze im Sack« gekauft.

Nicht nur die Waren der Handwerker, auch Leckereien der Bäcker und Garstuben wurden auf den **Märkten** angeboten. Diese Tradition wird auf den heutigen Mittelaltermärkten immer noch fortgeführt.

SCHON GEWUSST?

Achtung Feueralarm!

In mittelalterlichen Städten waren die meisten Häuser aus Holz gebaut und mit Stroh gedeckt. Gekocht wurde über einem offenen Feuer in der Küche. Dabei konnte es leicht passieren, dass ein Funke unbemerkt trockenes Stroh oder Holzpantoffeln entzündete und daraus ein lichterlohes Feuer entstand, das schnell das ganze Haus ergriff. Eine Feuerwehr gab es noch nicht; die Bewohner versuchten, das Feuer mit Wassereimern zu bekämpfen. Doch oft brannte die ganze Stadt nieder und musste mühsam wieder aufgebaut werden.

Stadt

Enge Gassen und große Märkte. Wann wurde aus einem Dorf eine Stadt? Diese Frage ist gar nicht so leicht zu beantworten, weil es dafür keine festgelegten Bestimmungen gab. Eine Stadt hatte von allem ein bisschen mehr als ein ▶Dorf: Hier lebten mehr Menschen mit unterschiedlichen ▶Berufen, vor allem ▶Handwerker und ▶Kaufleute, und es gab einen regelmäßigen ▶Markt. Eine Stadt war außerdem von einer schützenden ▶Stadtmauer umgeben. Das wichtigste Kennzeichen war jedoch das ▶Stadtrecht, das von einem Herrscher, meist dem Gründer (▶Stadtgründungen), verliehen wurde. Für arme ▶Bauern, die von ihrem Grundherrn abhängig waren (▶Leibeigene), besaß die Stadt einen weiteren großen Vorteil: Freiheit. Die ▶Bürger einer Stadt mussten sich zwar auch an etliche Vorschriften halten sowie ▶Steuern und Abgaben zahlen, aber sie waren niemandem zu Diensten verpflichtet. Daher lautete ein mittelalterliches Sprichwort: »Stadtluft macht frei.«

Eng und schief wie in Quedlinburg standen Fachwerkhäuser in einer **Stadt**. Hier wohnten und arbeiteten Handwerker oder kleine Händler, während die Kinder auf der Straße spielten.

Das Leben der ▶Stadtbewohner unterschied sich in vielem von dem der Bauern: Händler und ▶Gelehrte brachten Waren und Wissen in die Stadt. In einigen Großstädten wie Köln, Prag, Wien oder Heidelberg entstanden erste ▶Universitäten, an denen geforscht und ge-

Die Kirchen, die hohen Wohntürme reicher Bürger und die kleineren Gebäude der anderen Stadtbewohner – all das gehörte zu einer **Stadt**. Zum Schutz vor Überfällen war sie von einer starken Stadtmauer umgeben.

SCHON GEWUSST?

Städte sprießen wie Pilze aus dem Boden

Viele Leute wollten gern in der Stadt wohnen. Sie zogen vom Land in die nächste größere Siedlung. Eine Zeit lang gab es gute ▶Ernten und genügend zu essen für alle. Mehr Menschen wurden geboren und immer neue Siedlungen gegründet. Auch die ▶Dörfer wuchsen und entwickelten sich zu kleinen Städten. Gab es um 1125 nur etwa 30 Städte, so zählte man um 1320 ungefähr 4000. Innerhalb von 200 Jahren verhundertfachte sich also die Anzahl von Städten!

Zu besonderen Festen spielten **Musikanten**, wie hier in Braunschweig: Gaukler, Trompeter und Sänger unterhalten die Zuschauer.

lehrt wurde. Erfindungen wie der ▶Buchdruck oder die Entstehung von ▶Banken waren nur in Städten möglich.

Reisende, die eine mittelalterliche Stadt besuchten, sahen schon von Weitem die hohen Kirchtürme. Nachdem sie das Stadttor passiert hatten, wurde es eng in den Gassen. Die Straßen waren ungepflastert und überall sammelte sich Abfall. Hühner, Gänse oder Schweine liefen frei herum. Wenn es regnete, verwandelten sich die Wege in Matsch. Erst im Zentrum der Stadt, auf dem Marktplatz, wurde es lichter und großzügiger. Hier standen die großen Häuser der reichen Kaufleute, außerdem das Rathaus und die Kirche. Die Kirchen in der Stadt waren viel größer und prächtiger als die ▶Dorfkirchen. In den städtischen Kathedralen, die auch Dom oder Münster genannt werden, predigte kein Landpfarrer, sondern ein mächtiger ▶Bischof. Da die Gotteshäuser meist aus Stein gebaut waren, sind sie oft die einzigen Gebäude, die bis heute erhalten blieben. Die kleineren Holzhäuser der Stadtbewohner hingegen wurden oft durch Feuer oder ▶Krieg zerstört.

Die Städte im Mittelalter waren in der Regel viel kleiner als heute: Im Durchschnitt wohnten dort etwa 2000 bis 5000 Stadtbewohner, in kleinen Städten noch weniger. Die größte Stadt in Deutschland war Köln: Gegen Ende des Mittelalters lebten hier ungefähr 40 000 Menschen, heute zählt Köln fast 1 Mio. Einwohner. Noch größer war damals in Europa nur Paris mit rund 80 000 Einwohnern. ■

SCHON GEWUSST?

Bettler im Mittelalter

Was machte ein Knecht, wenn er keine Arbeit fand und Hunger hatte? Arbeitsämter und Sozialhilfe gab es im Mittelalter nicht. Er konnte nur hoffen, dass seine Mitmenschen Mitleid hatten und ihm etwas Geld oder Brot gaben. In der Nähe der Kirche hatte er die besten Chancen, da die Pfarrer und Priester doch christliche ▶Nächstenliebe und Fürsorge predigten. Eine verregnete ▶Ernte oder schlechte Geschäfte genügten, um aus einem ehrbaren Bauern oder Handwerker einen Bettler zu machen. Auch Alte, Kranke oder Witwen wussten sich oft nicht anders als durch Betteln zu helfen. Mit diesen wirklich armen Bettlern hatten die Städter Mitleid. Unbarmherzig gingen sie dagegen gegen Berufsbettler vor, die gesund und jung waren, aber keine Lust zum Arbeiten hatten. Sie wurden zur Arbeit gezwungen oder aus der Stadt verjagt.

Stadtbewohner

Arme Bettler und reiche Städter. Jeden Tag gingen die reichen ▶Bürger an hungrigen Armen vorbei, die zerlumpt und zahnlos am Straßenrand bettelten. Man sah den Leuten viel stärker als heute an, wie arm oder reich sie waren.

Man kann die mittelalterlichen Stadtbewohner in drei Gruppen einteilen: Zur wohlhabenden Oberschicht gehörten die wenigen Patrizier. Das waren reiche Kaufmannsfamilien, die das meiste Geld und den größten Einfluss in der Stadtverwaltung hatten. Zur Mittelschicht zählten die Bürger: gut verdienende ▶Handwerker und ▶Kaufleute. Die meisten Menschen kamen jedoch aus der Unterschicht. Sie waren Krämer, Handwerksgesellen, Hilfsarbeiter, Mägde und Knechte (▶Diener) sowie Bettler. Sie besaßen keine Bürgerrechte und mussten für ihr kleines Einkommen hart arbeiten. Nur ganz wenigen gelang der Sprung in das Bürgertum mit etwas mehr Wohlstand.

Trotz der drohenden Armut zog es viele ▶Leibeigene, ▶Bauern und Landbewohner in die ▶Stadt, wo sie sich mehr Wohlstand, Freiheit und ein besseres Leben erhofften. Tatsächlich waren die Stadtbürger zwar keinem Grundherrn untertan, doch mussten sie sich an die Regeln des ▶Stadtherrn und des Stadtrates halten. Auch in der Stadt hielten sich etliche Familien Schweine und Hühner und bauten Gemüse im Garten hinter ihren Häusern an. Der Traum von Freiheit verwandelte sich für viele arme Stadtbewohner in einen täglichen Kampf ums Überleben.

SCHON GEWUSST?

Juden im Mittelalter

Die meiste Zeit lebten Juden und Christen in den Städten friedlich miteinander, z. B. in Speyer, Worms oder Mainz. Einige ▶Stadtherren luden sie sogar eigens in ihre Stadt ein, denn die Juden brachten ▶Geld und fremde Waren mit. Außerdem waren viele von ihnen als Ärzte, Geldverleiher oder Kaufleute tätig. Durch ihre ▶Reisen und Kontakte zu Glaubensbrüdern in weit entfernten Ländern wussten jüdische Kaufleute, wo man kostbare Stoffe, ▶Schmuck oder wissenschaftliche Instrumente bekommen konnte. Im Gegensatz zu den Christen konnten viele Juden lesen (siehe Bild) und schreiben. Sie beherrschten auch mehrere Fremdsprachen, sodass sie auch über ▶Astronomie oder ▶Medizin Bescheid wussten.

Diese Schauspieler zeigen, was die **Stadtbewohner** anhatten: Mägde trugen Schürzen, reiche Bürgerinnen üppig verzierte Gewänder.

Stadtfeste

Immer ein Grund zum Feiern. Die ▶Stadtbewohner nutzten jede Gelegenheit zum Feiern: Es gab viele kirchliche ▶Feiertage und bürgerliche Stadtfeste. Zu den bürgerlichen Festen gehörten z. B. Zunftfeste, zu denen ▶Handwerker und Zünfte die Stadtbewohner einluden und ein großes Festessen auftischten. Auch Fastnacht war ein Fest der ▶Bürger. Dann verkleideten sich Kinder und Erwachsene und trieben bunte Späße.

Zu höfischen Festen wie der Hochzeit von ▶Fürsten oder ▶Rittern waren nur wenige Stadtbewohner eingeladen. Doch wenn ein ▶König einer ▶Stadt einen Besuch abstattete, war das immer ein willkommener Anlass für ein ausgiebiges Fest. Bei einem prächtigen Empfang präsentierten die Bürger in ihren besten Gewändern stolz ihre Stadt.

Religiöse Feste waren Ostern, Pfingsten und Weihnachten, im Herbst Allerheiligen und Allerseelen. Gefeiert wurden auch zahlreiche Gedenktage von ▶Heiligen.

Weitere städtische Feste fanden im Sommer zu Messezeiten und bei Jahrmärkten statt. Im Mittelpunkt standen dabei Spiel und Spaß, vor allem aber das Essen und noch mehr das Trinken. Neben diesen öffentlichen Festen, die an etwa 50 Feiertagen im Jahr veranstaltet wurden, gab es noch zahlreiche private Feste und Familienfeiern: Geburtstage, Taufen, Hochzeiten oder Totenessen nach einer Beerdigung, die nicht selten in einem ausschweifenden Gelage endeten.

Die wenige Freizeit, die die Stadtbewohner am Sonntag hatten, nutzten sie, um sich zu treffen und Spaß zu haben. Das musste nicht immer ein großes Fest sein, auch mit guten Freunden konnte man sich vergnügen: Jungen und Männer verabredeten sich mit einigen Freunden und Nachbarn zum Fußballspielen oder in ▶Gasthäusern. Hier spielte man Karten und Brettspiele oder würfelte. Auch Tanzhäuser, Badestuben und Bordelle versprachen vergnügliche Stunden. Ehrbare Bürgerfrauen waren bei diesen Späßen kaum anzutreffen, sie feierten lieber in kleiner Runde zu Hause. ■

ES WAR EINMAL …

Das Tänzelfest in Kaufbeuren

Als ▶Kaiser Maximilian I. im 16. Jh. Kaufbeuren besuchte, feierte man ihm zu Ehren ein rauschendes Fest. Den Stadtbewohnern gefiel die Feier so gut, dass sie sie seitdem jedes Jahr wiederholen – auch ohne Kaiser. Dabei schlüpfen die Kinder in historische Kostüme und spielen die Geschichte der Stadt seit dem frühen Mittelalter nach. Neben dem Festumzug lassen Marktbuden und Vorführungen das Mittelalter lebendig werden.

Genau wie früher feiert man noch heute in vielen Städten **Feste**. Dann ziehen Musikanten, Schauspieler und Gaukler in langen Prozessionen durch die Stadt.

Stadtgründungen

Von der Siedlung zur mächtigen Stadt. Eine Stadtgründung war ein feierlicher Akt: Ein adliger Herrscher, der ▶Stadtherr, stellte eine Urkunde aus und verlieh einem ▶Dorf das ▶Stadtrecht. Dabei verkündete er allen Bewohnern, dass sich die Siedlung ab sofort »Stadt« nennen dürfe.

Die meisten ▶Städte entstanden aus Dörfern. Das wichtigste Element, damit aus einer kleineren Siedlung eine Stadt werden konnte, war ein regelmäßiger ▶Markt. Wenn es genug Arbeit gab und das Dorf verkehrsgünstig lag, z. B. an einer Straße oder einem Fluss, zogen weitere ▶Bauern, ▶Handwerker und ▶Kaufleute in den Ort, sodass das Dorf wuchs. Im Frühmittelalter waren es hauptsächlich Könige, die große Dörfer zu Städten ernannten. Später übergaben die Könige das Recht zur Stadtgründung auch an ▶Bischöfe und ▶Fürsten. Diese hatten als Stadtherren eigentlich die Aufgabe, für Frieden zu sorgen und die ▶Stadtbewohner zu schützen.

Viele Herrscher nutzten aber ihre Macht aus, um von den städtischen ▶Bürgern hohe Steuern und von den Händlern Zölle und Gebühren für Straßen und Brücken zu kassieren. Mit dem Geld stärkten die Stadtherren ihre Stellung gegenüber anderen ▶Adligen. Die meisten Städte wurden vom 11. bis 14. Jh. gegründet, darunter z. B. Lübeck, Freiburg oder München. Im Spätmittelalter gab es etwa 4000 Städte in Deutschland. ■

Mit Sack und Pack zogen die Siedler in eine neu **gegründete Stadt**. Zumeist lockte sie ein Stadtherr zu neuen Siedlungsplätzen, indem er geringe Steuern und bessere Arbeit versprach.

SCHON GEWUSST?

Wo entstanden Städte?

Wo sich wichtige Straßen kreuzten, trafen sich Händler und tauschten Waren und Informationen aus. Mit der Zeit entwickelte sich ein Markt und oft wuchs daraus eine Stadt, z. B. Würzburg.

Die alten römischen Städte, wie z. B. Trier, hatten eine große ▶Stadtmauer und zahlreiche Steingebäude. Diese nutzte man im Mittelalter als Steinbrüche, um neue Städte zu bauen.

An der Nord- und Ostsee entstanden in geschützten Buchten Hafensiedlungen, die Seehandel betrieben. Aus manchen wurden mächtige Städte, z. B. Wismar oder Rostock.

Städte entstanden auch dort, wo die Bewohner in Kriegszeiten Schutz bei einem Herrscher fanden: am Fuße einer ▶Burg, in der Nähe eines ▶Klosters oder einer Königspfalz, z. B. Erfurt.

Flüsse konnte man nur über Brücken oder Furten, an denen das Wasser sehr flach war, überqueren. An diesen Furten entstanden Siedlungen und später Städte, z. B. Frankfurt oder Schweinfurt.

Stadthäuser

Große Fenster an **Stadthäusern** waren neben dem kunstvollen und üppig verzierten Fachwerk ein Zeichen für Reichtum.

Schäbige Hütten und prächtige Häuser. Große Kaufmannshäuser, Einfamilienhäuser, Mietshäuser und baufällige Schuppen – all das gab es im Mittelalter auch schon. Im Frühmittelalter wohnten die meisten ▸Stadtbewohner in einfachen Hütten oder Holzhäusern mit einem oder zwei Räumen, winzigen Fensteröffnungen und einem offenen Kamin als Heizung. Als ab dem 12. Jh. allmählich immer mehr Menschen in die Städte zogen, wurde der Platz enger und die Gassen schmaler. Daher baute man mehrstöckige Wohnhäuser, die nach oben hin breiter wurden, sodass sich Nachbarhäuser an den Dächern fast berührten. Wegen der drohenden Feuergefahr wurden immer mehr Bürgerhäuser aus Stein gebaut. Und je mehr Geld jemand zur Verfügung hatte, desto prachtvoller baute er auch: Reiche ▸Kaufleute wohnten in großen Stadthäusern aus Stein oder Fachwerk, das aus Holzbalken und Lehmmauern bestand. Sie hatten eine eigene Wasserversorgung im Haus, während die ärmeren Leute ihr Wasser an öffentlichen Brunnen holen mussten.

Die **Häuser** der Handwerker waren Wohnung, Werkstatt, Laden und Vorratslager in einem. Im Erdgeschoss verarbeitet der Gerber Tierhäute zu Leder und verkauft seine Produkte.

Im Obergeschoss des **Rathauses** tagte der Stadtrat. Im Erdgeschoss war die Markthalle untergebracht, eine Art Kaufhaus, in dem Händler ihre Waren verkauften.

Stadtherr und Stadtrat

Herrscher über die Stadt. Stadtherr war zunächst der Gründer einer Stadt (▶Stadtgründung), z. B. in Nürnberg der ▶König, in Regensburg der ▶Bischof oder in München der ▶Herzog. Der Stadtherr nahm Steuern ein und sprach Recht. Im 13. Jh. gelang es den ▶Bürgern einiger Städte, sich aus der Abhängigkeit des Stadtherrn zu befreien und die Stadt selbst zu verwalten: Reiche Bürger, meist ▶Kaufleute, bildeten den Stadtrat und wählten aus ihren Reihen ein Oberhaupt, den Bürgermeister. Der Stadtrat traf sich im Rathaus, beriet sich und entschied über städtische Angelegenheiten. ■

SCHON GEWUSST?

Der Bürgermeister

An der Spitze des Stadtrates stand damals wie heute der Bürgermeister. Er empfing wichtige Gäste, die seine Stadt besuchten oder verkündete den Bürgern die Beschlüsse des Stadtrates vom Balkon des Rathauses aus. Zu besonderen Anlässen trug er die Amtskette (siehe Bild). Heute verdient ein städtischer Bürgermeister ein recht ordentliches Gehalt. Im Mittelalter übte er seine Aufgabe dagegen ehrenamtlich ohne Lohn aus.

Stadtmauer

Sicherer Schutz bei allen Gefahren. Die Stadtmauer schützte die ▶Stadt vor feindlichen Angriffen, und sie war auch ein Zeichen dafür, dass sich die Bürger selbst verteidigen konnten. Sie waren also nicht mehr vom ▶Stadtherrn abhängig.

Die Mauer umschloss die Siedlung wie ein Ring und war nur durch die Stadttore passierbar. Diese Tore wurden ständig bewacht und nach Sonnenuntergang geschlossen. Zur Stadtmauer gehörten auch ein Wassergraben mit einer Brücke und zahlreiche Türme, von denen man Feinde schon von Weitem erspähen konnte. Die Türme dienten daneben noch als Gefängnis oder als Vorratslager. Einige Stadtmauern hatten bis zu 100 Mauertürme. Bei alten Römerstädten wie Köln, Trier, Augsburg, Mainz oder Regensburg wurden die römischen Stadtmauern weiterverwendet. Wenn die Stadt wuchs, musste auch die Mauer erweitert werden. ■

Von der **Stadtmauer** wurde ständig Ausschau gehalten. Drohte Gefahr, schloss man die Stadttore.

RATE MAL!

Womit verdiente die Stadtrepublik Venedig im Hochmittelalter das meiste Geld?

1. Venezianische Händler verkauften die schönsten Jungfrauen an die Wikinger.
2. Sie brachten ▶Kreuzritter mit Schiffen in den Orient.
3. Mit dem Handel mit gepfefferten Essiggurken, einer beliebten Delikatesse.

Antwort 2: Tausende von ▶Rittern zogen auf den ▶Kreuzzügen in Richtung ▶Orient. Um schneller ans Ziel zu kommen, segelten sie mit italienischen Schiffen von Venedig aus. Die venezianischen ▶Kaufleute und Schiffsbesitzer ließen sich die Überfahrt teuer bezahlen.

Zu den bedeutendsten **Stadtrepubliken** zählte Venedig. Ihre Wahrzeichen waren der Glockenturm, Campanile genannt, und die St.-Markus-Kathedrale.

Stadtrecht

Recht und Ordnung in der Stadt. Im Stadtrecht wurden Rechte und Pflichten der ▶Stadtbewohner festgelegt. Je nach Stadt war es entweder dem ▶Stadtherrn oder den ▶Bürgern erlaubt, z. B. einen ▶Markt abzuhalten, Recht zu sprechen, Münzen zu prägen und Zölle zu erheben. Zölle waren eine Art Benutzungsgebühr für Märkte, Wege, Häfen oder Brücken. Im Frühmittelalter durfte nur der ▶König die Stadtrechte erteilen, später auch ▶Bischöfe oder ▶Fürsten. Noch später bekamen die Bürger eigene Rechte: Ihnen war erlaubt, einen ▶Stadtrat zu bilden und Recht zu sprechen, sie durften eine ▶Stadtmauer bauen und sich selbst verteidigen. ■

Stadtrepublik

Bürger als Herrscher. In einer Stadtrepublik entschied nicht der ▶Stadtherr über politische Fragen, sondern die ▶Bürger. In vielen oberitalienischen Städten kontrollierten bürgerliche Stadträte den Handel, sorgten für Sicherheit, sprachen Recht, prägten Münzen und erhoben Steuern: alles Rechte, die in Deutschland lange Zeit den Stadtherren vorbehalten waren. Selbst ▶Handwerker waren in diesen Stadträten zugelassen, die die Stadt völlig unabhängig von adligen Herrschern verwalteten.

Die größte Macht lag in den Händen der ▶Kaufleute, denn mit dem Handel von Waren konnte man im Mittelalter das meiste Geld verdienen. Kaufleute in den Hafenstädten waren besonders reich, weil sie den Seehandel kontrollierten. So gehörten z. B. die italienischen Stadtrepubliken Venedig und Genua zu den reichsten Städten Europas: Im 13. Jh. betrug in der Hafenstadt Genua der Umsatz des Seehandels dreimal so viel wie die gesamten Einkünfte des Königs von Frankreich. Und wer so reich war, besaß natürlich auch Macht und Einfluss. In den Stadtrepubliken verfügten die Kaufleute darüber und nicht mehr die ▶Könige, ▶Bischöfe oder ▶Fürsten. ■

Die Stadt Salzburg erhielt 1368 vom Kaiser das **Stadtrecht** verliehen und durfte einen Stadtrat wählen.

Wissenschaft und Künste

1
4
3
2
6

Lange Zeit wurden Wissenschaft und Kunst ausschließlich von Geistlichen betrieben. Im Spätmittelalter, als die Zahl der Menschen, die in Städten lebten, andere Länder bereisten und Informationen austauschten immer weiter zunahm, erhielten auch mehr Menschen Zugang zu den neuen Erkenntnissen. Damit veränderte sich die mittelalterliche Ordnung: Waren vorher die Aufgaben der arbeitenden Bauern, der herrschenden Adligen und der betenden Geistlichen genau festgelegt, wurden nun die alten Machtverhältnisse infrage gestellt.

An den städtischen Universitäten erforschte man Naturgesetze und suchte nach neuen Erklärungen. Die Macht der Kirche begann zu bröckeln. Die Menschen entdeckten sich selbst, ihre Fähigkeiten und Wünsche. Sie lösten sich von den alten Vorstellungen und strebten nach neuen Freiheiten.

SCHON GEWUSST?

Wer dreht sich um wen?

Heute weiß jeder, dass sich die Erde um die Sonne dreht, auch wenn man es nicht merkt. Im Mittelalter dagegen glaubte man, dass die Erde still steht und Sonne, Mond und die fünf damals bekannten Planeten (Saturn, Jupiter, Mars, Venus, Merkur) sie umkreisten. Als Nikolaus Kopernikus im 16. Jh. herausfand, dass sich die Erde um die Sonne dreht, wurde er als ▶Ketzer angesehen und verfolgt. Doch schon bald erkannte man, dass dieses »kopernikanische Weltbild« richtig war.

Astronomie

Der Blick zu den Sternen. Seit Tausenden von Jahren betreiben die Menschen Astronomie oder Himmelskunde und beobachten Sonne, Mond und Sterne. Die scheinbaren Bewegungen der Himmelskörper bildeten die Grundlage für den ▶Kalender und dienten der Orientierung auf See (▶Schiffsbau und Navigation).

Die ▶Gelehrten des Mittelalters übernahmen ihr Weltbild weitgehend von den Wissenschaftlern der Antike. Wie diese so glaubten auch sie, dass sich die Erde im Zentrum des Universums befinden würde. Diese Meinung vertrat auch die christliche Kirche, für die der Mensch den Höhepunkt der göttlichen Schöpfung bildete und im Mittelpunkt der Welt stand. Erst im Spätmittelalter, als Astronomie an den ▶Universitäten gelehrt wurde, entdeckte man, dass viele Vermutungen über die Sterne nicht stimmten. Heute wissen wir z. B., dass die Erde nur einer von vielen Planeten ist, die um die Sonne kreisen. ■

In **Bibliotheken** gab es im Mittelalter noch deutlich weniger Bücher als heute. Sie wurden in Regalen und Schränken sorgfältig aufbewahrt.

Im Mittelalter dachten ungebildete Menschen, der Himmel sei eine Halbkugel, an der die Sterne aufgehängt seien. Auf dem Bild versucht ein **wissbegieriger Forscher** seinen Kopf durch das Himmelszelt zu stecken, um dahinter zu schauen.

Bibliotheken

Gesammeltes Wissen. Ein einziger mittelgroßer Schrank genügte meist, um alle Bücher einer mittelalterlichen Bibliothek aufzunehmen. Die Büchersammlungen waren so klein, weil es vor der Erfindung des ▶Buchdrucks nur wenige ▶Handschriften und Bücher gab und diese sehr kostbar waren.

Im Früh- und Hochmittelalter besaßen nur Kirchen und ▶Klöster Bibliotheken (▶Klosterbibliothek). Als im 13. Jh. die ersten ▶Universitäten gegründet wurden, sammelte man auch dort Bücher, meist wissenschaftliche Untersuchungen oder Fachliteratur. Privatbibliotheken gab es kaum, denn nur reiche ▶Fürsten konnten sich Bücher leisten. Zumeist sammelten sie Gebetsbücher oder Ritterromane (▶Literatur). Seit dem 15. Jh. gab es Stadtbibliotheken, die oft im Rathaus untergebracht waren. Aus den Stadtbibliotheken entwickelten sich im Laufe der Zeit öffentliche Büchereien. ■

Buchkunst und Bücher

Kunstvolle Handschriften und Drucke. Im Mittelalter waren Bücher meist wahre Kunstwerke: Bei ▸Handschriften wie auch bei gedruckten Büchern schrieb oder setzte man die Buchstaben in schwarzer und roter Tinte sehr sorgfältig auf die Blätter. Künstler oder Künstlerinnen verzierten jede Seite mit Bildern oder Schmuckelementen, die sie mit bunten Farben und Gold gestalteten. Am Anfang eines jeden Kapitels stand ein besonders aufwendig verzierter Buchstabe, die Initiale. Auch der Einband war kunstvoll gestaltet. Dickes Leder und ein verschließbarer Riegel schützten das Buch. Der Titel wurde meist in Gold oder Rot auf den Umschlag geprägt.

Für die Buchkunst gab es Spezialisten. Im Früh- und Hochmittelalter fertigten ▸Mönche die kostbaren Handschriften in ▸Klöstern an. Zu dieser Zeit gab es nur wenige Bücher. Da fast nur ▸Geistliche lesen konnten und sie sich vorwiegend mit geistlichen Fragen beschäftigten, waren die wichtigsten Bücher die ▸Bibel und andere religiöse Schriften. Die muslimischen Araber nannten die Christen sogar ein »Volk des Buches«, weil sich das Christentum auf ▸heilige Schriften stützt. Es gab aber auch schon medizinische Fachbücher für die ▸Krankenpflege und erzählende ▸Literatur aus der Antike.

Im Spätmittelalter stieg die Nachfrage nach Büchern vor allem in den ▸Städten. ▸Adlige,

SCHON GEWUSST?

Woraus wird Papier gewonnen?

Um Papier herzustellen, braucht man alte Lumpen oder bestimmte Pflanzenfasern, die man klein zermahlt und mit einem Klebstoff in Wasser einweicht. Aus diesem Papierbrei schöpft man mit einem Sieb eine dünne Schicht heraus (siehe Bild). Aus den so gewonnen Blättern wird das Wasser herausgepresst und sie werden getrocknet. Seit dem 15. Jh. wurden immer mehr Bücher auf Papier gedruckt, während die kostbaren ▸Handschriften nach wie vor auf Pergament geschrieben wurden.

In der klösterlichen Schreibstube, dem Skriptorium, schrieben Mönche lateinische **Bücher** ab.

In diesem Buch wird eine Reise von Konstanz nach Jerusalem beschrieben. Wer nicht lesen konnte, schaute sich das **kunstvolle Bild** an und erfuhr so, dass ein Teil der Reise übers Meer ging.

▸ Bürger und ▸ Kaufleute erwarben ▸ Bildung und besuchten die ▸ Universitäten. Da mehr Leute lesen konnten, interessierten sich auch mehr für Nachrichten und Informationen aus aller Welt, die sie aus Büchern und Flugblättern erfahren konnten. Die ▸ Stadträte und Bürgermeister brauchten juristische Fachbücher, um verbindliche Regeln für die Rechtsprechung nachzulesen. Und ▸ Kaiser, Könige und reiche ▸ Fürsten sammelten gern schön geschmückte Bücher für ihre ▸ Bibliotheken.

In den Städten entstanden nun Werkstätten und ▸ Berufe, die sich mit der Herstellung von Büchern und der Buchkunst beschäftigten, z. B. Schreiber, Illustratoren, Übersetzer, Buchbinder oder Buchhändler. Seit der Erfindung des ▸ Buchdrucks um 1450 wurden noch mehr Bücher hergestellt. Sie waren weniger kunstvoll verziert als die Handschriften, dafür aber preiswerter. Auf Bestellung der Kunden wurden nun auch Bücher mit Erzählungen auf Deutsch, wie Märchen und Geschichten, gedruckt. Auch erste Kochbücher erschienen. Um das Jahr 1500 gab es etwa 30 000 verschiedene Bücher. Heute gibt es Millionen Bücher allein in deutscher Sprache. ■

Die Handschriften wurden sorgfältig mit Gänsefeder und Tinte abgeschrieben und illustriert. So wurden aus den Büchern wahre **Kunstwerke**.

SCHON GEWUSST?

Buchstaben aus Gold

Für religiöse Bücher und wertvolle Handschriften verwendete man neben kräftigen Farben auch echtes Gold, um einzelne Buchstaben oder z. B. einen Heiligenschein zum Leuchten zu bringen (Bild rechts). Dafür trug der Vergolder zunächst mit dem Pinsel einen Kleber auf ein vorgezeichnetes Muster auf. Dieser Klebstoff bestand u. a. aus Gips oder Eiweiß. Dann legte er ein hauchdünnes Blättchen Gold (Bild links) darüber. Nur an den vorbereiteten Stellen klebte das Gold fest. Die überschüssige Goldfolie wurde nun vorsichtig wieder entfernt. Damit ein strahlender Glanz entstand, glättete man anschließend die Goldflächen noch mit einem Polierstab.

Damals wie heute verbrachten **Gelehrte** die meiste Zeit am Schreibtisch. Sie lasen Bücher oder schrieben ihre Forschungsergebnisse auf.

Gelehrte

Mehr Wissen als die Kirche. Die Kirche wusste im Mittelalter auf jede Frage eine Antwort. Nicht alle gaben sich jedoch mit diesen Antworten zufrieden. Im 13. Jh. suchten wissbegierige ▸Mönche wie Albertus Magnus oder Thomas von Aquin nach neuen Lösungen. Dabei studierten sie nicht nur die ▸Bibel, sondern lasen auch Bücher von Autoren aus dem antiken Griechenland. Weltliche Gelehrte wie Roger Bacon beobachteten die Natur und führten erstmals naturwissenschaftliche Experimente durch. Sie untersuchten z. B., wie groß die Erde ist, woher ▸Krankheiten kommen oder wann die nächste Sonnenfinsternis stattfindet. Einige Forscher tauschten sich auch mit arabischen und jüdischen Gelehrten aus. So kamen sie im Spätmittelalter zu neuen Erkenntnissen in der ▸Seefahrt, der ▸Medizin oder der ▸Astronomie. ■

ES WAR EINMAL …

Dr. Faust: Arzt oder Magier?

Manche Gelehrte versuchten, ihr Wissen mit allerlei Hokuspokus zu vermehren: Sie stellten sich in einen magischen Kreis mit rätselhaften Zeichen, befragten die Geister von Verstorbenen um Rat oder deuteten gar die Zukunft aus den Sternen am nächtlichen Himmel. So einer war der Arzt Dr. Johannes Faust, der im 15./16. Jh. in Süddeutschland lebte. Die Leute glaubten, er stünde mit dem Teufel im Bunde. Sie fragten ihn zwar um Rat, ängstigten sich aber auch vor seinen Zaubersprüchen und Geisterbeschwörungen. Im 19. Jh. schrieb Johann Wolfgang von Goethe in Anlehnung an diesen Dr. Faust sein berühmtes Werk »Faust«.

Glasfenster

Bunt mit kunstvollen Motiven. Fensterscheiben aus ▸Glas gab es erst im Hochmittelalter. Vorher schloss man Fensteröffnungen mit Pergament oder geölten Leinwänden. Zunächst ließ man die teuren Glasfenster nur in den Kirchen der ▸Städte einbauen. Die Scheiben der Kirchenfenster bestanden aus einzelnen farbigen Stücken, die wie ein Mosaik zusammengesetzt wurden und meist Bilder von ▸Heiligen zeigten. Wenn die Sonne durch die Fenster fiel, leuchteten die bunten Scheiben. Ab dem 15. Jh. wurden farbige Fensterscheiben auch in städtischen Gebäuden wie in Rathäusern oder ▸Gasthäusern eingesetzt. Für ▸Bürgerhäuser verwendete man kleine Glasfenster aus rechteckigen oder runden Scheiben, die eher bräunlich oder grünlich waren. ■

Die Motive der **Glasfenster** werden aus kleinen, farbigen Scheiben zusammengesetzt. Diese sind durch Stege aus Blei verbunden.

Gotik

Kirchen wachsen in den Himmel. Wie Kleidung war auch die Baukunst verschiedenen Moden unterworfen und änderte sich von Zeit zu Zeit. So begann man seit dem 12. Jh. in Frankreich, die Bauweisen der großen Bischofskirchen zu verändern: Die Räume wurden höher, man vergrößerte die Fenster und baute statt flacher, runder Bögen wie in der ▸Romanik nun hohe, spitze Bögen. Alle Mauern, Säulen und Öffnungen in dem Gebäude strebten nach oben. Man verstand dies als Streben in den Himmel, als Streben zu Gott.

Durch die großen bunten ▸Glasfenster fiel das Sonnenlicht ins Innere des Gotteshauses. Die Kirchenmauern mit ihren vielen Fenstern mussten von außen mit Streben und Pfeilern gestützt werden. Diese wurden wie die Kirchtürme mit Wasserspeiern in Form von Tieren, Fabelwesen oder steinernen Blüten geschmückt.

Von Frankreich aus brachten Steinmetze die neuen Formen und Ideen nach Deutschland. Die Zimmerleute, Steinmetze, Maurer und Dachdecker bauten an einer großen gotischen Kathedrale oder einem Dom mehrere Jahrzehnte, wenn nicht Jahrhunderte. Dabei lebten und arbeiteten sie in einer Werkstatt, der »Bauhütte«, direkt neben der Baustelle. Wenn die Kirche fertig war, zogen die ▸Handwerker zur nächsten Baustelle. Die berühmteste gotische Kirche in Deutschland ist der Kölner Dom (▸Kirchenbau).

Im 16. Jh. kam eine neue Mode auf, die Kirchen wurden schlichter und nicht mehr so hoch gebaut: Auf die Gotik folgte die Zeit der ▸Renaissance. ■

In den großen **gotischen Kirchen**, wie z. B. dem Veitsdom (14. Jh.) in Prag, fühlen sich die Besucher winzig klein. Das Gebäude scheint bis in den Himmel aufzuragen.

SCHON GEWUSST?

Blumen aus Stein: Das Maßwerk

Die Maurer und Steinmetze von gotischen Kathedralen standen vor einer schwierigen Aufgabe: Einerseits musste das Gebäude stabil sein, andererseits sollte es leicht wirken und viele Öffnungen und Fenster haben. Also bauten sie nicht nur eckige Fenster oder solche mit Spitzbögen, sondern auch kleine runde Fenster. Die kreisförmigen Verzierungen maßen sie mit dem Zirkel aus, daher heißt dieser Bauschmuck Maßwerk. Einige sehen aus wie ein drei- oder vierblättriges Kleeblatt (1), andere wie eine große Blume, dann spricht man von »Fensterrose« (2). Manchmal bilden drei sogenannte Fischblasen einen Wirbel in einem Kreis (3). Mit der Zeit wurde das Maßwerk immer feingliedriger, sodass die dünnen Steinstege die Öffnungen wie ein feines Maschennetz (4) umschlossen.

Humanismus

Ein neues Bild vom Menschen. Der Begriff Humanismus leitet sich von dem lateinischen Wort »humanus« für Mensch ab.

Am Ende des Mittelalters veränderte sich das Selbstverständnis der Menschen. In den Jahrhunderten zuvor tat man, was ▶Könige, ▶Fürsten oder ▶Päpste vorgaben. Man kam gar nicht auf die Idee, eigene Wünsche oder Vorstellungen vom Leben zu entwickeln. Alles war vorbestimmt: wo man lebte, welchen ▶Beruf man ergriff oder welche ▶Gebete man sprach. Ab dem 14. Jh. jedoch brachen immer mehr ▶Untertanen aus diesem festgefügten System aus. Sie hinterfragten die Regeln, lasen ▶Bücher, gingen auf Reisen und erfuhren von neuen Erkenntnissen in den Wissenschaften. Sie verfügten über immer mehr ▶Bildung und dachten über ihr Leben und wie sie es verbringen wollten nach. Allmählich entwickelte sich ein neues Bild vom Menschen und seiner Umwelt. Auch in der Malerei war der Wandel zu spüren. Statt Heiligenbildern malten die Künstler nun Porträts von ▶Bürgern und ▶Adligen.

Der Begriff Humanismus bezieht sich auf den geistig-kulturellen Fortschritt des 14. bis 16. Jhs.: Ganz der antiken Idee »Der Mensch ist das Maß aller Dinge« folgend, stellte im Humanismus der freie Mensch Regeln für das Zusammenleben in der Gemeinschaft auf. Er ließ sich nicht mehr nur von ▶Geistlichen oder Herrschern bestimmen. Dieses neue Selbstvertrauen führte zu heftigen Konflikten mit Kirche und Adligen. So kam es u.a. zu den ▶Bauernkriegen und zur ▶Reformation. ■

Mit seiner »Studie der menschlichen Proportionen« schuf Leonardo da Vinci 1492 auch für die Kunst ein **ideales Menschenbild**, das sich an der Antike orientierte.

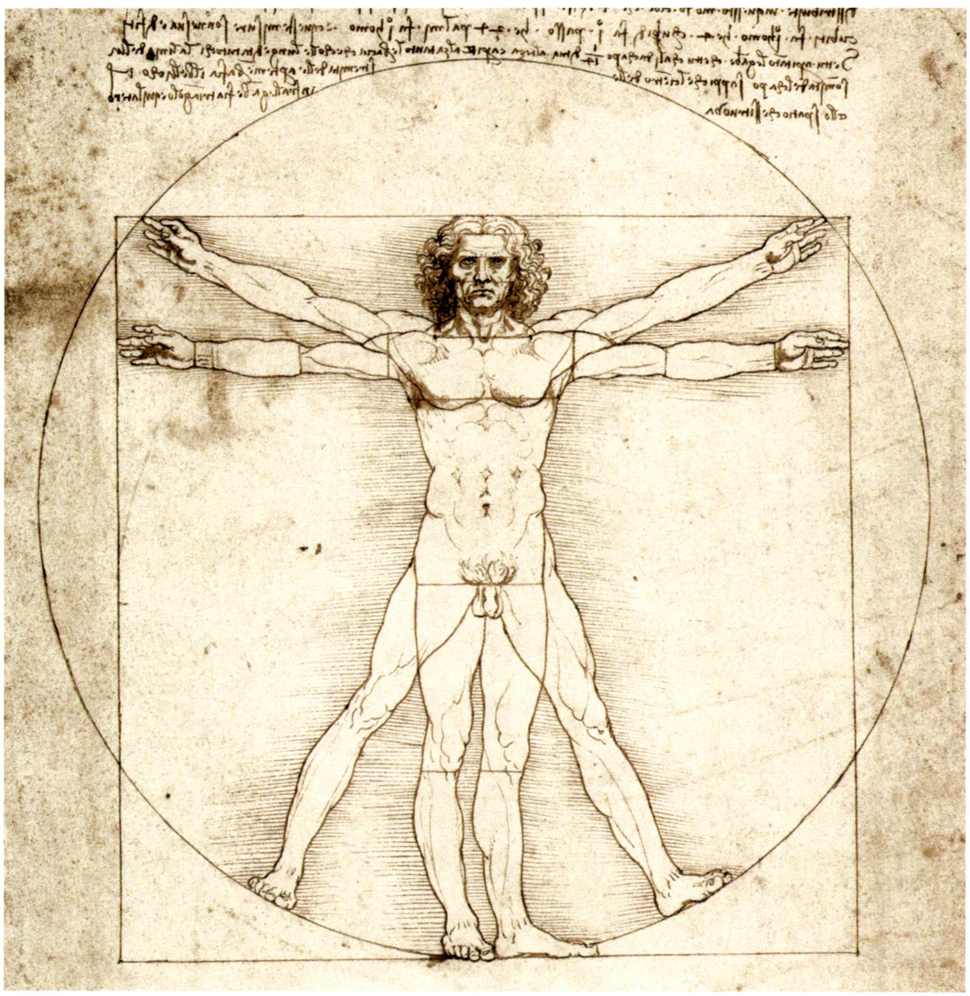

ES WAR EINMAL …

Wer war Erasmus von Rotterdam?

Der niederländische Theologe Erasmus von Rotterdam (*1466 oder 1469, †1536, siehe Bild) war einer der wichtigsten Vertreter des Humanismus. Nach seiner Ausbildung im ▶Kloster forschte er über die ▶Bibel, interessierte sich aber auch für viele andere Bereiche, u. a. die antiken Sprachen Latein und Griechisch. Vor allem aber setzte er sich für ein friedliches Miteinander aller Menschen, also für Toleranz, und das Recht auf einen freien Willen ein. 1515 schrieb er einen Ratgeber für Fürsten und Könige. Darin forderte er, politische Entscheidung nicht mehr mit ▶Kriegen durchzusetzen, sondern mit ▶Nächstenliebe und friedlicher Fürsorge für alle ▶Untertanen.

WOHER KOMMT'S?

Arm wie eine Kirchenmaus

Gold und Edelsteine, Altarbilder und Kruzifixe funkeln zwar, machen aber nicht satt. Auch nicht die vielen Mäuse, die in den Steinritzen der Kirche lebten und nach Getreidekörnern oder Essensresten suchten. Die kleinen Kirchenmäuse fanden nicht genug zu fressen und litten oft Hunger. Wenn man von jemandem sagt, er sei »arm wie eine Kirchenmaus«, dann hat er so wenig Geld, dass er sich kaum etwas zu essen kaufen kann.

Auch Steinfiguren gehören zur **Kirchenkunst**. Am Magdeburger Dom freuen sich die fünf »klugen Jungfrauen« auf ihre Hochzeit. Die Figuren erinnern an eine biblische Geschichte.

Kirchenkunst

Reich verzierte Gotteshäuser. Während die ▸Gemeinde im ▸Gottesdienst den Worten der ▸Geistlichen lauschte, schauten sich viele die prachtvollen Kunstwerke in der Kirche an: Die bunten ▸Glasfenster leuchteten im Sonnenschein. Gewebte Teppiche, Wandmalereien und Altartafeln zeigten Geschichten und Gestalten aus der ▸Bibel. Kunstvoll geschnitzte Kruzifixe und Figuren von ▸Heiligen und Märtyrern füllten die Nischen. Wenn eine neue Kirche gebaut wurde (▸Kirchenbau), bestellte entweder der ▸Bischof die Kunstwerke oder reiche Adlige gaben sie in Auftrag. Sie bezahlten ein Gemälde (▸Malerei) oder eine Figur und stifteten diese der Kirche. Dafür durften sie sich in der Kirche beerdigen lassen (▸Friedhof) oder erhielten bei kleineren Spenden einen Ablass.

Kostbare Kirchenkunst fand sich jedoch nur in reichen Bischofskirchen. Diese waren nicht nur prächtig gebaut, sondern auch mit vielerlei Schmuck verziert. Nur die besten Maler, Bildhauer und Goldschmiede arbeiteten hier.

Die Gemeinden der ▸Dorfkirchen konnten sich meist keine teuren Kunstwerke leisten, und der Orden der ▸Zisterzienser lehnte sogar jede Ausschmückung ab: Ihre Kirchen waren schmucklos und schlicht, damit nichts vom Gottesdienst ablenkte. ■

Die St.-Annen-Kirche in Annaberg-Buchholz beherbergt zahlreiche **Kunstschätze** aus dem 16. Jh., darunter die Empore, die Kanzel und den Bäckeraltar, den die Bäcker der Stadt stifteten.

Mit der Hand auf dem Herzen ist der **Dichter** (Bild links) in Gedanken bei seiner Geliebten. Die Dame freut sich auf die **Liebesgeschichten**, die der Verehrer ihr überreicht (Bild rechts).

Literatur

Geschichten zum Lesen und Vorlesen. Heute ist es ganz normal, dass man ständig etwas liest: Zeitungen, Schulbücher, Briefe, E-Mails oder Romane. Das war früher anders. Da fast nur ▶Geistliche lesen und schreiben konnten, beschränkte sich die Literatur im Frühmittelalter auf religiöse Schriften und Erzählungen über das Leben und Wirken von ▶Heiligen und Märtyrern.

Erst Mitte des 12. Jh. eroberte weltliche, also nicht religiöse Literatur die fürstlichen ▶Höfe. In Frankreich traten sogenannte Troubadoure auf, Dichter, die von Hof zu Hof zogen und den Damen romantische Liebeslieder vortrugen. Darin lobten sie eine schöne, aber unerreichbare adlige Dame (▶Minne). Die adligen Herren hörten lieber ritterliche Heldengeschichten, wie z. B. die berühmte Legende um den britischen König Artus oder das Nibelungenlied, in dem der tapfere Held Siegfried mit Zauberkräften gegen Drachen kämpfte und Jungfrauen befreite.

Diese Gedichte und Geschichten dienten der Unterhaltung an langen Abenden. Sie vermittelten den ▶Adligen aber auch das literarische Vorbild für ein ideales Leben: Sie sollten genauso tapfer, fromm und hilfsbereit wie die Helden in den Geschichten sein.

Das meist ungebildete Volk kannte kaum Literatur. Eines der wenigen noch erhaltenen Volksbücher aus dem Spätmittelalter handelt von Till Eulenspiegel. Mit allerlei Streichen ärgerte er ▶Bauern wie ▶Bürger, Geistliche und Adlige. ■

ES WAR EINMAL …

Der berühmteste Dichter des Mittelalters

Walther von der Vogelweide (siehe Bild) war als umherfahrender Dichter für verschiedene ▶Fürsten und ▶Herzöge tätig. Er schrieb seine »Songtexte« selbst und trug sie dem Publikum vor. Es waren vor allem die adligen ▶Damen, die entzückt seinen Liebesliedern lauschten. Walther verdiente mit seinen Liedern recht gut und bekam sogar ein Stück Land vom Kaiser geschenkt. Heute sind von Walther noch rund 90 Lieder und 150 Sprüche bekannt, die berühmtesten sind: »Unter der Linde«, »Ich saß auf einem Steine« und »Ihr sollt mir ein Willkommen sagen«.

Malerei

Vom Handwerker zum Künstler. Malerei war ein Teilbereich der Kunst, die auch z. B. Architektur, ▶Musik oder ▶Literatur umfasste. Und nicht nur mit Pinsel und Farben wurden Bilder erschaffen, sondern auch aus Glas (▶Glasfenster), als Relief in Stein oder als geknüpfte Teppiche. Die Bilder zeigten im Mittelalter vor allem Geschichten aus der ▶Bibel oder von ▶Heiligen und waren im Besitz von Kirchen und ▶Klöstern.

Im 15. Jh. änderte sich die Art zu malen und zeichnen. Vorher wurden Personen und Gegenstände meist in gleicher Größe nebeneinander abgebildet. So konnte man kaum erkennen, was vorne und was hinten sein sollte. Doch nun fanden Maler aus Italien und den Niederlanden neue Möglichkeiten, Perspektive darzustellen und so den Eindruck von räumlicher Tiefe zu erwecken. Entweder malten sie schräg stehende Gebäude, die nach hinten kleiner wurden, oder sie änderten die Farben: Weiter entfernte Objekte wie z. B. Berge wurden unschärfer und bläulicher gemalt. Auch die Darstellung von Gesichtern änderte sich. Vorher glichen sich alle gemalten Menschen, doch seit der ▶Renaissance wurden Personen und Tiere naturgetreu gemalt, mit allen persönlichen Eigenheiten. Selbst eine krumme Nase oder Zornesfalten wurden nun dargestellt.

Linien, die in Wirklichkeit parallel verlaufen, laufen im Bild auf einen Punkt zu. So kann der Maler **Perspektive** darstellen.

Nacktbilder waren in der **Malerei** des Mittelalters verboten. Daher bedeckt die Frau im Bild ihren Körper züchtig mit ihren Händen.

Etwa seit dieser Zeit verstanden sich die Maler als begabte Künstler und nicht mehr als Handwerker. Sie traten selbstbewusst auf und signierten ihre Werke. Die heute berühmtesten Maler des Spätmittelalters und der Renaissance waren z. B. Jan van Eyck und Rogier van der Weyden aus den Niederlanden, Michelangelo Buonarroti und Leonardo da Vinci aus Italien und Albrecht Dürer und Matthias Grünewald aus Deutschland. ■

SCHON GEWUSST?

Essbare Farben

Zum Malen braucht man Farben. Im Mittelalter stellte man sie aus Erde und Lebensmitteln her. Farbige Erde oder Steine zermahlte man zu feinem Pulver und gewann daraus die Farbpigmente. Diese wurden mit Eigelb oder Quark gemischt. Schon waren die sogenannten Temperafarben fertig. Mit Wasser verdünnt trug man die schnell trocknenden Farbpasten auf Kirchenwände oder Holztafeln auf. Im 15. Jh. benutzten die Niederländer als Erste Ölfarben. Die Pigmente wurden dabei zunächst nur mit Öl vermischt, später kamen noch verschiedene Harze und Leime hinzu. Durch das Öl trocknete die Farbe zwar sehr langsam, doch leuchtete sie intensiver. Mit diesen Farben malte man immer öfter auch auf große Leinwände, die zum Transport einfach zusammengerollt und zum Aufhängen in einen Bilderrahmen gespannt wurden.

Medizin

Lehre von den Krankheiten. Heute weiß man, dass viele ▸Krankheiten durch winzige Viren und Bakterien verursacht werden, gegen die es wirksame Arzneimittel gibt. So kann man z. B. Scharlach oder entzündete Wunden mit Antibiotika behandeln. Im Mittelalter hingegen glaubte man noch, Krankheiten würden durch Gifte im Körper oder das Missverhältnis der vier Körpersäfte – Blut, Schleim, schwarze Galle und gelbe Galle – verursacht. Statt Antibiotika nahm man Kräutermedizin ein und versuchte, das Gift durch Schwitzen oder Aderlass aus dem Körper zu vertreiben.

Im Frühmittelalter kannten sich ▸Mönche und Nonnen am besten mit Arzneimitteln aus und stellten diese oft aus Heilkräutern selbst her. In der Stadt ging man zum Bader, dem Besitzer einer Badestube, wenn man sich unwohl fühlte oder Zahnweh hatte. Der Bader führte den Aderlass durch oder zog Zähne.

Erst im Spätmittelalter wurden an den ▸Universitäten Ärzte ausgebildet. Diese konnten, z. B. anhand des Urins, Krankheiten feststellen. Dann schrieben sie ein Rezept, das der Kranke beim Apotheker einlöste. Aus allerlei Inhaltsstoffen mischte dieser eine spezielle Medizin zusammen. In schweren Fällen, wie z. B. bei Knochenbrüchen oder Amputationen, griff der Arzt zum Skalpell und operierte den Kranken. Vorher betäubte man ihn mit Alkohol und schob ihm ein Holzstück zwischen die Zähne, auf das er beißen konnte, um nicht vor Schmerz zu schreien. ■

SCHON GEWUSST?

Welche Kräuter helfen wogegen?

Das Kraut des **Thymians** (1) hilft gegen Husten und Halsschmerzen. Es wird noch heute als Gewürz zum Kochen oder Braten benutzt.

Der Name **Salbei** (2) kommt vom lateinischen Wort »salvare« für heilen. Die mittelalterliche Ärztin Hildegard von Bingen empfahl Salbei bei Koliken und Husten.

Das aus der getrockneten Wurzel des **Löwenzahns** (3) gemahlene Pulver regt den Appetit an und fördert die Verdauung.

Die Blütenblätter der **Kamille** (4) lösen als Tee Krämpfe und lindern als Sud Entzündungen. Kamillentee hilft auch bei Bauchweh.

Die gelben Blüten der **Ringelblume** werden in Salben verarbeitet. Trägt man sie auf Wunden auf, heilen diese schneller.

Die **Ärzte** untersuchen einen Becher mit Urin (Bild links) oder operieren an Po, Nase und Augen (Bild rechts).

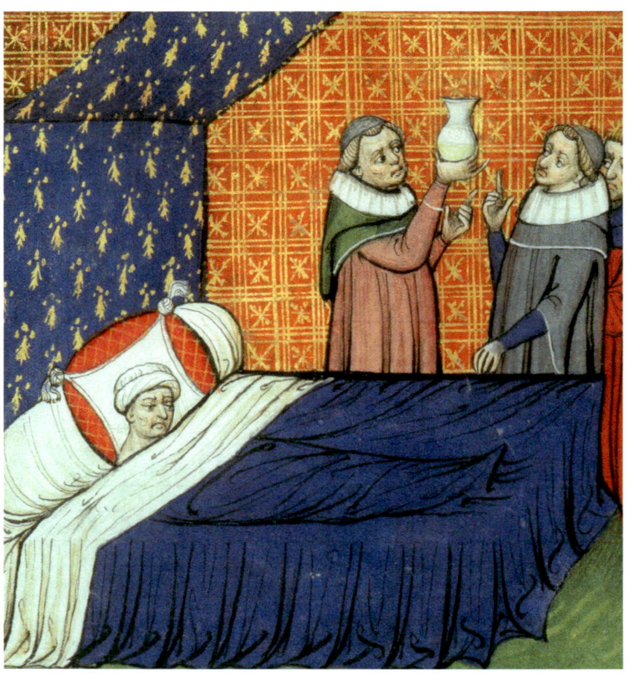

Dieses alte, reich verzierte **Streichinstrument** spielte man wie eine Geige mit einem Bogen.

Musik und Tanz

Vergnügen für Alt und Jung. Menschen haben schon immer gesungen und getanzt, entweder zum eigenen Vergnügen oder um eine Gottheit zu preisen. Im Frühmittelalter sangen Priester und ▶Mönche christliche Lieder in Kirchen und ▶Klöstern. Die Strophen und Melodien wurden mit der neu erfundenen Notenschrift in Gesangbüchern aufgeschrieben. Viele Kirchenlieder, die noch heute im ▶Gottesdienst gesungen werden, stammen aus dem Mittelalter. Die Lieder der ▶Bauern und ▶Stadtbewohner hingegen wurden nicht aufgeschrieben und deshalb auch nicht überliefert. Auf ▶Stadtfesten, Hochzeiten oder an Fastnacht spielten sie fröhliche Melodien auf einfachen Instrumenten wie Flöten, Handklappern oder Trommeln.

Am fürstlichen ▶Hof traten professionelle Spielleute auf, die sich für ihre Vorführung von den Adligen bezahlen ließen. Sie sangen, tanzten, spielten verschiedene Instrumente und führten kleine Theaterstücke (▶Schauspiel) oder Kunststücke mit dressierten Tieren vor. Besonders beliebt waren die Liebeslieder der Minnesänger (▶Minne). ▶Damen und Hofherren schauten und hörten aber nicht nur zu, sondern tanzten auch selbst gern und stimmten in den Refrain des Liedes ein. Anders als heute tanzte man früher nicht zu zweit, sondern mit vielen anderen in einer Reihe oder im Kreis. Die vornehmen Adligen bewegten dabei nur leicht ihre Füße im Takt der Musik. Die Bauern hingegen hüpften bei diesen Reigentänzen gern wild in die Luft. ■

Berühmte Musikanten wurden zu besonderen Anlässen von reichen Adligen an ihren Hof eingeladen. Dann lauschten alle der **Musik** und dem Klang der Instrumente.

SCHON GEWUSST?

Mit welchen Instrumenten musizierte man im Mittelalter?

Zu einem mittelalterlichen Orchester gehörten Blas-, Streich-, Zupf- und Schlaginstrumente. Viele Instrumente kannte man bereits seit der Antike, andere kamen aus dem ▶Orient, wie z. B. Orgel, Laute, Schalmei oder Trompete. Bei einigen Saiteninstrumenten wurden zusätzliche Tasten eingebaut. Daraus entwickelten sich im 14. Jh. Vorgängerinstrumente des Klaviers.

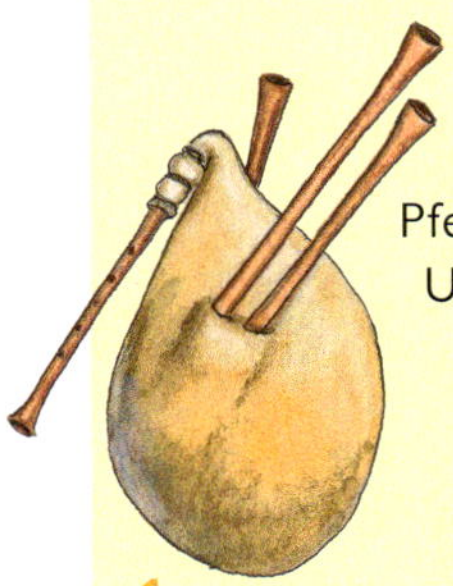

1

Die Luft im Sack der **Sackpfeife** (1) brachte die Pfeifen minutenlang ohne Unterbrechung zum Klingen.

Als frühe Art der Oboe ist die **Schalmei** (2) ein Holzblasinstrument mit Rohrblatt-Mundstück.

2

Die **Fidel** (3) ähnelte einer Geige, war aber etwas größer. Minnesänger spielten sie gern.

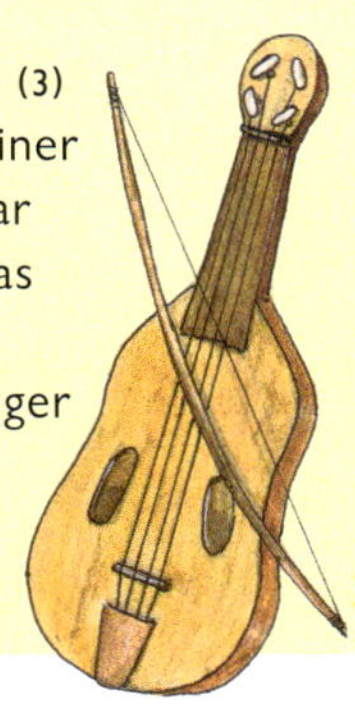

3

Wie die Gitarre hatte die **Laute** (4) einen Klangkörper aus Holz.

4

Sanfte Harfenmusik schätzten die Minnesänger beim Vortragen ihrer Gedichte. Die mittelalterliche **Harfe** (5) hatte bis zu 25 Saiten.

5

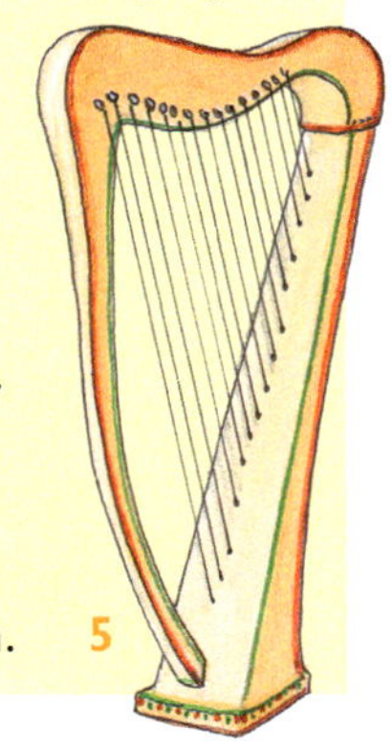

Zu den bekanntesten Künstlern der **Renaissance** gehört Michelangelo. Eines seiner berühmtesten Gemälde zeigt die Erschaffung und Belebung Adams durch Gott. Er malte es 1508 bis 1512 mit anderen Deckenfresken in der Sixtinischen Kapelle im Vatikan in Rom.

Reformation

Kritik an der Kirche. Im Mittelalter war die Kirche die stärkste Macht und forderte von allen Christen Gehorsam. Im Spätmittelalter wehrten sich immer mehr Gläubige gegen die kirchlichen Gesetze und forderten eine »Erneuerung«, auf Lateinisch: »Reformation«. Zu ihnen gehörte der ▶Mönch Martin Luther. Er klagte u. a. den Ablasshandel, das Zölibat und das Gottesbild der Kirche an: Die ▶Geistlichen predigten von einem zornigen Gott, der Sünden bestrafte. Luther sah im biblischen Gott eher einen »lieben Gott«, der gütig Fehler verzieh. Gegen großen Widerstand bildeten die Anhänger Luthers eine neue Glaubensrichtung, den Protestantismus. ■

Renaissance

Antike Ideen leben wieder auf. Das französische Wort »Renaissance« bedeutet »Wiedergeburt« und bezeichnet den Zeitabschnitt von etwa 1350 bis ins 16. Jh. (▶Humanismus). Nach der Eroberung Konstantinopels 1453 flohen byzantinische ▶Gelehrte (▶Byzantinisches Reich) nach Europa. Sie brachten Bücher von antiken griechischen Wissenschaftlern mit, die im Mittelalter in Vergessenheit geraten waren. Darin wurden Ideen und Erkenntnisse z. B. aus der ▶Astronomie oder der ▶Medizin beschrieben, die dann »wiedergeboren« und nun neu gelehrt wurden. Künstler der Renaissance malten gern antike Motive, z. B. römische Götter. ■

Martin Luther traute sich, der Kirche zu widersprechen. Damit jeder von seiner Kritik erfuhr, heftete er diese an die Tür der Schlosskirche in Wittenberg.

SCHON GEWUSST?

Kann man sich von Sünden freikaufen?

Im Mittelalter glaubten die Christen, dass nur die Tugendhaften nach dem Tod ins himmlische Paradies kämen. Wer die kirchlichen Regeln missachtete, musste dagegen in der Hölle schmoren. Da kein Mensch fehlerfrei war, schuf die Kirche eine Möglichkeit, sich von seinen Sünden freizukaufen: Wer eine bestimmte Summe bezahlte, erhielt vom ▶Papst eine Urkunde, den sogenannten Ablass (siehe Bild). Damit wurde ein Teil der höllischen Gottesstrafe erlassen. Mit dem so eingenommenen Geld kaufte die Kirche Kunstwerke oder ließ den prächtigen Petersdom in Rom bauen. Gegen Ende des Mittelalters gab es viel Kritik am blühenden Geschäft des Ablasshandels. Vor allem Martin Luther war der Meinung, dass sich kein Mensch von seinen Sünden freikaufen könne. Nur Gott allein könne durch seine Güte die Gläubigen erlösen und ins Paradies führen.

Romanik

Bauen wie im alten Rom. Als romanisch bezeichnet man einen besonderen Baustil, der in einer bestimmten Zeitepoche vor allem im ▸Kirchenbau angewandt wurde. Romanisch sollte man also nicht mit romantisch verwechseln.

Die ▸Handwerker des Mittelalters übernahmen Bauelemente wie Rundbögen oder Säulen aus der Römerzeit. Daher erhielt der Baustil der Zeit zwischen dem 11. und dem 13. Jh. die Bezeichnung »Romanik«. Sie begann etwa mit der Herrschaft der ▸Salier. Auf die Romanik folgte die ▸Gotik. Romanische Kirchen haben im Unterschied zu gotischen Kathedralen meist kleinere Fenster und runde Bögen statt Spitzbögen. Außerdem sind sie kleiner, niedriger und wirken massiver. Die Wände sind in regelmäßigen Abständen unterteilt: Eckige Pfeiler und runde Säulen gliedern die Kirchenwände im Inneren und Äußeren senkrecht; Fenster und Schmuckleisten, die Gesimse, waagerecht.

Berühmte Beispiele romanischer Architektur in Deutschland sind z. B. der Dom in Speyer, die Abteikirche von Maria Laach, die Kaiserpfalz (▸Pfalz) in Gelnhausen oder die ▸Burg Freckleben im Harz. ■

Das Kloster Saint-Michel-de-Cuxa in Frankreich wurde im 11. Jh. **romanisch** umgebaut.

Bei einer **Tanzvorführung** im 15. oder 16. Jh. drehten die Akrobaten im Takt der Musik Pirouetten und hüpften über ihre Keulen. Die begeisterten Zuschauer klatschen Beifall.

Schauspiel

Theater und Puppenspiel. Die Kirche nutzte Schauspielaufführungen, um ▸Bauern und ▸Handwerkern, die nicht lesen konnten, Geschichten von Jesus und den ▸Heiligen und Märtyrern nahezubringen. An Weihnachten, Ostern und weiteren ▸kirchlichen Feiertagen wurden in der Kirche geistliche Theaterstücke aufgeführt. Einige Mitglieder der ▸Gemeinde schlüpften dann in verschiedene Rollen, verkleideten sich und spielten die religiösen Szenen nach.

Erst im Spätmittelalter gab es auch lustige Schauspiele oder Puppentheater für Kinder und Erwachsene. Mit bunten Masken und fantasievollen Kostümen traten Schauspieler auf Wanderbühnen auf, mit denen sie von ▸Stadt zu Stadt zogen. Für die Zuschauer gab es dann viel zu lachen. Diese Aufführungen fanden zumeist an ▸Stadtfesten wie Fastnacht statt oder ▸Handwerker führten sie bei ihren Zunftfesten auf.

An den adligen ▸Höfen ging es nicht so derb wie auf den Stadtfesten zu. Wie in der höfischen ▸Literatur waren bei den Adligen jene Schauspiele am beliebtesten, die von Heldentaten handelten. Diese wurden oft mit ▸Musik- und Tanzeinlagen ergänzt, fast wie bei einem heutigen Musical. ■

Früher stand der Lehrer in der **Schule** vor einem erhöhten Pult und las aus Büchern vor. Die Schüler saßen auf harten Bänken oder auf dem Boden.

Schulen

Leseunterricht für reiche Schüler. Eine Schulpflicht wie heute gab es im Mittelalter noch nicht. Die Söhne von ▸Bürgern, ▸Kaufleuten oder ▸Handwerkern hatten Glück, wenn es in ihrer ▸Stadt eine Schule gab und ihre Eltern sich das teure Schulgeld leisten konnten. Außerdem war es nur wenigen Eltern möglich, ihre Kinder bei der Arbeit in der Werkstatt oder auf den Feldern während der Schulstunden zu entbehren. Mädchenschulen waren noch seltener.

Adlige Kinder wurden von Privatlehrern am ▸Hof unterrichtet; zukünftige ▸Geistliche besuchten die ▸Klosterschule. Genau wie an den städtischen Schulen lernten die Schüler dort vor allem Lesen, Schreiben und Latein. Es gab keine einheitlichen Lehrpläne, und jeder Lehrer konnte unterrichten, was er wollte und wie er es für richtig hielt. Manche boten gegen zusätzliche Bezahlung weitere Fächer an, z. B. Rechnen für die Kinder von ▸Kaufleuten. Der Unterricht war nicht überall gleich gut. Begabte Schüler mussten oft weit reisen oder umziehen, um bei guten Lehrern zu lernen. Einige Schulen hatten einen so guten Ruf, dass sie viele Schüler anzogen. Aus ihnen entstanden die ersten ▸Universitäten. ■

RATE MAL!

Aus welcher Sprache stammt dieser Satz: »dû bist beslozzen in mînem herzen«?

1. Aus einem niederländischen Dialekt.
2. Fachchinesisch.
3. Mittelhochdeutsch.

Antwort 3: Die Zeile stammt aus einem Liebeslied aus dem 12. Jh. Der ganze Vers lautet:
»Dû bist mîn, ich bin dîn. / des solt dû gewis sîn. / dû bist beslozzen in mînem herzen, / verlorn ist das sluzzelîn; / dû muost ouch immer darinne sîn.«
Und auf Hochdeutsch:
»Du bist mein, ich bin dein. / Dessen sollst du sicher sein. / Du bist verschlossen in meinem Herzen, / verloren ist das Schlüsselein; / du musst für immer drinnen sein.«

Sprache

Viele verschiedene Dialekte. Wenn sich ein Bayer mit einem Ostfriesen unterhält, verstehen sie sich kaum, obwohl beide Deutsch sprechen. Ihre Dialekte klingen sehr unterschiedlich. Daher lernt heute jeder an der Schule »Hochdeutsch« oder »Schriftdeutsch«. Im Mittelalter sprach jeder nur seinen Dialekt. Eine gemeinsame deutsche Sprache gab es nicht. Erst Martin Luther schuf durch die Übersetzung der ▸Bibel ins Deutsche eine einheitliche Schriftsprache. Auf der ▸Schule lernte man Latein, die Sprache der ▸Geistlichen. Die Adligen sprachen Französisch, die Sprache der ▸Ritter und ▸Fürsten. ■

Lateinische Vokabeln konnte man auch mal im Garten anhand der Pflanzen **lernen**. Meistens jedoch folgten jüngere und ältere Kinder gemeinsam in einem engen Klassenzimmer dem Unterricht.

Im großen Hörsaal der **Universität** folgten die Zuhörer, Studenten wie Gelehrte, dem meist lateinischen Vortrag des Lehrers.

Universitäten

Schulen für Erwachsene. Aus den größten ▸Schulen entwickelten sich im 13. Jh. die ersten Universitäten in Paris, Bologna und Oxford. Dort konnte man Rechtsprechung oder Medizin studieren; außerdem gab es Kurse in der Kunst, Reden zu halten, in logischem Denken und in Bibelkunde. Der Unterricht erfolgte in Form von Vorlesungen: Der Lehrer, Magister genannt, las den Studenten aus Büchern vor. Je nach Studienfach wurde man nach dem Abschluss Rechtsanwalt, Arzt, Politiker oder ▸Geistlicher. ■

Die **Vorlesungen** durften nur Männer hören, Frauen waren an den Universitäten nicht zugelassen.

Zahlen und Ziffern

Rechnen im Mittelalter. Die Zahlen, mit denen wir heute rechnen, sind arabische Zeichen und kommen aus dem ▸Orient. Im Mittelalter benutzte man in Europa noch die römischen Ziffern: Das sind Buchstaben als Zahlzeichen. So bedeuten z. B. C = 100, L = 50. Damit zu rechnen ist umständlich, denn diese Ziffern lassen sich nicht einfach untereinanderschreiben und zusammenzählen.

Als im Spätmittelalter der ▸Handel blühte, lernten die ▸Kaufleute die praktischen arabischen Zahlen kennen. Das größte Geheimnis dieser Zahlen bestand in der Null: Einerseits war sie nichts, andererseits konnte sie, an eine Zahl angehängt, deren Wert vervielfachen. Das war den Leuten zunächst nicht geheuer. Bald aber merkten sie, wie gut sich damit rechnen ließ. Erste Rechenbretter, die Vorgänger von Taschenrechnern, entstanden als Rechenhilfsmittel. Spätestens seit der Erfindung des ▸Buchdrucks verbreiteten sich die neuen arabischen Zahlen überall in Europa, außerdem kamen Rechenbücher in Umlauf. Ein wichtiges Regelbuch, das das schriftliche Rechnen mit arabischen Zahlen erklärte und in dem auch die Zeichen »+« und »–« Verwendung fanden, schrieb 1522 der Rechenmeister Adam Ries. ■

WOHER KOMMT'S?

Jemandem ein X für ein U vormachen

Die alten Römer schrieben das »U« wie ein »V«. Als Zahlzeichen bedeutet V = 5. Das V ist der obere Teil eines X, das für die Zahl 10 steht. Wenn ein Kaufmann einem Kunden doppelt so viel berechnete, wie er eigentlich zu zahlen hatte, versuchte er, ihm »ein X für ein U vorzumachen«.
Heute bezeichnet diese Redewendung eine plumpe Täuschung, die selten gelingt.

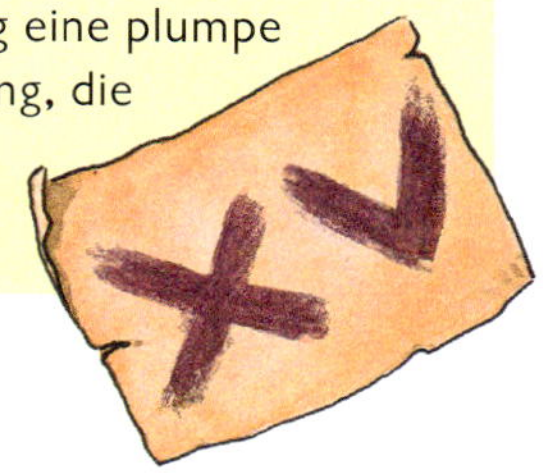

Reisen, Handel, Entdeckungen

2
5
4

Reisen bildet! Diese Redewendung galt auch schon im Mittelalter. Doch erst die städtischen Kaufleute wagten sich im Spätmittelalter auf Reisen in unbekannte Länder. Bauern, Handwerker und viele Adlige verbrachten hingegen ihr ganzes Leben an einem Ort. Durch den Handel kamen bisher unbekannte Waren und neue wissenschaftliche Erkenntnisse nach Europa. Sie ermöglichten Erfindungen wie den Buchdruck, mechanische Uhren oder Instrumente zur genaueren Navigation auf See.

Die Reise nach Amerika im Jahr 1492 durch Christoph Kolumbus läutete das Ende des Mittelalters ein. Kurz darauf gelang Ferdinand Magellan die erste Weltumsegelung. Mit diesen Entdeckungen und der Erfindung des Buchdrucks begann die Neuzeit.

Buchdruck

Gedruckt statt abgeschrieben. Der Buchdruck gehört zu den wichtigsten Erfindungen des Spätmittelalters. Wurden Bücher bisher mühsam per Hand abgeschrieben, so konnten Texte nun innerhalb kurzer Zeit mithilfe einer Druckerpresse vervielfältigt werden. Die neue Technik des Buchdrucks war so bedeutend, dass sie sich rasch in ganz Europa verbreitete.

Der Erfinder der Druckerpresse war Johannes Gutenberg aus Mainz. Nach vielen Experimenten gelang es ihm um 1450, alle Buchstaben des Alphabets spiegelverkehrt aus Metall zu gießen. Mithilfe der einzelnen Buchstaben, der sogenannten Lettern, fügte er in einer Art Tablett, dem Setzschiff, die Seite zusammen. Die Satzform spannte er in die Presse ein. Er bestrich die Lettern mit schwarzer Farbe und presste mit großem Druck einen Papierbogen darauf. Auf diese Weise konnten in kurzer Zeit viele Bögen mit dem gleichen Text bedruckt werden. War eine Buchseite fertig, setzte man den Text der nächsten Seite und druckte diese.

Neben ▶Büchern wurden auch Flugblätter mit aktuellen Nachrichten gedruckt. Auf diese Weise konnten Informationen schnell verbreitet werden und viele Menschen erreichen. So erfuhren sie z. B. von den Ideen des Martin Luther, der einige kirchliche Regeln scharf kritisierte. Mit seinen Ideen gewann er viele Anhänger, die ihm halfen, die ▶Reformation der Kirche durchzusetzen.

SCHON GEWUSST?

Die Gutenberg-Bibel

Das erste komplette Buch, das Johannes Gutenberg druckte, war eine lateinische ▶Bibel. 290 verschiedene Buchstaben, Satzzeichen und Platzhalter mussten zunächst gegossen werden. Fast zwei Jahre, nämlich von 1452 bis 1454, brauchten Gutenberg und seine Helfer, um die 1282 Seiten zu setzen und zu drucken. Ein geübter ▶Mönch schrieb die Bibel in etwa der gleichen Zeit ab. Die ▶Handschrift gab es dann aber nur ein einziges Mal, die gedruckte Gutenberg-Bibel dagegen 180 Mal. Davon haben sich bis heute 48 Stück erhalten. Ein Exemplar wurde 1987 für etwa 5 Millionen Euro verkauft. Damit ist es das teuerste Buch der Welt.

Auf einer **Druckerpresse** konnte man in einer Stunde 80 Bogen Papier bedrucken (Bild links). Mithilfe der **Lettern** wurden die Texte gesetzt (Bild rechts).

Fernhandel und Reisen

Unterwegs in fernen Ländern. Anders als heute reisten die Menschen im Mittelalter nicht gern, denn es war gefährlich und anstrengend. Nur ▶Kaufleute, die sich auf den Fernhandel spezialisiert hatten und ▶Handelsgüter aus entfernten Ländern einführten, machten sich auf den langen und beschwerlichen Weg nach Nordafrika, Indien oder China. Meist fuhren die Händler dabei mit dem Schiff, denn so konnten sie mehr transportieren als mit einem Ochsenkarren. Außerdem waren Schiffsfahrten schneller als Landreisen: Zu Fuß schaffte ein Wanderer am Tag durchschnittlich 25 Kilometer, während ein mittelalterliches Segelschiff für die gleiche Strecke bei gutem Wind etwa drei Stunden brauchte. Heute legt ein moderner ICE-Schnellzug diese Entfernung in knapp zehn Minuten zurück. Die exotischen Handelsgüter und Lebensmittel, die die Händler auf den fernen Märkten erwarben, verkauften sie in den Städten Europas für viel Geld an reiche ▶Bürger und ▶Adlige. Diese Handelsreisen dauerten oft mehrere Monate und gingen nicht immer gut aus: Manchmal kenterten die Schiffe im Sturm, die Ware wurde unterwegs beschädigt oder der Kaufmann krank. Erst im Spätmittelalter gab es für solche Fälle Versicherungen, in den Jahrhunderten davor mussten die Händler in der Regel die Risiken selbst tragen und den Ausfall bezahlen. Um sich vor Unglücken und Überfällen besser zu schützen, unternahmen Kaufleute ihre Handelsreisen gemeinsam. Sie mieteten zusammen ein Schiff, tauschten ihr Wissen über die besten ▶Handelswege aus und sprachen ihre Verkaufspreise ab.

Städte, die am Meer lagen, spezialisierten sich auf den **Seehandel**. So stachen z. B. von Venedig aus viele Schiffe mit Kaufleuten an Bord in See. Zu ihnen gehörte später auch der abenteuerlustige Marco Polo.

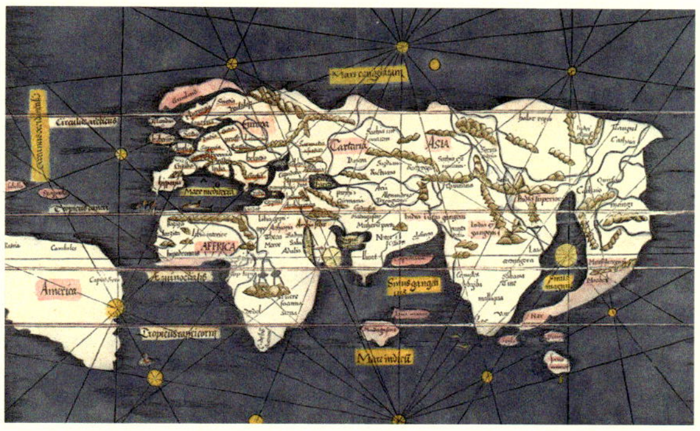

Diese **Weltkarte** von 1541 zeigt Europa, Afrika und Asien. Amerika sieht man links außen. Man hielt es damals noch für einen sehr kleinen Kontinent.

WOHER KOMMT'S?

Geh doch dahin, wo der Pfeffer wächst!

Im Mittelalter waren Gewürze wie Pfeffer, Ingwer oder Zimt sehr teuer. Unter großen Mühen brachten Kaufleute diese Kostbarkeiten aus weit entfernten Ländern nach Europa. Die gewieften Gewürzhändler, die man auch abschätzig »Pfeffersäcke« nannte, verlangten hohe Preise für ihre Ware. Pfeffer war nämlich so selten, dass die Körner mit Gold aufgewogen wurden. Wenn man jemanden nicht leiden kann, dann sagt man noch heute manchmal zu ihm: »Ach, geh doch dahin, wo der Pfeffer wächst!« Man wünscht ihn also möglichst weit weg. Pfeffer wächst nämlich in Indien, und die gefährliche Reise dorthin dauerte damals mehrere Monate.

Andere Reisende waren ▶Pilger, die zu den Gräbern von ▶Heiligen z. B. nach Spanien wanderten, oder ▶Geistliche, die zum ▶Papst nach Rom reisten. Auch ▶Kreuzritter reisten in die Ferne, nämlich in den ▶Orient. Kaum einer machte sich allein auf die Reise, man schloss sich meist zu Gruppen zusammen. So konnte man sich gegenseitig helfen. Außerdem fand den richtigen Weg nur, wer sich gut auskannte, denn im Früh- und Hochmittelalter gab es kaum Landkarten, und der Kompass kam erst im 13. Jh. in ganz Europa in Umlauf. Zudem kosteten Reisen auch damals schon viel ▶Geld. Man musste in Herbergen oder ▶Gasthäusern übernachten und Zölle bezahlen: Grundherren, auf deren ▶Landbesitz sich eine Brücke oder eine Straße befand, verlangten für deren Benutzung Gebühren. Bei schlechtem Wetter kam man besonders langsam vorwärts, denn die unbefestigten Straßen waren oft holprig und schlammig. Etwas bequemer hatten es ▶Kaiser und Könige. Sie ritten mit einem großen Gefolge durch das Land. Adlige Hofdamen fuhren in einer Art Kutsche oder wurden in einer Sänfte getragen. ■

Gewürze, Kräuter und andere Spezialitäten (Bild links) wurden auf den orientalischen Märkten gehandelt (Bild rechts). Die Araber kauften hier jeden Tag ein, Europäer hingegen lernten diese exotischen Waren erst durch den **Fernhandel** kennen.

Die ersten **Feuerwaffen**, Büchsen genannt, waren schwer und unhandlich. Der Büchsenmeister entzündet das Schießpulver mit einer Lunte.

SCHON GEWUSST?

Warum gibt es keine Ritter mehr?

Die Erfindung der Feuerwaffen leitete das Ende der Ritterzeit ein. Statt sich anzupassen, hielten die ▶Ritter an ihren Traditionen und ▶Rittertugenden fest. Kein Ritter kämpfte mit Feuerwaffen! Doch mit ihren Schwertern hatten sie keine Chance gegen Kanonen und Pistolen. Diese Geschosse hatten viel mehr Kraft und Reichweite als die ritterlichen ▶Waffen und durchschlugen die ▶Rüstungen. Den seit dem 15. Jh. mit Lanze und Gewehr bewaffeneten Fußsoldaten waren die Ritter deshalb deutlich unterlegen.

Feuerwaffen

Neue Waffen: Kanonen und Pistolen. Kurz nachdem im Spätmittelalter auch in Europa das Schießpulver bekannt wurde, entdeckte man, dass man damit wirksame Waffen bauen konnte. Die ersten Feuerwaffen waren Rohre aus Metall, in die zunächst Pfeile, später Kugeln aus Stein oder Metall geschoben wurden. An einem Ende des Rohres wurde das Schießpulver entzündet, es explodierte und schleuderte mit einem großen Knall die tödlichen Geschosse aus dem Rohr. Diese Metallkugeln hatten eine solche Wucht, dass sie sogar dicke Burgmauern (▶Burgen) zum Einsturz bringen konnten! ■

Geld und Banken

Vom Goldstück bis zur Münze. Im Frühmittelalter tauschten die Menschen auf dem Land oft ihre Waren: So erhielt z. B. ein ▶Bauer einen Tontopf für ein paar Eier. Auf den ▶Märkten in der ▶Stadt zahlte man vom 8. bis 13. Jh. mit Silberpfennigen. Nur ▶Kaiser und Könige sowie hohe ▶Geistliche besaßen Goldstücke. Jedes Land hatte eigene Münzen, die vom Herrscher ausgegeben wurden. Seit dem 13. Jh. tauschten ▶Kaufleute, die im Ausland einkauften, ihr Geld bei Banken. Diese entstanden in Italien. Gegen eine Gebühr, die Zinsen, konnte man bei der Bank gegen einen Schuldschein Geld leihen, den Kredit. ■

Ein Geldwechsler zählt Goldmünzen ab. Der Wert des **Geldes** wurde nach dem Gewicht der Münzen beurteilt, nicht wie heute nach der eingeprägten Zahl. Beim Bezahlen wurden die Münzen also gewogen.

Noch heute wird nach alter Technik **Glas** hergestellt: Im Ofen wird das Glas geschmolzen. Indem der Glasbläser durch ein Rohr Luft in das Glas bläst, entstehen runde Formen und Gefäße.

Glas und Glasschleifen

Ein vielseitiges Material. Bringt man feinen Quarzsand und Holzasche unter hoher Hitze zum Schmelzen, entsteht Glas. Aus der zumeist bräunlich grünen Mischung stellte man vor allem Gefäße wie Trinkbecher oder Flaschen her; seit dem Hochmittelalter auch Glas für die ▸Glasfenster in Kirchen, Glassteinchen für Mosaike und bunte Glasperlen für Stickereien. Transparentes Glas gab es erst seit dem Spätmittelalter. Glasschleifer gravierten Verzierungen in die Gläser und schliffen Linsen, die Gegenstände größer erscheinen ließen. Daraus entstanden die ersten Brillen und Anfang des 17. Jhs. Fernrohre. ■

SCHON GEWUSST?

Die ersten Brillen

Im 13. Jh. legte man einen runden »Lesestein« auf das Buch. Durch seine gewölbte Form erschienen die Buchstaben größer. Diese Linse bestand aus geschliffenem Bergkristall oder Beryll, das sind durchsichtige Schmuck- und Edelsteine. Von dem Namen Beryll leitet sich auch die Bezeichnung Brille ab. Die erste Brille mit Glaslinsen, die man sich vor die Augen hielt, wurde gegen Ende des 13. Jhs. wahrscheinlich in Italien erfunden.

Bunt bestickte und mit Perlen verzierte Bänder aus Seide gehörten zu den kostbaren **Handelsgütern**, die auf den orientalischen Märkten gehandelt wurden. Bei den europäischen Edeldamen waren sie sehr begehrt.

Handelsgüter

Exotische Ware aus fernen Ländern. Viele Waren, die man auf den spätmittelalterlichen ▸Märkten kaufen konnte, kamen von weit her: Parfümöle, Gewürze oder Seide schafften die Händler auf gefahrvollen Wegen aus dem ▸Orient heran. Innerhalb Europas handelten die ▸Kaufleute vor allem mit Wolle aus England, gepökelten Fischen aus Norwegen oder Pelzen aus Russland. Auch in Deutschland wurden Waren hergestellt, die überall gefragt waren, z. B. Wein aus der Pfalz, Mühlsteine aus dem Rheinland oder Salz aus Lüneburg.

Neben Nahrungsmitteln, wie z. B. Getreide, Rohstoffen, wie z. B. Wachs oder Metall, und Gebrauchsgegenständen waren manchmal sogar Menschen Handelsgüter: Die Wikinger verkauften ihre Kriegsgefangenen als Sklaven nach Skandinavien, und arabische Gefangene wurden auf Sklavenmärkten in Spanien verkauft.

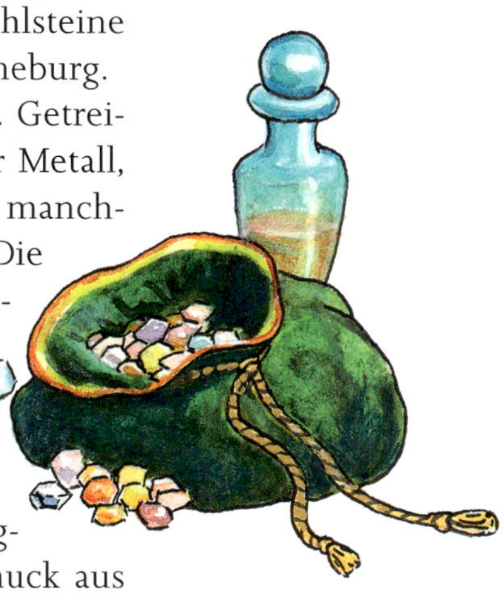

Je seltener ein bestimmtes Erzeugnis war, desto teurer war es: ▸Schmuck aus Bernstein oder Gold war fast unbezahlbar. Ein paar Krüge Bier hingegen waren damals wie heute so preiswert, dass sie sich auch einfache ▸Bauern oder arme ▸Stadtbewohner leisten konnten. ■

Handelswege / Transportmittel

Reisen auf unsicheren Wegen. Die Handelswege, auf denen Händler ihre Waren transportierten, reichten zum dörflichen ▶Bauernmarkt, zur nächsten ▶Stadt oder in Tausende Kilometer weit entfernte Länder.

Kurze Strecken ging man zu Fuß und zog dabei oft eine leichte Handkarre hinter sich her. ▶Kaufleute, die ihre Waren auf weiter entfernten ▶Märkten anbieten wollten, legten meist nicht den ganzen Weg selbst zurück, sondern tauschten ihre Waren auf Messen und Märkten mit anderen Kaufleuten, die wiederum ein Stück weiter reisten. So kamen die ▶Handelsgüter in Etappen an ihren Bestimmungsort.

Je nachdem, was transportiert werden sollte, fiel das Transportmittel kleiner oder größer aus. Für Schriftstücke oder kostbare Edelsteine reichte eine Umhängetasche oder ein Rucksack. Fast alle größeren Waren transportierte man in Fässern. Solche Fässer, Getreidesäcke oder auch Vieh brauchten viel Platz in einem großen Wagen, der von Pferden, Ochsen oder Eseln gezogen wurde.

Die Handelswege und Transportmittel des Mittelalters waren unbequem, unsicher und man war lange unterwegs. Die unbefestigten Straßen waren eng, holprig und matschig. Außerdem konnte man nicht wie heute Berge und Täler durch Tunnel und über Talbrücken überwinden, sondern musste weite Umwege in Kauf nehmen. Der Weg nach Italien z. B. war äußerst mühsam und gefährlich, weil man die steilen Bergpässe der hohen Alpen bewältigen musste. Das war nur im Sommer möglich, wenn die Wege frei von Schnee und Eis waren. Heute fährt man bequem in etwa sechs Stunden mit dem Auto von München durch den Gotthard-Tunnel nach Mailand, früher brauchte man für den

ES WAR EINMAL …

Die Abenteuer des Marco Polo

Zu den mutigsten und unternehmungsfreudigsten Kaufleuten gehörte Marco Polo aus Venedig. 1271 reiste er die Seidenstraße entlang und kam mit seiner Karawane bis nach China. Die Seidenstraße ist mit rund 5000 Kilometern einer der längsten und ältesten Handelswege der Welt. Sie folgt der Küste des Schwarzen Meeres und führt von Syrien durch den ▶Orient bis nach China. Dort lebte Marco Polo fast 17 Jahre lang am Hof des Kaisers von China, Kublai Khan (siehe Bild). Die Dinge, die er dort sah und erlebte, waren so abenteuerlich, dass man sie zu Hause gar nicht glauben konnte.

Lange Strecken legte man mit **Schiffen** zurück (Bild links). Auf kürzeren Entfernungen transportierte man die Güter auf **Karren** (Bild rechts).

Im Orient gab es etwa alle 30 Kilometer ummauerte **Übernachtungsstationen**, die sogenannten Karawansereien. Hier konnten die Kaufleute mitsamt ihren Transporttieren übernachten.

gleichen Weg mehrere Wochen. Im Frühmittelalter, als es noch weniger Kaufleute gab, brachten ▶Pilger manchmal Waren aus Rom oder dem fernen ▶Orient mit. Die Empfänger mussten lange auf die Ware warten, denn die Wanderer waren oft monate- oder sogar jahrelang zu Fuß unterwegs.

Schneller ging es mit Schiffen, mit denen man Flüsse, Seen und Meere überquerte. An den Meeresküsten waren vor allem im Spätmittelalter Segelboote das wichtigste Transportmittel. Friesische Händler und englische Kaufleute verschifften ihre Handelsgüter, z. B. Wolle oder Holz, in großen Mengen sicher und schnell über die Nordsee. Wikinger und die Kaufleute der Hansestädte (▶Hanse) segelten über die Ostsee und über Flüsse bis zu den Märkten nach Russland. Und die Kaufleute der italienischen ▶Stadtrepubliken Venedig und Genua transportierten ihre Waren über das Mittelmeer und besuchten Märkte in Nordafrika, Ägypten, dem ▶Byzantinischen Reich und Spanien. ■

RATE MAL!

Was ist eine Karawane?

1. Eine orientalische Heilpflanze, die gegen Bauchschmerzen hilft.
2. Eine mittelalterliche Kopfbedeckung, die im Orient von Frauen getragen wurde.
3. Eine Gruppe von Reisenden, die sich zusammengeschlossen hat.

Antwort 3: Eine Karawane ist eine Reisegruppe, denn in Gemeinschaft reiste man sicherer, besonders durch unwirtliche Gebiete. Durch Wüsten ritt man meist auf Kamelen. Nur Kamele, die viele Tage ohne Wasser auskommen können, sind in der Lage, wochenlang durch die Hitze zu laufen. Dabei trugen sie nicht nur das Gepäck, sondern auch einen großen Wasservorrat.

Zum Schutz vor Dieben bereisten Händler die **Handelswege** meist in kleinen Gruppen. Manchmal nahmen sie zur Sicherheit auch bewaffnete Reiter mit.

Im Stadthafen von Wismar liegt der Nachbau einer mittelalterlichen Kogge. Mit diesen großen Frachtschiffen transportierten die **Kaufleute der Hanse** ihre Waren.

Hanse

Gemeinsam geht's besser. Viele ▸Kaufleute hatten ähnliche Interessen: Sie wollten ihre Handelsreisen gefahrlos überstehen und ihre Waren zu einem guten Preis verkaufen. Einige Fernhändler gründeten deshalb im 13. Jh. in Norddeutschland und Polen eine Art Verein, die Hanse. Damit waren sie nicht mehr ausschließlich Konkurrenten, die gegeneinander arbeiteten, sondern Geschäftspartner, die ihre Ziele gemeinsam verfolgten.

Immer mehr Händler schlossen sich der Hanse an. Da die Kaufleute im Spätmittelalter häufig im ▸Stadtrat tätig waren, entwickelte sich aus der Vereinigung von Kaufleuten im 14. Jh. ein Städtebündnis mit mehr als 70 ▸Städten. Die Kaufleute der Hansestädte trafen sich regelmäßig in Lübeck, um Regeln für den ▸Fernhandel aufzustellen. Im Laufe der Zeit wurde die Hanse so mächtig, dass sie anderen Städten und Herrschern Bedingungen stellen konnte. Mussten sie z. B. allzu hohe Hafengebühren oder unrechtmäßige Zölle zahlen, drohten sie mit Krieg und Handelssperren. Die betroffene Stadt wurde dann nicht mehr mit Waren versorgt.

Die Schiffe der Hanse fuhren vor allem in der Nord- und Ostsee. Die Waren wurden übers Meer, über Flüsse und Landwege bis nach Norwegen, England, Russland, Spanien und ans Schwarze Meer transportiert.

Hansestädte wie Hamburg verlangten von den Handelsschiffen Zölle, wenn sie am Hafen anlegten.

ES WAR EINMAL ...

Klaus Störtebeker, der Pirat ohne Kopf

Klaus Störtebeker war der am meisten gefürchtete Pirat des Mittelalters. Er segelte über die Meere und überfiel zahlreiche Handelsschiffe. Immer wieder entkam er seinen Verfolgern. Doch 1401 wurden Störtebeker und seine Mannschaft gefangen genommen und in Hamburg zum Tod verurteilt. Der Legende nach hatte der Pirat eine Bitte: Diejenigen Männer, an denen er nach seiner Enthauptung noch vorbeilaufen konnte, sollten verschont werden. Der Wunsch wurde ihm gewährt. An elf Männern, andere sagen fünf, soll der geköpfte Störtebeker noch vorbeigewankt sein, bevor ihm der Henker einen Klotz zwischen die Füße warf und ihn so endgültig zu Fall brachte.

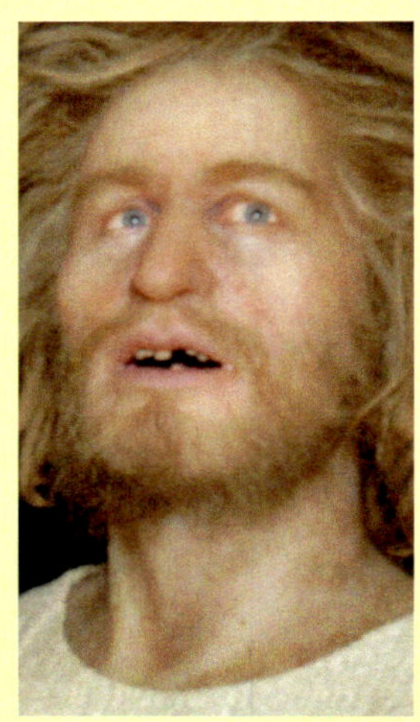

Kalender

Zeiteinteilung und Gedächtnisstütze. Die Einteilung des Jahres in zwölf Monate nahmen schon die alten Ägypter vor. Sie orientierten sich dabei an natürlichen, wiederkehrenden Ereignissen. So beobachteten sie z. B., wie der Mond seine Erscheinungsform ändert und jeden Monat andere Sternenbilder sichtbar sind. An diesem System hat sich seit 5000 Jahren nur wenig verändert.

Auch im Mittelalter nutzte man den ägyptischen Kalender. Neu war die Wocheneinteilung in sieben Tage, die Kaiser Konstantin im Jahr 321 festlegte. Der wichtigste Wochentag für Christen war der Sonntag. Denn in der Bibel steht geschrieben, dass Gott die Welt in sechs Tagen schuf und sich am siebten Tage ausruhte. So sollen auch die Menschen an sechs Tagen arbeiten und am siebenten, dem Sonntag, zur Ruhe kommen und in die Kirche gehen.

Die ▸kirchlichen Feiertage wie Ostern, Pfingsten oder Weihnachten und die Feiertage der ▸Heiligen waren im Mittelalter noch viel wichtiger als heute. Vor allem die Kirche nutzte den Kalender, um ihre Feiertage im Jahresverlauf markieren zu können. ▸Laien, also Nichtgeistliche, hingegen brauchten im Alltag meist keinen Kalender: Saat und ▸Ernte richteten sich nach dem Wetter und Geburtstage wurden im Mittelalter noch nicht gefeiert. ■

SCHON GEWUSST?

Warum strich man ein paar Tage aus dem Kalender?

Das Kalenderjahr richtet sich danach, wie lange es dauert, bis die Erde die Sonne umkreist. Im Mittelalter ging man davon aus, dass die Erde 365 und einen viertel Tag braucht, um einmal die Sonne zu umrunden. Doch das ist nur fast richtig, denn die Erde braucht etwa elf Minuten länger. Deshalb war jedes Kalenderjahr etwas kürzer als ein Sonnenjahr. Nach einigen Hundert Jahren summierten sich die fehlenden Minuten zu Tagen. Man merkte dies daran, dass Ostern, das immer am ersten Vollmond im Frühling gefeiert wird, jedes Jahr an einem früheren Datum stattfand. Papst Gregor (siehe Bild) strich deshalb zehn Tage aus dem Kalender. Auf den 4. Oktober folgte der 15. Oktober 1582. Von dieser gregorianischen Kalenderreform an stimmt der Kalender für die nächsten 3333 Jahre. Dann ist das Kalenderjahr erneut einen Tag kürzer als das Sonnenjahr.

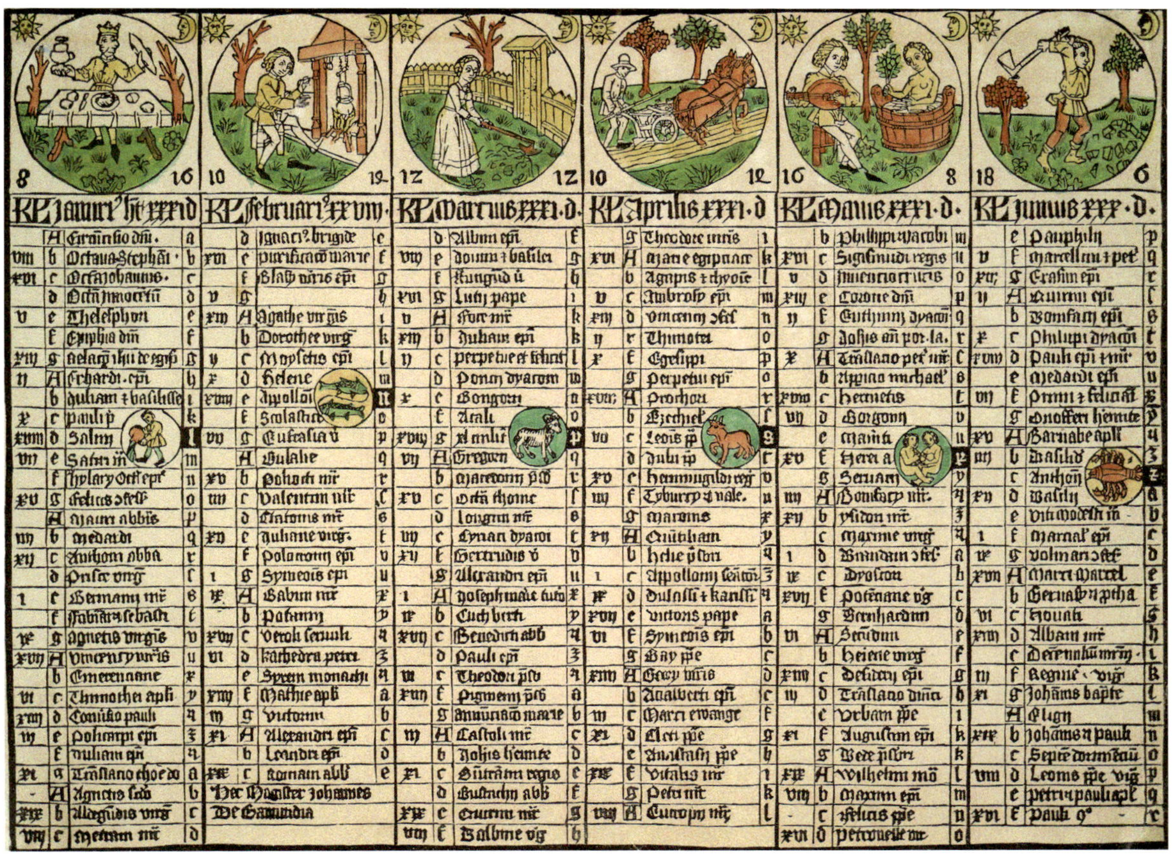

In diesem spätmittelalterlichen **Kalender** von Januar bis Juni waren auch alle Feiertage von Heiligen aufgelistet. Zusätzlich sind bei jedem Monat die Tierkreiszeichen eingetragen.

Bei diesem **Nachbau einer Kogge** verwendete man wie im Mittelalter mehrere Hundert Bäume allein für den Rumpf (Bild links). **Karavellen** hingegen waren länger und schmaler und konnten somit schneller segeln (Bild rechts).

Schiffsbau und Navigation

Von Koggen und Karavellen. Koggen waren die wichtigsten Schiffe im Spätmittelalter. Diese Segelschiffe wurden vor allem von der ▶Hanse als Handelsschiffe in der Nord- und Ostsee genutzt. Koggen hatten meist nur einen Mast mit einem rechteckigen Segel. Der Rumpf des Schiffes wurde sehr breit gebaut, damit möglichst viele ▶Handelsgüter hineinpassten. Aufgrund ihrer Bauart segelten die Koggen allerdings recht langsam und waren schwer zu manövrieren.

Im 15. Jh. kamen die Karavellen auf. Diese Segelschiffe waren schlanker und schneller als die Koggen. Sie hatten drei Masten und mehrere Segel. Damit konnte man längere Strecken zurücklegen. Christoph Kolumbus wagte mit einer Karavelle sogar die ▶Seefahrt über den Atlantischen Ozean.

Koggen hatten keinen Kiel. So konnten sie auch in flachen Gewässern segeln und an den Strand gezogen werden. Gebaut wurden die Schiffe noch nicht in Werften, sondern am Strand. Von dort wurden sie dann ins Wasser geschoben.

Koggen und Karavellen baute man aus Holz. Damit kein Wasser eindringen konnte, dichtete man alle Zwischenräume mit in Pech getauchten Flachsfasern ab. Diesen Vorgang nennt man »kalfatern«.

Bei der Navigation, der Steuerung des Schiffes, war die Mannschaft vor allem auf die Erfahrung des Kapitäns und des Steuermannes angewiesen, denn es gab nur wenige verlässliche Karten. Koggen blieben immer in Sichtkontakt zu den Küsten. So konnte man sich vom Schiff aus an Bergen oder Leuchttürmen orientieren.

Die Geschwindigkeit des Schiffes maß man in Knoten. Dazu warf man das Log, eine Schnur mit Knoten, über Bord. Die Schnur spulte sich bei rascher Fahrt schneller ab als bei langsamer. Fünf Knoten in der Stunde entsprechen etwa neun Kilometern pro Stunde. Nachts halfen die Sterne bei der Navigation: Ein heller Stern, etwa der Polarstern, zeigte die Richtung an. Dann maß man die Geschwindigkeit des Schiffes und konnte so die in einer bestimmten Zeit zurückgelegte Strecke berechnen. Mit diesen Angaben ließ sich die ungefähre Position bestimmen.

SCHON GEWUSST?

Den Weg wissen die Sterne

Um den Standort seines Schiffes zu bestimmen, brauchte man einen besonderen Stab, den Jakobsstab, und eine Karte. Am klaren Sternenhimmel peilte man mit dem Jakobsstab einen Stern an. Dann verschob man zwei Querstäbe so, dass der Horizont und der angepeilte Stern von ihnen verdeckt waren. Am Jakobsstab selbst gab es eine Stricheinteilung. An den Markierungen konnte man den Winkel ablesen und dann auf den Schiffskarten nachsehen, wo man sich befand.

Zur **Navigation** von Schiffen benötigte man Instrumente wie Zirkel, Seekarten und Sternenkarten.

WOHER KOMMT'S?

Die Ratten verlassen das sinkende Schiff

Auf jedem Schiff lebten Mäuse und Ratten und knabberten an Seilen und dem Getreidevorrat. Die Tiere hatten ein feines Gespür und verließen bei Gefahr als Erste das sinkende Schiff. Wenn die Seeleute also sahen, dass die Nagetiere von Bord sprangen, beeilten sie sich, es ihnen gleichzutun. Nur der Kapitän harrte bis zum Schluss aus. Heute bezeichnet man mit dieser Redensart unzuverlässige Menschen, die bei drohenden Schwierigkeiten sofort aufgeben und sich als Erste in Sicherheit bringen, oftmals ohne dabei anderen zu helfen.

Mit dem Astrolabium, einer Scheibe mit Zeichen und Kreisen, bestimmte man nachts die **Position der Sterne**. So konnte man ausrechnen, wo man sich befand und in welche Richtung man segeln musste.

SCHON GEWUSST?

Die Entdeckung Amerikas

Da die bekannten ▶Handelswege nach Indien von Seeräubern, Portugiesen und Landkriegern bedroht waren, suchten die Spanier nach neuen Wegen. Einer der Entdeckungsreisenden war Christoph Kolumbus, der von Spanien aus westwärts über den Atlantischen Ozean segelte, um Indien von der anderen Seite zu erreichen. 1492 landete er nach zehn Wochen Seefahrt mit seinen Schiffen »Santa Maria«, »Pinta« und »Niña« an einer Küste. Dabei war ihm nicht bewusst, dass er nicht in Indien war, sondern eine neue Welt entdeckt hatte. Wenig später erkannte dies jedoch Amerigo Vespucci, nach dem der Kontinent Amerika benannt wurde.

Die »Santa Maria« war eines der Schiffe, mit denen **Christoph Kolumbus** 1492 Amerika entdeckte.

Seefahrt

Unterwegs zu neuen Ufern. Im Mittelalter kannte man in Europa nur drei Kontinente: Europa, Afrika und Asien. Der Rest der Welt, so glaubte man, sei von Meeren bedeckt. Die ersten Seefahrer des Mittelalters waren die Wikinger im 9. Jh. Vom 12. bis 14. Jh. folgten die Handelsschiffe der ▶Hanse. Ab dem 15. Jh. unternahmen insbesondere italienische, portugiesische und spanische Seeleute Entdeckungsfahrten.

Hochseetauglich wurden Segelschiffe nur mit einem festen Steuerruder. Dies wurde seit dem 12. Jh. in Koggen eingebaut. Außerdem mussten Segel gehisst und eingezogen werden können, um auf die unterschiedlichen Winde zu reagieren. Deshalb waren Schiffe seit dem 14. Jh. mit verschiedenen Masten und Tauen, der sogenannten Takelage, ausgerüstet. Zur gleichen Zeit erfand man auch neue Instrumente zur ▶Navigation. Nach der Entdeckung Amerikas durch Christoph Kolumbus unternahm man weitere Seefahrten. Vasco da Gama fand 1498 den lange gesuchten Seeweg nach Indien. Die erste komplette Weltumsegelung gelang 1521 dem Portugiesen Ferdinand Magellan. Diese Entdeckungen markieren das Ende des Mittelalters. ■

Fast alles wurde über den **Seeweg** transportiert. Nicht nur Waren oder Vieh, sondern auch Soldaten. Hier ist gerade eine Armee auf dem Weg zu einem Kampf.

SCHON GEWUSST?

Wer war zuerst in Amerika?

Auch wenn Christoph Kolumbus als Entdecker von Amerika gilt, war er doch nicht der erste Europäer, der den amerikanischen Kontinent betrat. Rund 500 Jahre vorher, um 1000, segelte der Wikinger Leif Eriksson von Norwegen aus über den Altantischen Ozean nach Neufundland, einer Insel vor der nordamerikanischen Westküste. Die Wikinger nannten das neue Land »Vinland«, weil dort Beeren wuchsen, aus denen man Wein keltern konnte. Auf diesem Land gründeten sie eine Siedlung. 1960 entdeckten Forscher dort ein Fischerdorf und eine Schmiede, die vielleicht von Leif Eriksson benutzt worden war.

Uhren und Zeitmessung

Turmuhren und Stundengläser. Zeit hatte im Mittelalter eine ganz andere Bedeutung als heute. So gingen alle Uhren anders, und man maß zunächst nur die Stunden, nicht jedoch die Minuten oder Sekunden. Im Früh- und Hochmittelalter las man die Tageszeit an einer Sonnenuhr ab: Je nach Sonnenstand warf ein Zeiger seinen Schatten auf das Ziffernblatt und zeigte so die Uhrzeit an. Andere Uhren wiederum gaben nur den Ablauf einer festgelegten Zeit an: Kerzenuhren hatten Markierungen, die eine nach der anderen abbrannten; bei Wasseruhren floss Wasser in einer bestimmten Zeit aus einem Gefäß. Für kürzere Zeitmessungen benutzte man Sanduhren. Bei diesen sogenannten Stundengläsern rieselte feiner Sand in einer bestimmten Zeit durch eine enge Öffnung von einem Glasgefäß ins andere.

Die ersten mechanischen Uhren gab es im Hochmittelalter vor allem in Kirchen und ▶Klöstern. Sie wurden von einem Gewicht und Zahnrädern angetrieben und weckten mit ihrem Glockengeläut die ▶Geistlichen zum Morgengebet. Im 14. Jh. wurden dann auch an den Kirchtürmen in den ▶Städten Uhren aufgehängt. Sie schlugen jede volle Stunde und gaben so für alle ▶Stadtbewohner die Zeit an.

Viele öffentliche **Uhren** an Kirchtürmen oder Rathäusern, wie z. B. die astronomische Uhr am Altstädter Rathaus in Prag aus dem 15. Jh., zeigten nicht nur die Stunden an, sondern z. B. auch den Lauf der Planeten oder die Stellung von Sonne und Mond. Sie waren also fast ein Kalender.

SCHON GEWUSST?

Ein anderes Zeitgefühl: Von Sonnenaufgang bis Sonnenuntergang

Die ▶Bauern auf dem Land hatten weder Kalender noch Uhren. Morgens wurden sie vom lauten »Kikeriki« des Hahnes geweckt. Sobald es hell wurde, fing man mit der Arbeit im Haus, auf dem Feld oder im Stall an. Wenn die Sonne unterging und es dunkel wurde, gingen die Bauern nach Hause und legten sich schlafen. Tagsüber genügte bei gutem Wetter ein kurzer Blick zum Himmel, um anhand des Sonnenstandes festzustellen, ob es vormittags oder nachmittags war. Auch die Schatten der Bäume zeigten die ungefähre Tageszeit an. Die Tiere auf dem Bauernhof hatten eine eigene, innere Uhr. Jeden Abend um etwa die gleiche Zeit fingen die Kühe an zu muhen und wollten gemolken werden. Wollte man sich treffen, verabredete man sich z. B. bei Sonnenaufgang oder am Mittag, wenn die Sonne am höchsten stand. Eine genauere Uhrzeit brauchte auf dem Land niemand.

Hier findest du die Themen aller »Schon gewusst?«-Boxen in alphabetischer Reihenfolge. So kannst du dir einen Überblick über die in den Sonderkästen behandelten Inhalte verschaffen und sie mithilfe der angegebenen Seitenzahlen nachschlagen.

Hier findest du die Themen aller **»Es war einmal …«**-Boxen, in denen Geschichten von großen Persönlichkeiten oder Legenden vorgestellt werden.

Hier findest du die in den **»Woher kommt's«**-Boxen erklärten Redewendungen, die aus dem Mittelalter stammen.

Alle Einträge im Stichwortverzeichnis findest du auch in diesem Buch.
Die Zahl dahinter gibt an, auf welcher Seite du Informationen
zu den gesuchten Begriffen findest. Fett gedruckte Zahlen bedeuten:
Dieses Stichwort hat einen eigenen Lexikoneintrag.

A

B

C

D

E

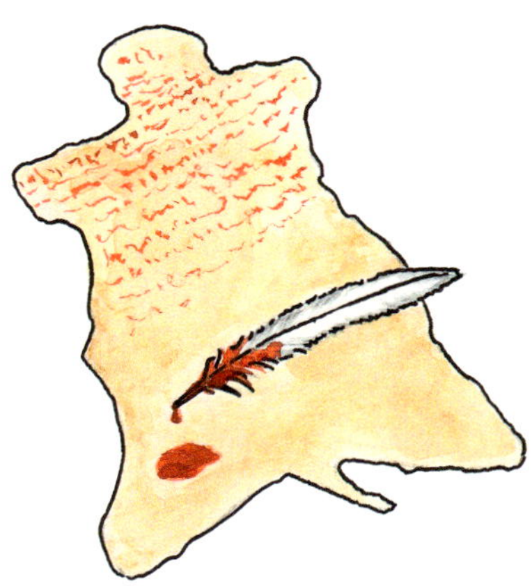

F

G

H

I

J

K

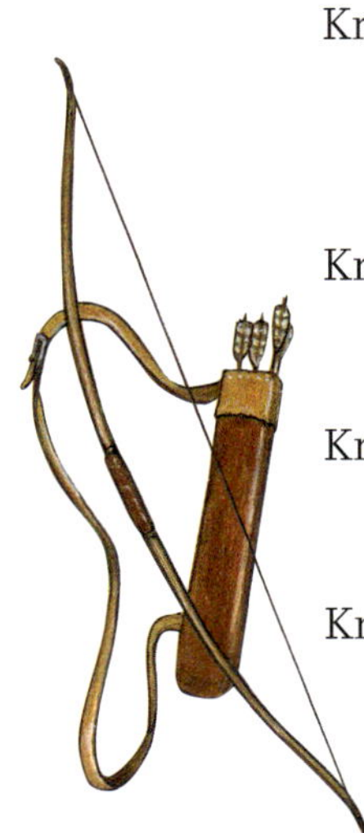

L

M

N

O

P

R

S

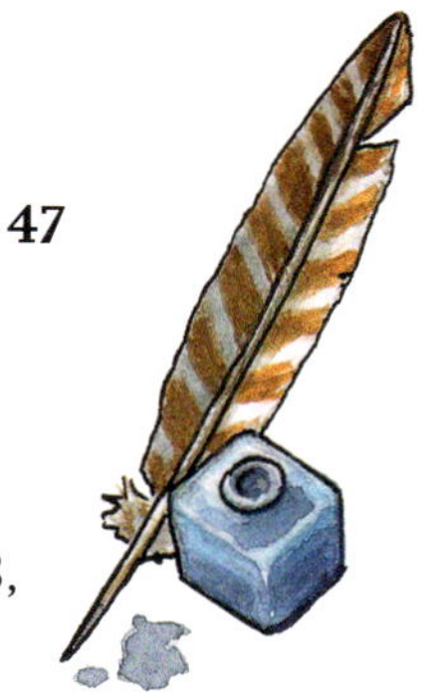

aisa, Archivo iconográfico, Barcelona 14, 64, 68, 139, 165, 184, 190, 193
akg-images, Berlin 25, 27, 47, 57, 76, 84, 191, 203
Bibliographisches Institut & F. A. Brockhaus AG, Mannheim 16, 42, 43, 129, 146, 151, 153, 170, 186, 207
British Library, London 152
Christoph Clasen, Hamburg 121
© DeA Picture Library 201
Directmedia Publishing, Berlin 48
Prof. W. Fritz, Köln 120
Gutenberg-Museum, Mainz 197
Harzer Verkehrsverband e.V 13
Kessler-Medien, Saarbrücken 163
Kloster Müstair 24
Prof. Dr. A. Legner, Köln 70
F. K. Frhr. von Linden (†) 89, 89
MEV Verlag, Augsburg 25
Museo-Tesoro Basilica di San Francesco/ G. Ruf, Assisi 77
W. Neumeister (†), München 193
Österreichisches Staatsarchiv, Haus-, Hof- und Staatsarchiv, Wien 25
Photo Digital, München 13
picture-alliance/akg-images, Frankfurt am Main 13, 14, 16, 17, 20, 21, 24, 27, 28, 29, 30, 31, 38, 40, 41, 44, 45, 48, 53, 56, 58, 61, 62, 64, 65, 66, 68, 69, 71, 88, 93, 94, 96, 99, 100, 101, 103, 112, 115, 117, 118, 119, 129, 130, 131, 132, 133, 134, 136, 138, 139, 147, 149, 150, 154, 155, 161, 166, 168, 179, 180, 181, 182, 183, 186, 189, 190, 192, 199, 200, 201, 202, 204, 205, 206, 207
picture-alliance/Bildagentur Huber, Frankfurt am Main 35, 37, 42, 79, 81, 83, 102, 116, 116, 120, 122, 199
picture-alliance/dpa, Frankfurt am Main 15, 17, 18, 19, 22, 26, 29, 35, 37, 38, 39, 41, 43, 44, 46, 53, 55, 56, 57, 60, 61, 62, 64, 67, 68, 69, 70, 76, 78, 79, 81, 82, 84, 85, 86, 87, 89, 93, 95, 97, 98, 100, 101, 104, 105, 107, 111, 118, 120, 122, 133, 134, 136, 137, 139, 145, 147, 148, 150, 153, 156, 161, 162, 165, 167, 168, 169, 170, 171, 172, 174, 180, 181, 182, 185, 197, 202, 204, 206, 208, 209
picture-alliance/epd, Frankfurt am Main 69, 70, 79
picture-alliance/Godong, Frankfurt am Main 55, 67, 68, 69, 76, 86
picture-alliance/HB-Verlag, Frankfurt am Main 75, 80, 116, 117, 154, 167, 173, 174, 199
picture-alliance/IMAGNO/Austrian Archives, Frankfurt am Main 23
picture-alliance/IMAGNO/Oskar Anrather, Frankfurt am Main 175
picture-alliance/IMAGNO/Franz Hubmann, Frankfurt am Main 75
picture-alliance/IMAGNO/Gerhard Trumler, Frankfurt am Main 81, 82
picture-alliance/KNA, Frankfurt am Main 66, 77, 83, 162, 162
picture-alliance/kpa photo archive, Frankfurt am Main 22, 27, 31, 39, 41, 42, 47, 49, 54, 57, 59, 66, 67, 68, 71, 75, 83, 85, 87, 88, 94, 95, 96, 98, 99, 101, 103, 104, 105, 106, 112, 113, 114, 115, 118, 120, 122, 123, 127, 128, 131, 135, 143, 144, 145, 148, 151, 152, 156, 157, 161, 163, 166, 175, 186, 187, 188, 189, 191, 198, 200, 206, 208
picture-alliance/Helga Lade Fotoagentur, Frankfurt am Main 128
picture-alliance/MaxPPP, Frankfurt am Main 19, 35, 96
picture-alliance/Bildarchiv Okapia, Frankfurt am Main 130
picture-alliance/Photoshot, Frankfurt am Main 58, 201, 207
picture-alliance/Picture Press/K. Westermann, Frankfurt am Main 197
picture-alliance/scanpix, Frankfurt am Main 83
© 1990, Photo SCALA, Florenz – courtesy of the Ministero Beni e Att. Culturali 205
Schlossmuseum, Gothaer Kultur-und Fremdenverkehrsbetrieb, Gotha 190
Stadtverwaltung Alzey 46
Universität und Universitätsbibliothek, Leipzig 78

H M
M R
B W